上海人吃相

Shanghai

沈嘉祿 著

目錄

臺灣版序——頁8
一、濃油赤醬，所來何處——頁16
本幫菜是如何打造的——頁18
象牙筷所指何處——頁27
高橋也是本幫菜的發源地——頁37
山外青山樓外樓——頁44
「海派」這包胡椒粉——頁54
貼心貼肺的私房菜——頁58
老字號遇到新問題——頁62

一份菜單造就了一家名店 頁66
別饒風味吃大菜 頁72
日本料理，鹹淡如何 頁86

二、小吃或許是一種心理按摩 頁94

小吃的今生前世 頁96
城隍廟小吃，甜蜜生活的點綴 頁103
美食偵探在拂曉前出發 頁122
黃楚九和生煎饅頭 頁128
作為非物質文化遺產的美食 頁137
吃什麼都有個理由 頁141
一壺濁酒喜相逢 頁149
人散後，一鉤新月天如水 頁157

三、那杯清咖有點微苦 頁174

從「有啥吃啥」到「吃啥有啥」 頁176
票證時代的飲食生活 頁187
風乾的雞鴨，風乾的故事 頁194
茁壯成長的豆芽 頁200

失眠時，我聽到了牛奶瓶的碰撞 頁205
想當年，急死人的年夜飯 頁208
是非之地 頁216

四、石庫門內的家常風味 頁220

共與農家樂，把酒話桑麻 頁222
天下通食是餛飩 頁225
甜食 頁231
糯米團家族 頁234
一隻螺螄逼死英雄漢 頁239
大團圓的炒三鮮 頁243
偉大的臭豆腐 頁247
柴灶一把火，鹹酸菜飯香 頁251
排骨年糕 頁255
獅子頭揀軟的吃 頁259
草頭攤粞和金花菜 頁262
江南鮮筍趁鰣魚 頁266
毛蚶祭 頁271

五、餐桌上的表情很重要 頁276
一次事先張揚的打包 頁278
刀俎間的動物 頁282
餐桌邊的血崇拜 頁288
千萬不要和女人同桌 頁292
酸男辣女 頁295
文質彬彬，然後自助 頁302
波洛先生的白煮蛋 頁307
以懷舊的名義縱慾 頁311
六、挑食是他們的權利和福分 頁318
沙沙冰沙 頁320
夾餅 頁323
沸騰的魚 頁327
麵在魚不在 頁330
快跟韓國人搶豆漿喝 頁336
拼死吃河豚魚 頁339
廚房的三重境界 頁345

給美食偵探吃什麼　頁349

七、寫在菜單邊上　頁352

一部法律管住了啤酒的泡沫　頁354
一塊紅燒肉的成本　頁357
滋味的克隆　頁361
討伐小龍蝦　頁367
蝦爬子的華麗轉身　頁370
揣著油瓶進飯店　頁374
當麵條燙了頭髮　頁377
給生活多一點滋味　頁380

八、明天我們怎麼吃　頁386

中國人，可以不吃野味嗎　頁388
山德士上校穿唐裝　頁397
你要放屁不放屁　頁402
人造美食　頁405
與往事乾杯　頁408
大長今給我們的啟示　頁421

如果伯納德在中國——頁428
留一隻座位給文化人——頁432

自序

大約在二十年前，文學圈的朋友就把美食家這頂帽子扣在我頭上。那個時候很多精力充沛、富於幻想的年輕人在文學小道上你推我搡地向前沖，文學雜誌多而且賣得不錯。雜誌社或評獎或組稿或搞筆會，自娛自樂風氣很甚，一幫文人晃到外地擾民，一路上看看風景和美女，說說段子，吃喝這檔事自然也不耽誤。每到一地，當地文學社團出面接待，大家海吃海喝，借著酒勁說點理想、技巧、感覺等今天看來很可笑的廢話。車行半路打尖，就輪到我點菜了。我點的菜大家都愛吃，有時候荒村野店的實在拿不出什麼來，我就捋袖下廚，整他幾個菜來，也能贏得一片喝彩。其實我心裡明白，好胃口一半是餓出來的。

有話說，三代才學會吃飯穿衣。要滅上海人的威風，這是最見效的一句名言。想想啊，吃一碗飯穿一件衣尚且祖孫三代接力賽跑，寫小說還有什麼奔頭？我爺爺不是貴族，頂多算個鄉紳，打牌老輸錢，最後將地賣光算數。我老爸也不是貴族，從紹興鄉下趕到上海來混日子，身份與今天的農民工差不多。後來才開了一家鞋店，算是小業主。我老媽的娘家與貴族更沾不上邊，絕對無產階級。行了，痛說革命家史我都嫌煩，打住。反正我的血管裡流的不是貴族的血，我的血裡膽紅素猛超標，義務獻血人家不要。

不過，我那不識幾個大字的老媽對子女的教育是蠻嚴厲的，她不知道貴族是什麼玩意兒，但將規矩看得挺重。比方飯桌上吧，吃飯不能有咯巴咯巴的聲響，筷頭不能在碗面上移來移去，不能將筷子吮得吱吱響，有客人一起吃飯時小孩子不能夾第一筷菜，吃魚不能翻魚身，不能第一個夾魚背上的肉……最最嚴重的一條，不能將飯粒掉在地上。

小時候家裡窮，筷子不成套，有長有短，材質多樣。有一次我將筷子在桌上那麼一頓，為的是篤篤齊便於夾菜扒飯，腦瓜子當即就挨了一栗鑿。老媽抓住機會就跟我講了一個故事：有一大戶人家，老闆娘不會生孩子，領養了一個窮小子。她一心要將窮小子修理成小開，供他吃供他喝，還請了家庭教師讓他識字，買了鋼琴讓他彈。經過好幾年修理，小開學會了喝酒抽煙打麻將，腔調像那麼回事了。老闆和老闆娘很高興，為他辦一個生日酒會，請來一大幫親戚朋友。大家吃得歡，將那小開誇得飄飄欲仙。狐狸一得意就要露出尾巴，小開拿起筷子對準自己的胸口一篤，對準一隻大蝦要夾來吃。這個動作被在座的一位老太婆識破了，馬上傳話開去：這個小開肯定是窮小子出身。為什麼呢？我老媽清清嗓子破題：叫花子吃飯哪來桌子？只能將筷子在胸口篤篤齊。

一個人從小學會的動作，註定一輩子也改不了。答案：吃飯穿衣要三代人的努力。

聽了老媽的故事，我相當洩氣。這輩子，我就安心做個窮小子了。

想不到，現在大家都稱我為美食家。我飄啊。

不錯，早在二十年前我就參加上海飲食公司對涉外旅遊定點飯店的審定，內容之一就是通過品嘗菜點來確定申報的企業有無資格接待老外。好像在三年前，《三聯生活週刊》隆重推出中國十八個美食家，我代表上海出鏡。還有一些雜誌報紙硬拖我出席評獎會或新聞發佈會，發個銅牌、嘗道新菜、品品洋酒、喝喝普洱，我也不能太拿自己當回事，擺譜不是我的一貫風格。但去了之後發現得不償失，這樣的活動多了，寫作的時間就少了，心情也更加浮皮潦草。是的，我還沒有悔過自新，在文學的小道上繼續摸瞎子趕路。我怎麼就這麼不開竅呢？

後來我給自己的墮落找了一個理由，吃吃喝喝吧，一抹嘴走人的，或者臨走再帶點掖點，那叫腐敗。像我這樣無權無勢，硬被人拖去吃頓白食，暗中記下了吃了什麼，喝了什麼，趕回家寫成文章，發表，那不算腐敗，那叫弘揚中國的飲食文化，對拉動內需、促進消費有積極作用。

後來又發現，像我這樣高舉文化大旗的人還不少。比如今天你打開報紙，幾乎每張報紙都闢有美食專版，有些時尚雜誌做起美食文章來更是大模大樣，圖文那個並茂，賞心那個悅目呵。年輕記者愛寫這類文章，讀者也愛看，廣告商更愛往花花綠綠的版面上投錢。電視臺的美食節目人氣也相當旺，從劉儀偉（編注：中國大陸著名主持人、演員，因《天天飲食》、《東方夜談》等節目而出名。）到那小嘴，吃得一嘴是油，那叫敬業。這種多贏的局面有利於提升報紙發行量和電視收視率，有利於媒體與讀者、觀眾的感情溝通，也是構建和諧社會的生動表現。

於是我更有理由寫了。十年裡寫了不少，出了四本書。去年一本《上海老味道》，讀者反應不錯，半年時間就印了三次，聽說還得加印。這是讀者對我吃吃喝喝的肯定啊。群眾贊成的事，一般不會錯。葛優怎麼說啊？相信群眾。

這套海派文化叢書（編注：本書簡體中文版出自中國大陸文匯出版社的海派文化叢書，共三十集，由上海大學海派文化研究所中心策劃，有系統地介紹上海文化的各個面向。），理所當然的，應該有飲食文化的一席之地。飲食男女，這是人的天性。海派文化叢書是從文化層面上揭示上海人集體性格和地域特色的文化工程，離開了吃喝二字，你別談性格，也別談地域，更高雅不起來。孔夫子聽了韶樂，表示可以三月不吃肉。這是一種姿態，不要相信他老人家的胡謅，他對飲食向來是高標準、嚴要求的。再說上海啊，國際大都市，吃飯穿衣談戀愛，居家佈置鬧新房，一不小心都成了全國人民的榜樣。上海人家過去住的是石庫門房子（編注：石庫門是一種從傳統四合院演變出來的一派建築風格，兼具中國傳統與西方的建築特色。在十九世紀中，上海的居民將原來傳統的木框改為一對烏漆的大門，外門則選用既穩固又突顯身份的石料作門框，所以便稱之為「石庫門」。），對吃喝倒是不敢馬虎，現在更講究，否則如何與國際接軌呢？所以，當策劃人向我分派回家作業時，我像小學生那樣聆聽著。

以前，短缺經濟，政治掛帥，吃吃喝喝就是追求資產階級生活方式，這書寫不了。再往前，知識份子清高得很，好像不食人間煙火，誰要是談吃的，那就俗到家了，不可救藥，在文人圈子裡沒地位。主流意識形態重視的是文以載道，宏大敍事，吃喝拉撒是不上檯面的，那麼只有放浪形骸的李白、白居易、蘇東坡等人才會在詩作中涉及具體的飲食生活，並以此為樂。要說道嘛，其實也載得動。我最愛蘇東坡這首詩：「竹外桃花三兩枝，春江水暖鴨先知，蔞蒿滿地蘆芽短，正是河豚欲上時。」從雅裡讀，是一幅充滿生機的風景畫，從俗裡看，是一桌令人垂涎的農家菜。桃花酒、老鴨煲、清炒蔞蒿、紅燒河豚魚……流口水了吧。而一般自鳴清高的文人遠避庖廚，油瓶倒了不知道扶一把。浩如煙海的書庫中，我們有二十四史，有《夢溪筆談》，有《東京夢華錄》，有《農政全書》，有《長物志》，還有《茶經》，卻沒有一部真正能體現一個時代風物的、包羅萬象的食經。那個誰啊，老跟鹽商混在一起吃喝玩樂的袁枚，留下了薄薄一冊《隨園食單》，好像影響最大。其他如《粥譜》、《養小錄》、《中饋錄》等古書，今天的美食家和廚師都不願意費勁地看。看的人少，或者你偷偷看了，會影響你考狀元，影響你的山林名望，所以像《神農黃帝食禁》、《老子禁食經》、《酒井飲食法》、《淮南王食經》、《江飧饌要》、《諸家法饌》等古籍到後來都佚散了。多可惜啊。

我兩年前寫一本關於老城廂（編注：城廂一般指的是城市裡比較熱鬧繁華的地區。上海的老城廂位於上海城東南，由彎曲的人民路、中華路圍成，占地約兩百公頃。它是上海城的起源地，從元、明、清到民國初年，一直是上海的政治、經濟、文化中心，也是上海人口最稠密的地區）的書，突然生出一個怪念頭，非常想知道豫園的主人潘允端一家吃的是何等鮮美的山珍海味？排場又是如何？他的親家徐光啟，是個有清名的官員、科學家、基督教徒，又是將甘薯引進中國的有功之臣，他家的伙食標準如何呢？我找了一些書來看，都不見有記載。其實，通過餐桌，我們可以看到很多社會經濟方面的資訊。今年是改革開放三十周年，主流媒體都抓住飲食這個題材做文章，通過老百姓的豆腐賬，見證社會的進步，見證改革開放的必要性和偉大意義。認識到這一點，那麼就明白飲食文化是大有文章可做的，是可以通過俗的題目，通達雅的主旨的。

我對飲食文化的重要性認識比較充分，因此豪情滿懷地完成了這個任務。現在這本書出版了，希望讀者喜歡。

關於本書，其實沒什麼好說的，一看目錄就明白我要說些什麼了。有一點，我想跟讀者朋友交個底：我不願意將此書寫得過於學術化。飲食文化的文章最怕學術化，你那裡一學術，讀者就會犯暈，以為你是在編寫菜譜，好像要抖摟包袱忽又賣起關子，態度很不真誠。現在書店裡的菜譜多的是，中菜西菜，小吃速食，港式本幫，養生保健，美容益智，都在打折賣，我不好意思為文匯出版社增加庫存。我寫歷史，比如海派菜的形成，比如西菜在上海登陸，都是通過解剖一隻麻雀來展開的。我喜歡講故事。這樣我也輕鬆，讀者也輕鬆。再比如我寫到一百多年前就流行於上海的西菜，在今天的品種之多，風味之雜，大概是一般讀者所不敢相信的吧。我就以親身體驗來寫，環境如何，味道如何，格調如何，力圖讓讀者有身臨其境之感。但我一般不說這家店的具體地址，更沒有訂座電話。讀者看了若有意前往品嘗，自己打一一四號碼查號台問去吧。

還有一點，這可能是拙作與一般飲食文化著作不同的地方，我著意對上海人的吃相進行點評。所謂吃相，字面上指吃喝時的舉止言行，表現為一個人在進食時的修養。看一個人的吃相，就大致可以知道這個人的家庭背景、教育背景、閱歷、性格及處世為人的原則了。不過我的概念更加寬泛，還兼及飲食文化的深層次問題，比如公平、道德、環保、文明。

有個後生作家——後生可畏啊——說過一句話：食物與人是平等的。這話說得太好了，讓人放下架子，並感動。既然平等，那麼我們對食物必須給予充分的尊重，還要懷有一份感恩之心。我寫這方面的文章，從來就不敢將自己淩駕於食物之上。相反，我力圖寫出食物的脾氣、性格、相貌和格調，寫出它們與人的關係，對人的恩惠及誘惑。最後，我還通過食物的媒介，寫出人與人的關係。馬克思說過，人是一切社會關係的總和。那麼我們研究飲食文化，說到底就是為了更全面、更感性地研究社會。

最後再說一句，我不是貴族，我還沒有學會像貴族那樣吃飯穿衣，但老媽在飯桌上做下的規矩，我一輩子受用。

一

濃油赤醬，所來何處

一百年前，上海菜的概念或許就是鄉下頭的農家菜。

一百年前，西菜倒是在上海生了根，被叫做番菜。

開埠後的上海交通南北，華洋雜處，外省市移民紛紛來到上海謀生，於是各地風味彙集上海，成就了上海這張大餐桌。

本幫菜是如何打造的

上海這一特定環境滋養的廚師，視野開闊，思路靈活，既能尊重前輩的創造，又能融會貫通，取長補短，敏銳地感受外來文化的因數，從而使各地的菜系都能在上海生根開花，使之具有「海派」文化的特徵，對中華民族的飲食文化做出了不可低估的貢獻。

上海是我國最大的經濟中心城市，一八四三年上海開埠後，交通便利，萬商雲集，實業興盛，文人修學，承傳文化有序，又素得風氣之先，迅速成為東南沿海最有影響力的城市。經濟發展也帶來了飲食業的繁榮，各幫菜館隨著各色人等的彙集應運而生。當時湧入上海的地方風味有：北京、廣州、四川、揚州、蘇州、無錫、寧波、杭州、福建、安徽、潮州、湖南、河南、天津、雲南菜等，還有法、意、德、日、俄等國的西菜，使上海遂成中華美食的大觀園。

上海這一特定環境所滋養的廚師，視野開闊，思路靈活，既能尊重前輩的創造，又能融會貫通，取長補短，敏銳地感受外來文化的因數，從而使各地的菜系都能在上海生根開花，使之具有「海派」文化的特徵，對中華民族的飲食文化做出了不可低估的貢獻。他們掌握並創造了炸、溜、爆、炒、燉、燴、黴、蒸、燒、煎、貼、煮、燻、烤、炙、煸、扣、涮、煙、扒、泡、浸等數十種技藝，博採眾長，自成一格，並不斷推出具有經典性質的看家菜以廣招徠。完整意義上的上海地方特色菜餚，包括長期以來，特別是近一個世紀在上海打開局面並深深紮根的「本土化」地方菜餚，海納百川，有容為大。大上海飲食也和其他的文化門類一樣，絢麗多姿地展現著國際大都市的萬種風情。

上海老飯店（編注：上海老飯店於清光緒元年由張喚英創見，原名「榮順館」，地處素有「海上明園」之稱的豫園商城旅遊區內，是上海菜的發祥地，菜餚以選料精細、風味純正著稱。），是一家上海的老飯店。這句話並非我故意放噱的俏皮話，而是因為這家飯店確實很老，老到可以借它的發跡來研究上海本幫菜的形成與發展。

八寶鴨在上海人的心目中是一道節慶大菜，被賦予了不同尋常的意義。「八寶」一詞，在中國的民俗中素來代表豐富的吉祥，古典傢俱中就有八寶螺鈿嵌的工藝。那麼鴨子的八寶從何說起呢？在一八八七年重修的《滬淞雜記．酒館》中早有記載，八寶鴨是上海蘇幫菜館的名菜，取鴨肉拆出骨架，塞入餡料蒸製而成。但此菜何以轉換門庭呢？

有一個故事頗有賣點，相傳六十多年前，一個老顧客到城隍廟老飯店吃飯，酒足飯飽後對一位姓黃的廚師說，虹口有一家飯店供應一款八寶雞，味道不錯，吃的人也不少。廚師告訴了老闆，老闆就派遣「克格勃」（編注：即前蘇聯的間諜組織，KGB，的中文縮寫。）去買一隻回來，拆開來仔細分析。哦，所謂八寶就是這麼回事啊！雞肚子裡蓮子、火腿、開洋、冬菇、栗子、糯米等輔料。於是老飯店的師傅也試著做了幾次，並將原來的老母雞由拆骨改為帶骨，改紅燒為油炸後上籠蒸透，使主輔料相互滲透，雞肉酥軟，吃起來味道果然更勝一籌。後來老闆想到八寶雞的版權是他人的，萬一賣到火了，人家告上門來頗為麻煩，就將雞改為鴨。似乎是追根溯源，其實是別開生面。一個小小創意，造就了一道傳世名菜。

如今老飯店的八寶鴨有標準規格，選用五二〇克至五六〇克一隻的江蘇草鴨，淨膛待用。所謂的八寶，由雞丁、火腿丁、鴨肫丁、冬筍丁、香菇丁、杏仁、栗子、干貝等輔料組成，與洗淨的糯米一起拌勻，加酒、鹽、蔥、薑等調味，塞入鴨膛內，再把膛口縫好，下油鍋炸四十分鐘，然後墊上棕葉上籠蒸四小時以上，待到出籠，香味四溢。

凡到老飯店來吃飯的客人，都愛點這道菜來接待親朋好友。有些客人吃了意猶未盡，再買幾隻帶走。二〇〇四年夏天，三個來中國訪問的日本相撲選手身穿和服，足蹬木屐逛城隍廟，拐進老飯店吃飯，點了一隻八寶鴨，吃後大加讚賞，又點了兩隻才過癮。

本幫菜中糟缽鬥的名氣也是響噹噹的。這是一道古董級的名菜，相傳始創于清人嘉慶年間，由本地著名廚師徐三創制。清代《淞南樂府》曾有記載：「淞南好，風味舊曾諳，羊胛開尊朝戴九，豚蹄登席夜徐三，食品最江南。」後面還有注釋：「羊肆向惟白煮，戴九（人名）創為小炒，近更以糟者為佳。徐三善煮梅霜豬腳，邇年肆中以缽貯糟，入以豬耳腦、舌及肝、肺、腸、胃等，曰『糟缽鬥』，邑人咸稱美味。」到清代光緒年間，老飯店和德興館等本幫飯店烹製的糟缽鬥已經盛名滬上。近百年來，此菜幾經改革，老飯店的廚師功不可沒。現在，為適應消費者的飲食習慣，他們精選了豬內臟，製作上更加精細。比如將香糟壓榨成汁，加上好的黃酒和水調和成糟滷待用。內臟是分批投入鍋內燉的，至內臟酥軟後，加筍片、熟火腿、油豆腐等，再小火燉十分鐘，兜頭澆上一勺香糟滷，見滾即裝入深腹廣口大碗上桌。

有一年謝晉（編注：中國知名導演，已於二〇〇八年去世。）請已經赴美國發展的陳沖吃飯，訂座老飯店，席間就點了一道糟缽鬥。演員總是怕胖的，陳沖正在向好萊塢進軍，深知身材是革命的本錢。謝晉跟她說：不要怕，偶爾吃一點豬內臟沒事，據說還能美容呢。哄女人吃某樣食物的最好辦法就是把美容兩字祭出來。果然，大明星陳沖吃了，吃了一塊不過癮，放開膽量又吃了一塊，最後大開殺戒，吃了乙塊。

謝晉還向服務員建議：這道菜要是真用鉢頭來裝就更有味道了。

青魚禿肺也是本幫菜，而且是一道很難吃到的經典名菜。它是一道用活青魚的肝（俗稱肺）做的菜。每年清明過後到桂花始開這段時間裡，青魚養得最肥，廚師取活青魚，宰殺後剝取附在魚腸上的魚肝為原料。但每條重量在兩千克以上的青魚才摘得手指寬這麼一條，得湊足十條大青魚才做得成這道菜。死魚腥重，不宜選用。所以在老飯店點這道菜，得提前幾天預訂，而且每天只供應一份，有點奢侈吧。

已故《新民晚報》總編趙超構先生在老飯店品嘗了青魚禿肺後曾著文寫道：「所謂禿肺，其實非肺，而是魚肝，此物洗淨之後，狀如黃金，嫩如腦髓，滷汁濃郁芳香，入口未細品，即已化去，餘味在唇在舌，在空氣中，久久不散。」這是老文化人、也是老吃客的真切感受。

有一次我在永福路上一家裝潢得非常豪華的飯店裡看到這道菜，雖然價格昂貴，卻如他鄉遇故人，馬上點來一嘗，卻是一股腥味，魚肝也不嫩肥。山東來的朋友本來聽我吹得天花亂墜，吃了一口就擱筷了，叫我大丟臉面。完美的青魚禿肺應該是這樣的：色澤金黃，整塊不碎，肥而不膩，嫩如豬腦，鮮美異常，為秋冬季最佳名菜，尤其適合老年客人食用。再燙一壺十年陳的甲紹（編注：即甲級紹興酒。），真是南面王而不易也。

精扣三絲這道菜是舊時上海農村婚慶上的大菜，有討口彩的用意，雞絲、火腿絲和筍絲縱向排列整齊後堆在碗中，意思是女兒嫁到男家後會財源茂盛，財物多得像金山銀山一樣。後來本幫館子引進這道菜，精加工後刀工精細，口味淡雅，色澤悅目，故而大受歡迎。這是本幫館子廚師對農家菜改造的成功案例。

扣三絲看似簡單，其實是一道很難操作的刀工菜，火腿、冬筍、熟雞脯全部切絲，每塊橫批三十六刀，豎切七十二刀，一共二五九二根，一根不少，每根切得像火柴那般細。再強調一點，一般本幫飯店裡的扣三絲是扣在碗裡的，而老飯店的扣三絲的工具是一隻瓷器杯子，這就對廚師的刀工提出了挑戰。無論雞胸、火腿上方還是冬筍，都要有一個寬十二公分的刀面，而不是通常的八公分，所以選料也特別講究。切成後的三絲塞入杯內，不能斷，不能扭曲，上籠蒸透，再往透明的玻璃盆裡一扣脫模，一座色澤分明的三絲寶塔矗立在盆子中央，澆上清湯，再飄兩三葉豆苗嫩芽，先不吃，已經把人看呆了。

有一次電影明星白楊（編注：早期中國知名女演員，在一九四〇年代號稱中國四大名旦之一。）暢遊豫園後，來到老飯店就餐，廚師專門為她做了一道扣三絲。當這道菜端上桌後，這位見過大世面的女明星見了不敢大口呼吸，久久不忍下箸，品嘗之後又擊節讚歎。回家後意猶未盡，還寫了一篇文章稱讚老飯店廚師的技藝。

從蝦子大烏參這道菜的發明上，可以看出近代上海廚師是很善於動腦子的。

一九三七年淞滬會戰歷時三個月之久，後來中國軍隊南撤，市內公共租界和法租界淪為「孤島」。其時，小東門外法租界洋行街（今陽朔路）一批經營海味的商號生意清淡，對外貿易中斷，原來銷往港澳及東南亞的一批大烏參積壓倉庫。此事被德興館的著名廚師楊和生獲悉，便以低價採購了一批，然後在店裡以本幫菜原理進行試製。從選料、漲發到烹調，一次又一次試驗，終於發明出一道具有本幫菜風味的蝦子大烏參。一炮打響，不少社會名流嘗後廣為傳播。後來上海浦東人李伯榮來城裡學生意，拜楊和生為師，成為名菜蝦子大烏參的衣缽傳人。李伯榮在建國後是老飯店的當家主廚，按現在港臺的說法為行政主廚，通過他與一班徒弟的精心研製，精益求精，使蝦子大烏參的品質又上一個新的臺階。

海參有很多品種，老飯店採購大的烏綴參，色烏，肉厚，體大，一般五百克乾品有五至六頭。其次，當每年六七月份子蝦上市時，他們專門選購藍青色河蝦，自行剝製蝦子，烘乾後置於冷庫供全年備用。這種河蝦子有芳香味，鮮味也很足，是形成菜餚特色風味的重要因素。

海參本身並無鮮味，故而要將輔料的滋味燒進去，烹調一環就顯得相當重要。老飯店的廚師先將乾烏參置於爐火上烘焦外皮，用小刀刮淨後放入清水中漲發十餘小時，然後洗淨用清水煮沸，反覆三次，以期洗淨消腥，肉質柔軟，浸於清水待用。烹製時，先將備用的大烏參放入八成熱的油鍋中炸爆，使參體形成空隙，便於入味，然後撈出烏參濾油；再用豬大排、草雞等原料加紅醬油煮的紅高湯滷作調料，配以河蝦子以及黃酒白糖，在加蓋的鍋中煮十分鐘後，加適量的澱粉，勾芡再加入滾熱蔥油，盛於長圓形瓷盤中，色、香、味俱佳，再要加上一個燙字。

十年前我採訪過這位名廚，他的理論就是本幫菜中的河鮮，一定要煸香燒透，才不會有腥味。他還透露，過去大烏參是在最後用紅燒肉的滷打開芡汁的，現在以噴噴香的蔥油增亮。

蝦子大烏參以其營養豐富，糯軟柔清的口感和鮮香濃醇的味道，令人百吃不厭，六十多年來成為本幫菜的招牌。如果在老飯店擺酒席，這道名菜非點不可，否則會被別人認為有怠慢客人的意思。在老飯店品嘗這道名菜，不僅可供老上海懷一把舊，也能讓港澳臺遊客、海外華僑華人分享美味，日本客人尤其偏愛，日本銀座亞壽多酒樓每年都要組織一兩批廚師和管理人員來老飯店品嘗，研究本幫菜的特色，而蝦子大烏參必定在此份菜單中。

老飯店的傳統名菜還有很多，比如八寶辣醬、圈子草頭（編注：圈子即紅燒豬腸。草頭為苜蓿。）、油爆河蝦、紅燒河鰻、紅燒鮰魚等，最近還在那裡吃到了白湯鮰魚，湯色乳白濃郁，鮮味十足，腴美不輸紅燒。

本幫菜館過去還有一道名菜——青魚頭尾，相當實惠。現在老飯店用紅燒鮰魚的下腳料做成鮰魚下巴，也是化腐朽為神奇的成功案例。鮰魚下巴斬塊，加黃酒、醬油、糖、胡椒粉等烈火烹之，加蓋調中小火燜透後取出蔥薑，翻身起鍋，待鍋中滷汁稠濃後淋適量麻油，澆在魚下巴上。

呵呵！愛啃骨頭的朋友有吃福了。

除了燒好原汁原味的本幫菜，這些年來老飯店的廚師為適應市場需要和現代飲食趨勢，放下架子，虛心從其他幫派的菜系中汲取製作技巧和烹飪理念，推出一系列具有海派特質的新式本幫菜。比如奶油蝦球，是從廣幫菜脫胎而出的。酥皮蟹捲，借鑒了西餐的技巧和中式點心的外形。佛跳牆，明顯受閩菜的啟發，但原料更精。薺菜燴蟹肉，將蟹粉與薺菜一起燒成帶汁的菜，吃口上有山野與蟹肉調和的清香。金鉤大鮑翅，是港菜在老飯店的翻版……任德峰總經理告訴我，為了啟動廚師的想像力，提高創新能力，他特地請外來和尚念經——數位高段位的川菜廚師和港菜廚師，對本幫菜的廚師進行觀念和技巧的交流，或者說，這更像一次次衝擊。

海納百川，相容並包，打造經典，追求卓越。這是老飯店廚師的胸懷和手藝，也體現了海派文化的特質，或者可以說這就是上海的城市精神的組成部分。

象牙筷所指何處

上海餐飲市場格局經過近百年調整，早已今非昔比了，傳統的幫派菜餚漸漸淡出江湖，新崛起的幫派菜各領風騷，而年輕的食客則醉翁之意不在酒，而更著意環境、格調和氣氛。簡言之，吃什麼並不重要，重要的是與誰交臂盡杯。

對於不少直闖餐飲場所的人來說，菜譜是一本頗費躊躇的書。「先生，請您點菜。」身穿一襲高開叉旗袍的服務小姐低聲細氣地說，把油滋滋的菜譜塞在註定由他埋單的那位先生手裡。可是那位老兄裝模作樣地翻了老半天，最終還是支支吾吾地說：「你幫我們點吧。」這一在上海飯店裡常見的情景，至少說明了兩個問題，一是會吃的人並沒有與市場的繁榮發展成正比，二是值得吃的菜也與這個形勢不成正比。

讀者一定會對我的判斷表示懷疑，這三十年來，上海新開張的飯店何止千百？

餐飲業的繁榮局面正以前所未有的衝勢刷新著我們的生活觀念，提高了我們的生活品質，怎麼能不負責任地說沒有特色、沒有美食家呢？

然而理論是灰色的，菜餚是五彩繽紛的。統計學概念的數字不能簡單地解釋社會現象，否則我們就像吃了一盤茄汁鯧魚，以為掩蓋腥臭氣的甜酸味就是魚的本味。先讓我們心平氣和地打開上海餐飲業這本大菜譜，來看看這些年有多少特色在我們的筷子下消失了。

徽菜是隨著徽商進入上海而興盛的一個幫派，徽菜館最早在鴉片戰爭前就落戶上海了。舊時的徽菜館大多開設在南市、閘北（編注：南市，舊上海地區名，現在已併入黃浦區。閘北區，位於上海中心區北部。）一帶，後來逐漸遍佈全市，著名的有老醉白園、復興園、三星園、宴賓樓、民華樓等。到上世紀二、三〇年代，沒吃過徽菜的人簡直不能算成功人士。直到二十年前，鬧市中心還有大富貴和逍遙樓南北呼應，前者前身就是創建於清光緒七年的徽州丹鳳樓。如今，逍遙樓已經不知到何處逍遙去了，大富貴還在，但底樓賣熟菜點心的生意相當不錯，徽菜則越來越萎縮了。要是在別的飯店看到李鴻章雜碎、葡萄魚（一道用十幾隻青魚眼球做的菜）、三蝦豆腐、沙地鯽魚這類徽幫菜，別管味道是否正宗，趕快點來嚐嚐，這已經屬於餐桌上的文物了。

豫菜也是較古老的一個菜系，創始於清末民初的梁園致美樓是上海唯一的豫菜館，當年魯迅曾「慕名而至」，在這裡招待過客人，並在那天的日記裡也記上一筆。

上世紀九〇年代初，這家名店因為網點調整而退出歷史舞臺了。曾經得到老佛爺賞識的黃河鯉魚焙麵成了廣陵散，曾烙下北宋都城宮廷菜、官府菜、寺庵菜印記的開封桶子雞、托燒豆腐、扒猴頭、鐵鍋蛋、陳煮魚等數十道名菜，今天的小青年就再也吃不到了。

那麼湘菜總應該借一點聖者之光大行於市吧。湘菜進入上海不晚於上世紀二〇年代，坐落於西藏南路上的岳陽樓是一家標誌性的湘菜館，以油重色濃、酸辣焦麻的風味征服了上海食客，而且在十多年前也挖掘出幾款如東安子雞、臘味合蒸、紅白肚尖等傳統湘菜，並在廣告上寫明是老人家身前特別愛吃的菜，希望吸引客食。但這也不能挽狂瀾於既倒，才兩三年吧，飯店迫於形勢，在店門口立起了「狗肉滾三滾，神仙立不穩」的廣告，賣起了狗肉火鍋。再後來呢？西藏中路拓寬，原址為上海音樂廳移建工程所占，岳陽樓就拆了，也沒見它在別處冒出來。當然啦，如今上海灘上湘菜館又開出了不少，但風味如何就難說啦，哪一家都在賣號稱最最正宗的毛家紅燒肉。

福建中路上曾經有過一家名字很典雅的飯店——知味館，這是以杭州菜為招徠的飯店，尤以炸響鈴（編注：即炸豆腐皮。）、龍井蝦仁、東坡肉、西湖醋魚讓人食指大動，而現在「知味停車、聞香下馬」的性情中人少了，這家飯店也無可奈何花落去，先是改營別的幫派，店名改作莫名其妙的「東方明珠」，經營仍無起色，後來這塊招牌移至別家，開到長壽路上一幢商務樓上去了。

閩菜也是我國八大菜系之一，它最早形成於閩侯縣，隨後在福州、閩西、閩南形成三個流派。差不多也在二〇年代進入滬埠，這與福建商人在十里洋場拳打腳踢是分不開的。舊時在上海有不少閩菜館，建國後只剩下南京西路上的閩江飯店，供應的閩菜分兩類，一是正宗的閩菜，包括佛跳牆、七星魚丸、烏柳居、白雪雞、閩生果等。另一種是適應上海人口味的改良閩菜，有南煎豬肝、生煎肉片、軟溜草、清魚翅、八珍鴨舌等。閩菜用紅糟，獨具一格。但不久閩江飯店也改弦更張，要吃佛跳牆和炒西施舌大約只能學一學做黃粱美夢的南柯先生了。

本幫飯店早已退守老城廂一隅，蝦子大烏參售價不菲，糟缽鬥裡的內容似乎沒有變，但真想吃一次得看你運氣好不好。後來「發明」了糟八珍，用鮮貝、海參、鮑魚之類的東西代替下里巴人愛吃的豬下水，似乎還過得去。串糟醃鮮沒有了，青魚禿肺也難得一見了，連過去引車賣漿者流吃的肉絲黃豆湯也沒有了，用「隔夜小火」熬一鍋沒有多少利潤的黃豆湯實在不合算。

最最不堪回首的是老正興，最早的一家創建於清同治年間，以錫幫菜迎合上海人的口味，以「赤膊櫈子毛竹筷，濃油赤醬重油水」為特色。廚師善製河鮮，青魚下巴甩水、炒蟹奶油、紅燒圈子、生煸草頭都是令人唇齒留香的名菜。令人感到溫暖動人的是老正興真誠關照著下里巴人，是民間情懷最濃的飯店，櫛風沐雨的跑街先生、拉黃包車的車夫、吃粉筆灰的教師匠、報館裡的小編輯、南貨店裡的夥計都是它的熟客。也因為老正興的菜價廉物美，經營到二、三〇年代，生意愈加紅火，以至於一時間冒出一百二十多家老正興，有大上海老正興、源記老正興、無錫老正興，還有以門牌號命名的七二三老正興，弄得顧客摸不清方向。原創老正興在此情況下不得不掛上一塊匾，聲明「首起同治，別無分出」。直到五〇年代，周恩來總理到上海山東路上最最正宗的老正興吃飯，也順便問起哪家是最老的老正興。今天，老正興在本市只剩兩家了，一家在山東路，另一家在閔行。

上海的京津菜也曾經風光過，舊時有同興樓、重元樓、泰豐樓、會賓樓、福興園、悅賓樓等，據清人葛元煦在《滬遊雜記》中記載，當時的津菜館大盛於海上，名菜有燒鴨、溜魚片、炸八塊、小火方、燒鴨羹、湯泡肚等。其時還有順口溜：要吃「北京」同興樓，要吃「京川」大雅樓。大雅樓兼營四川菜，這兩家京菜館是當時的頭牌。建國後則有凱福飯店、燕雲樓，名菜有北京烤鴨、凍雞、蝦仁麵餅、腰丁腐皮、拔絲蘋果、鹽爆雙條、海寶芙蓉湯等。但現在凱福飯店似乎銷聲匿跡了，燕雲樓的特色也只剩下烤鴨。前不久我與太太前去懷舊，發現我最愛吃的植物四寶簡直鹹得不能入口，糟溜魚片雖然還是黃魚做的，但味道大不如前。在北京全聚德進入上海後，他們的優勢正在喪失。

老前輩一定記得，上世紀七〇年代末上海市飲食公司在百亂待理、百廢待興的形勢下曾假座（編注：即假借。）青年會賓館（當時還叫淮海飯店）舉行過一次規模盛大的烹飪展覽，這個動作可看作是飲食行業一次家底的翻檢，對推動上海飲食業的發展意義重大。各大社會飯店（編注：社會飯店指在市場上對所有民眾開放的飯店，相對應的是開放程度有限的機關飯店或不對外開放的政府接待飯店。）傾全力做出了看家菜，而梅龍鎮酒家送展的四道菜第一次打出了海派菜的旗號。主持展覽的領導一看，就把這些另類菜餚擋在門外，這說明當時的權威人士對海派菜的概念也很陌生，至少在情感上難以接受。

說起來，梅龍鎮在制訂菜譜上一向是靈活的，最早他們以揚幫菜立身揚名。抗戰勝利後，大批國民黨要員從重慶回滬，但在四川養成的嗜辣習性一時難以改變。梅龍鎮根據這一市場訊息，果斷「由揚入川」，川菜揚菜相輔相成，一時食客如雲，幾乎成了十里洋場生意最興隆的飯店。如今他們高揚海派菜的旗幟，不僅體現了經營者的膽識，也順應了時代潮流。

黃浦區過去特色飯店雲集，名廚薈萃，十六幫派菜餚全齊，呈泱泱之勢，後來市場重心轉移到黃河路和乍浦路這兩條美食街。這裡絕大多數飯店是私人老闆開的，他們沒有思想包袱，肯動腦筋，用的是新鮮原料，加上複合調料，味道好，做起來又簡單，更關鍵的一點是價錢低廉，一時間食客盈門。研究這兩條美食街的興起，是研究海派文化的一條捷徑。

說了半天，是不是上海無甚可吃了？非也。改革開放以來，擺脫短缺經濟困局的上海，由餐飲市場敏感地反映出經濟發展的成果，以及老百姓對物質生活的提升。

在吃飯這檔事上，就體現出多元的需求了。

吃潮流是一個普遍現象，就好比服裝業一年一度發佈流行色，餐飲業也依樣畫葫蘆，於是每個季節都有一兩樣東西可吃。南來風對上海人的影響不小，廣東一帶流行什麼，這裡的廚師也燒什麼，而不少飯店的廚師就是那邊過來的。比如上海人過去看見蛇就會倒豎汗毛，後來老米蛇島（編注：老米蛇島，一專門以蛇肉料理聞名的餐廳，位在徐家匯。）一炮打響，吃大王蛇成一時之風，老鴨湯、水煮魚片、香辣蟹、小龍蝦、瀨尿蝦等莫不如此。沈記靚湯開在十年前肯定要虧本，而今天的上海人食譜豐富了，湯煲裡有孔雀、有果子狸、有山龜、有鱷魚、有鴕鳥、有蛤士蟆……呵咦喲，生意興隆。

還有些飯店推出了一些合法養殖的野味，比如鴕鳥肉、驢肉、馬肉、孔雀肉、鱷魚肉等。植物的種類也在擴大，蘆薈、仙人掌、牛蒡都進入了有些時尚飯店的菜譜。徐家匯一家食品店裡，有一種牛蒡紅腸每天要排隊買。

這些年來吃蟲也成為時尚，在雲南風味的飯店裡，可以看到上海的美眉們眉頭不皺地吃起了蠍子、柴蟲、竹蟲、螞蟻、蝗蟲、水蜻蜓、蝶蛹等蟲子，據說有養顏美容的奇效。

吃環境似乎很高雅，哪家酒家裝潢得豪華，比如巴羅克風格、後現代風格，甚至皇宮風格、農家樂風格、三〇年代老上海風格，都能吸引食客眼球。不少飯店在本已倜促的店堂裡割出一塊，讓穿得極少的洋妞或本土小姐上臺表演，載歌載舞，搔首弄姿。情景最慘的是請評彈演員唱開篇，雙檔在臺上一坐，琵琶三弦那麼一掃，清清嗓子開唱，但底下滿堂食客照樣大快朵頤，喧嘩四起，你在唱什麼他們一句也聽不進。高雅藝術落到此般地步，真叫人臉紅到脖根。新天地有一頂級酒家請來青年崑曲演員，在落了紗幔的臺上表演，老闆出場三鞠躬，懇請大家安靜片刻，才聽得清臺上唱的是《遊園驚夢》，此番心意也讓人一時感動。

紅子雞的服務小姐足蹬溜冰鞋穿梭送菜，在食客身邊一陣風地掠過，湯菜不灑一滴出來，也是本事。

吃家常菜又是一個時髦，這在私企飯店裡作為名牌推出，而食客居然也首肯，彷彿個個吃厭了龍肝鳳髓，要用家常菜來調劑一下。如蘿蔔乾炒毛豆，在家中老婆端出必定會遭一頓白眼，而在飯店餐桌上，有紅酒相襯，倒顯出一番世俗的體貼來。上海體育館裡有一家新農村飯店，打的就是農家菜招牌，將上海周邊郊區的農家菜一網打盡。餐廳佈置也用了心思，白牆上掛了黃的玉米、紅的辣椒和白的大蒜頭，最裡邊還築了一個戲臺，像農村祠堂。二樓一圈圍廊做了包房，則以某某生產大隊冠名。還放一些傢俱在走道裡，大人就地教孩子認識農耕社會的遺物，孩子們覺得很好玩。

而私房菜又以更溫暖人心的菜單吸引懷舊的食客，一菜一湯，都似乎有一種老外婆的味道。

吃檔次在上海成為一種時尚是必然的，世界上怕就怕面子二字，而上海人最講面子。哪家酒店生意好，活水魚缸大，菜餚價格高，服務小姐漂亮，老闆娘能說會道賽過阿慶嫂（編注：阿慶嫂是紅色經典現代京劇《沙家濱》中一個茶館的女老闆，以其機智、英勇、愛國的形象著稱。），門口私家車停得多，就會有人趨之若鶩，彷彿不如此就不能體現其自身價值，在人前人後就會矮一截。這就是某些上海人對檔次的理解。

朝虹橋機場方向過去，左拐進入滬青平公路起始段，那裡有好幾家酒店規模好生了得，每當華燈初上，私家公家車就一輛接一輛地馳來，把酒家門口堵得水泄不通。吃什麼並不重要，重要的是從車子裡出來，將車門使勁一摔的派頭。在此情景下，上海正宗的幫派飯店，即國有企業有何對策？

不少老飯店還是像老貴族一樣守著身價，如揚州飯店、老飯店、老半齋、新雅粵菜館、潔而淨川菜館等，看家菜燒出來一絲不苟，薪盡火傳，令人欣慰。小紹興從一個小吃攤發展成大酒店，經過半個世紀的滄桑，而白斬雞和雞粥還是那個味道。

一些大賓館裡的餐廳，也有坐正幫派的，兢兢業業，出菜仔細，不讓社會飯店專美於前，比如錦江飯店的烤鴨就不比燕雲樓的差，靜安賓館的水晶蝦仁比新雅的還滑爽呢。但社會飯店要想挽回頹勢，收拾江山，坐正幫派是根本，解放思想、積極開拓、豐富菜譜也須有緊迫感。有些飯店為了廓清幫派面目，一個特色菜譜一經定型好幾年不變，哄哄外國人尚可，本地食客經常吃，不厭才怪呢。

另外，菜譜的策劃也相當重要。前幾年美國總統柯林頓在訪滬期間到城隍廟綠波廊用餐，飯店根據美方的意思定了一份菜譜。因為柯氏這頓飯是便宴，接近家宴的性質，用餐標準是每人一百人民幣，就不可能太奢華，菜譜上原本有的一道蟹粉鮑翅羹也被劃去了。如今這份菜譜已不是秘密，大家得知總統先生點嘗的不外是鹹菜毛豆、香菇菜心、咕老肉、松仁粟米、腰果雞丁之類的家常菜，他認為最最好吃的棗泥餅也屬尋常之物。後來綠波廊酒家挾柯氏用餐「餘波」，適時推出「總統套餐」以廣招徠，也不失為一種俏皮的商業策劃，大可滿足一下消費者的好奇心，在旅遊景點的著名飯店也算是一個餘興節目。

高橋也是本幫菜的發源地

飲水思源，高橋本幫菜之所以名氣大振，海上聞人杜月笙是有功勞的。

晚清以降，上海逐漸成為長江以南舉足輕重的經濟中心，一八四三年開埠後，萬商雲集，實業興盛，市民階層崛起，感受西風東漸之先，迅速躍升為東南沿海最有影響力的城市。經濟發展必然帶來飲食業的繁榮，各地幫派菜館隨著各色人等的匯集應運而生。此後的一個世紀內，各地各幫風味先後湧入上海，使大都市遂成中華美食的大觀園。

但是，與八大菜系相比「晚之又晚」的本幫菜，倒一直是上海民眾和外來客商最喜品嘗的菜式之一。本幫菜以浦東川沙和高橋的農家菜為底子，進入老城廂後，為適應都市消費群體的需要，初步形成了濃油赤醬、鹹淡適中、原汁原味、醇厚鮮美的特色。早期的本幫菜以豬肉、河鮮、豆製品和時令菜蔬為主要原料，以進出老城廂的商人、遊客、店員、工人、農民等為服務對象。

高橋地處黃浦江與長江的交匯處，向遠便是茫茫東海，此處又是淡水與鹹水的交匯處。常識告訴我們，凡淡鹹水交匯處，必多魚蝦蟹鱟，而且品質優良。高橋又是由泥沙沖積成陸地的，近千年來形勢變化較大，境內河流縱橫交叉，多為沙質土壤，相當肥沃。

高橋的土壤宜種稻穀雜糧和瓜果蔬菜，比如淩橋「一點紅」茭白（編注：茭白是江南一帶水塘裡生長的蔬菜，古稱「菰菜」。）很是著名的，皮薄、肉嫩，味鮮，且有清香，現在仍在種植。高橋農戶善於飼養家禽、家畜，也為高橋農家菜的定型和豐富提供了物質保障。

過去，高橋一帶的飲食風俗有「四盆六碗」，民眾的家宴和逢年過節招待親友即採用這個規格。所謂「四盆」，即四冷盆：白雞、白肚、爆魚和皮蛋肉鬆等四樣。也有用海蜇頭或油爆蝦調整的。「六碗」即為六熱菜：紅燒肉、紅燒魚、紅燒雞或紅燒鴨，再有鹹肉水筍和大白菜炒肉絲等，湯為至今還為人們津津樂道的肉皮湯。如遇婚喪和生日壽慶，「四盆六碗」或許不能應付場面，特別是一些大戶人家待客，就會吩咐廚師增加分量、提高檔次。規格為四雙拼、八大碗，八大碗熱菜還要換上全雞、全鴨，同時外出請飯店廚師來掌勺。

後來高橋筵席的熱菜有所變化，向精細化發展，出現了扣三絲、炒海紅、走油肉等。扣三絲的製作比較費工夫，廚師用雞絲、火腿絲、竹筍絲切細絲，排列整齊後塞入碗內，下墊一塊厚實的香菇。上籠蒸後倒扣在盆內，頭頂香菇，澆上高湯，湯清形美，鮮香誘人。因臨吃時須用筷子抖開，俗稱「抖亂三絲」。此菜還討口彩的用意，希望女兒嫁到男家後，從此財源茂盛，財物多得像金山銀山一樣。

炒海紅就是炒淡菜，乾淡菜用黃酒發過，加韭黃、慈菇、地力（編注：即馬蹄、荸薺。）等一起炒，味道也相當不錯。

走油肉的做法是，取上好肋條，稍煮斷生（編注：約八分熟的意思，就是把原料加熱到無生性氣味，並接近成熟的狀態。）後，皮朝下投入油鍋內，炸至肉皮起泡冷卻，複再加醬油、白糖、蔥薑等燜至酥而不爛，改刀（編注：把大塊的肉切成小塊，稱為改刀。）後裝盆，澆上滷汁，因去掉一部分脂肪後，吃口更加鬆軟，鹹中帶甜，回味綿長。後來，大戶人家的筵席中還引進了一些高檔的燴菜，比如魚翅、海參、魚唇等。

到改革開放後的八十年代，生活品質大幅度提高，高橋人家的筵席規格也大大提高了，通常為十六碗加一隻大拼盤，一桌主客，吃也吃不完。前不久我遊訪高橋，在西街飯店品嘗了原汁原味的高橋本幫菜，至今思之，猶頰齒留香。

今天，西街飯店似乎是高橋碩果僅存的老飯店，經營特色就是高橋風味的本幫菜。西街飯店是一幢三層中式建築，黛瓦粉牆，朱漆門窗，燈籠高掛，餐廳與包房都不算太大，但入座其內，頗覺親切。菜譜上列有古風猶存的高橋本幫名菜，比如蒸三鮮、紅燒羊肉、白切羊肉、羊雜拼盆、田螺燒鱔背、油麵筋塞肉、青魚頭尾、清蒸鰣魚、走油蹄髈、扣三絲、原隻扣雞、肉皮湯等。溫酒而小酌，這裡風情獨濃！前不久我與朋友參觀高橋，就選擇在此品嘗濃濃的鄉味。

品嘗本幫菜，有幾道招牌菜是不可不嘗的。比如糟缽鬥和青魚禿肺，這前文已有介紹。

在高橋品嘗美食，一定不能錯過河海鮮。高橋扼守長江口，成為魚群季節洄流的通道。大量的鳳尾魚、銀魚、白蝦和鮰魚就成為大自然的慷慨饋贈。長江銀魚與太湖所產的完全不同，個體較長而且更加肥嫩，肉質呈半透明狀，高橋百姓稱之謂「麵丈魚」。麵丈魚炒蛋就成了高橋一款時令名菜。白蝦，上海城中人呼作白米蝦，初夏時節抱籽而來，頭頂紅膏，經沸水稍汆即食，味道鮮美異常，也是佐酒佳餚之一。

高橋鄉賢還回憶以前常能吃到的「鰣、槍、鮰、蛺」，指的就是鰣魚、刀魚、鮰魚和中華鱘。刀魚在水中遊動時恰似銀槍，好理解。蛺，是當時口語中對面目奇異的中華鱘的形容，大約也說得過去。現在中華鱘是法律嚴禁捕撈的國家保護動物，市場上匿跡已久。每年，市有關方面還要在高橋舉行中華鱘幼苗投放儀式，以加強對瀕臨物種的保護與重視。

高橋人家舊時吃刀魚飯，用硬柴引火，待大米飯收水時，將刀魚一條條鋪在飯上，改用稻柴發文火，飯燜透後，將魚頭一拎，龍骨當即蛻去，魚肉與飯一起拌，加一勺豬油和少許鹽，那個鮮香感受，今天的高橋老前輩憶起，感慨萬千，終生難忘。

無鱗而皮色灰白的鮰魚，被高橋人呼作「海老鼠」。西街飯店也將此菜當作鎮店之寶，烹治得相當入味。鮰魚味腥，須剁塊過油，加黃酒、醬油、糖等旺火烹之，加蓋調中小火燜透後取出蔥薑，翻身起鍋，鍋中留有滷汁，再起火收至稠濃後淋適量麻油，澆在魚身上上桌。肥而不膩，肉質滑嫩，膏脂豐富。即使在夏天，一盆剛出鍋的鮰魚放在陽光下，片刻後也會凝結。

紅燒鮰魚是本幫菜中的經典名菜，現在已經列入《中國食經》、《中國名菜大典》等典籍。

在本幫菜的發展過程中，刀工的重視、選料面的拓寬，烹飪技法的多元化，都推動了本幫菜的進步。比如前面介紹過的扣三絲，後來本幫館子引進這道菜，精加工後刀工精細，口味淡雅，色澤悅目。可以視作本幫廚師對農家菜改造的成功案例。

如今，精扣三絲已成為本幫飯店的招牌菜，也是廚師參加烹飪比賽時奪金摘銀的「規定動作」。

飲水思源，高橋本幫菜之所以名氣大振，海上聞人杜月笙是有功勞的。

杜月笙是高橋人，早年失去雙親，靠吃百家飯長大。杜月笙後在十六鋪發跡後，在華格臬路定居，對本幫菜情有獨鍾，每有重要客人，必定以本幫菜招待。杜府有一名高橋籍的廚師主理廚政，據說杜月笙特別喜愛吃兩道菜，一是炒蝦仁，用新鮮個大的活河蝦剝殼，用毛巾擠乾水分，蛋清上漿後再冷凍一小時。烹飪方法也別開生面，將蝦仁盛在爪籬上，用滾燙的豬油淋在上面，稍加攪拌，即熟裝盆。二是炒蛋，熟干貝撕絲、熟火腿切丁，打入雞蛋液中。蛋液盛於大盆之內，也用滾燙的豬油徐徐淋入，一面攪拌，一面成熟。此時蛋液會隨高溫而膨脹起泡。

杜月笙也經常去十六鋪的德興館吃飯，由杜家總管萬墨林電話預定雅座。他愛吃那裡的炒肚當（編注：即炒魚肚。）、炒鱔絲、炒圈子、糟缽鬥、炒鱔糊等。社會上的朋友或生意場上的合作夥伴得知他偏好這一口，凡請杜月笙吃飯，也必定選擇本幫飯店。

成為七十二家企業董事長的杜月笙對高橋還是一直充滿感情的，一九三一年他在家鄉買地建成杜家祠堂，成為轟動一時的社會新聞。

杜祠舉行落成典禮時，上海市長的吳鐵城率黨政要員前來祝賀，全國軍、政界的頭面人物和社會名流都來恭賀一下，特別為後人津津樂道的是，梨園界名角如梅蘭芳、程豔秋、尚小雲、金少山、馬連良等都雲集於此，粉墨登場演了三天堂會戲，鑼鼓鐃鈸，管弦悠揚，皮黃婉轉，濱海盛會，場面空前。

杜祠周圍搭起牌樓和大棚，彩旗招展，三天之內大宴賓客，四鄉八鎮的鄉親均可赴宴，流水席每天招待千人以上。酒席由上海著名的杭州飯店操辦，本地名廚孫炳主掌，指揮若定。這一次大宴賓客的豪舉，也使高橋本幫菜聲譽鵲起，八寶鴨、糟缽鬥、蝦子大烏參、草頭圈子等名菜遂為滬上老饕刮目相視。

山外青山樓外樓

從歷史中我們可以瞭解到，杭州菜的形成與中國式的「西線無戰事」有關，與五方雜處、萬商雲集有關，與飲食原料的豐富有關，也與苟且偷生的集體情緒有關。但在今天，杭州菜風行於大上海，只能說與上海餐飲界的保守思維有關。

山外青山樓外樓，西湖歌舞幾時休，暖風熏得遊人醉，直把杭州作汴州。

這是南宋時一個名叫林升的文化人在灌下幾壺「夜壺水」後信手寫下的「不講政治」的諷刺詩。但諷刺詩的魅力是永恆的，流傳了八百多年，為後人留下了當時的社會場景和沒落心態寫照。

一一二七年仲春四月，馬蹄踏起的黃土遮天蔽日，在一片響遏行雲的殺聲中，滿身羊膻味的騷韃子們瘋狂揮舞沾滿中原百姓鮮血的屠刀指向被張擇端妙筆畫過的宋京汴梁城。北宋王朝像支薄胎細瓷花瓶，被韃子的馬蹄輕輕一踢，碎了。徽、欽兩帝帶著皇妃、皇子、宗室和宮女等一行倉皇「北狩」。當然，這兩個無能的皇帝並不是真的去打獐子，這是宮裡的御用文人打腫面孔充胖子的說法，所謂「北狩」，就是做了金兵的俘虜，更丟人的是，撲通一聲被扔進一口枯井裡仰望曾經屬於自己的那塊鍋蓋大的藍天。讀過《岳傳》的小學生也知道這麼回事。

同年五月，時任河北兵馬大元帥的康王趙構在南京應天府（今河南商丘）即位，改元建炎，建立了南宋政權。這個趙構也就是宋高宗，後來下旨賜死抗金將領岳飛的那個昏君。過了兩年，金兵攻入山東，奔襲揚州，飲馬長江。在漁陽鼙鼓頻催之下，宋室轉移到人間天堂杭州，並將這個地方升級為臨安府。臨安的地名取得真不好，臨安臨安，臨時安頓一下而已，江南小朝廷的苟且偷安由此可見一斑。

杭州真是個好地方，在北宋時已經相當繁榮，自嘲「奉旨填詞」的柳三變就在他那首有名的《望海潮》裡繪聲繪色：「東南形勝，三吳都會，錢塘自古繁華。煙柳畫橋，風簾翠幕，參差十萬人家……市列珠璣，戶盈羅綺，競豪奢。重湖疊巘清嘉，有三秋桂子，十里荷花，羌管弄晴，菱歌泛夜，嬉嬉釣叟蓮娃……。」據說就是這首詞，後來被野心極大的金酋完顏亮讀到，驚服之餘頓生貪念，以投鞭斷河的氣勢大舉南下，引發了宋金第三次大戰。

幸運的是，在以後的幾十年裡，宋軍官兵先後在膠州灣、陝西等地重創金兵，不幸的是又在符離集戰敗後與金朝簽訂了隆興和約，宋金改以叔侄相稱，南宋每年向金朝繳納歲貢，雙方表面上井水不犯河水。

南宋政權由此得到了喘息的機會，杭州人以為戰爭離他們遠去，百業開始興旺，市面變得更加熱鬧了。別的不說，單說這飲食業，就得到了迅速發展。宋室南渡時，不少手藝人肩挑手提擠在逃亡大軍中涉江而來，其中是有不少吃油水飯的，到了杭州，他們仍然靠鍋碗瓢盆謀生，而本土食客也從北方餚點中品出了別樣滋味，接納了他們。更重要的是從大環境方面說，唐宋以來，飲食原料豐富了許多，如馬鈴薯、絲瓜、南瓜、菠菜、黃瓜、甘藍等菜蔬都從國外引進種植成功，上了漢人的餐桌，動物蛋白的來源也以豬、羊、牛、雞、鴨、鵝、魚、蝦、蟹為主，而遊牧業、狩獵業時代常食或祭祖的野味退居次要地位，甚至連花卉也做成菜、泡成茶，這可是今天紅茶坊的源頭啊。同時，政治經濟重心的南移，城市格局從唐朝的封閉型到宋代的開放型，山清水秀的景色容易令人陶醉，五方雜處，萬商雲集，也對臨安的飲食構成創造了條件，並提出了更高消費要求。

吳自牧在《夢粱錄》裡收羅了臨安各大飯店的菜單，菜式共有三三五種，其中一些菜反映了自北而南的變化，比如繡吹羊、野味假炙、清攛鹿肉、煎黃雀等還保留了一些北方口味，而更多的菜點如假驢事件（編注：南宋時代一道素菜的名稱，另有「假羊事件」、「假煎白腸」、「假煎烏魚」等等。)、波絲薑豉、淡菜膾、蝦色兒、炙把兒、酒潑蟹、梅乾兒等則從原料、烹飪方法和引進方言的命名上反映了本土風情對臨安飲食構成的影響。

周密在他的《武林舊事》一書中也記錄了當時的名酒五十餘種，街巷挑擔叫賣的風味小吃七十餘種，一種飲食大國的泱泱之勢是可以想像的。《武林舊事》一書還記載，有一次佞臣張俊(此人的鑄鐵像至今還跪在西湖邊岳廟)宴請宋高宗，上了一〇二款菜餚外加一二〇碟點心、水果、香藥和中看不中吃的看果等，筵席從早上一直開到晚上，君臣一起大搞腐敗，南宋不亡，更待何時？

此時的就餐環境比之北方也大有改觀，除採取園林建築，餐廳坐落於水榭花壇、竹徑回廊之外，還出現了畫舫，就是將餐桌搬到遊船上，讓食客左攜歌妓、右抱樂器或叫書童帶上文房四寶，一早上船，船家解了纜繩，緩緩泛舟湖上，食客們一邊吟詩狎妓，一邊大吃大喝，至暮色降臨才泊岸。這些食客中，除了商人、官宦，還有文化人，騷人墨客對菜餚的挑剔和讚譽也推動了飲食業的發展。在畫舫的周圍，又有各種叫賣河鮮和小吃的蚱蜢小舟穿插於遊船四周，形成一片參差錯落的水上飲食市場。

有一回趙高宗帶著近臣坐畫舫遊宴於西湖，突然有一葉扁舟飛來，船頭立一婦人，朗聲叫賣魚羹。高宗聽了就差人買來一嘗，與東京吃過的宋嫂魚羹別無二致，遂把小販叫上船來詢問，這才知道那位半老徐娘竟是隨他一起逃難到此的宋嫂。高宗於臨安吃到宋嫂魚羹，大有今夕不知何夕之悵，故作姿態地遙對北方兩位「打獵」打得很辛苦的老前輩發了一通感慨。

《武林舊事》也提及此事：「宋嫂魚羹用桂魚或鱸魚，加火腿和春筍製成，後來成為杭州城裡的名菜，又稱賽蟹羹。」不過這位宋嫂只知其姓，不知其名，當時的女同志都是不知名的，不像現在的女明星到處給人簽名，傳緋聞，打官司，開新聞發佈會，但宋嫂成了中國烹飪界治魚的「教母」。後來宋嫂魚羹就成了杭州菜的台柱之一。

好了，讓我們從南宋回過神來吧，談談今天流行於上海的杭州菜。

從歷史中我們可以瞭解到，杭州菜的形成與中國式的「西線無戰事」有關，與五方雜處、萬商雲集有關，與飲食原料的豐富有關，也與苟且偷生的集體情緒有關。特別是最後一點，有些文化人深沉地說，上海陶醉於杭州菜，也是一種世紀末情緒的釋放，這一點與南宋沒落前的集體無意識遙相呼應。我認為不要隨便上綱上線，上海人還沒有講政治到這種地步，吃就是吃，食客中極少有誰想起要通過咀嚼美食的方式來釋放某種不愉快的情緒。

那麼杭州菜又為何在上海流行呢？請原諒，我又要點一點歷史了。清末民初，商業中心轉移，杭州成為一個老牌旅遊城市，水木清華，秀色可餐。杭州菜分流而成了揚州菜和蘇州菜的藍本，它自身倒一不小心淪為中國總菜譜中的小幫菜，上不了檔次，僅能偶爾點綴一下。從來沒有聽說過國家領導人用杭州菜支撐國宴的，油滋滋的東坡肉、來路不正的叫化雞如何招待國賓？在上海，即使將時間鎖定在改革開放前的三十年裡，杭州菜也默默無聞，專賣店扳扳手指也只有兩家，一家是浙江中路上的知味觀，店名好聽，知味停車、聞香下馬的食客畢竟少得可憐，後來改賣速食，現在連個影子也沒有了。還有一家開在四川北路橫濱橋堍，直截了當地叫做西湖飯店，現在還在支撐局面。這兩家都是國有企業，廚師大鍋飯吃慣了，招牌菜幾十年不變，除了西湖醋魚、龍井蝦仁、東坡肉、叫化雞、炸響鈴之外再也拿不出什麼了。為何杭州菜忽如一夜春風來，千樹萬樹梨花開呢？

先說大背景下的消費特點。上海人富起來了，但還不是太富，特別是這幾年，在消費呈下降趨勢的背景下，上館子吃飯得琢磨一下菜單再點。而新開張的杭幫飯店，大都裝潢簡單，菜價比較低，適應了上海人既要上館子，又要省銀子的需要。一旦入座，感覺比較安全，說話也就響亮起來，進而擺出一種顧盼自雄的架勢。一結帳，十個人吃得飽嗝連連也不過五百元，值！低成本地擺一回闊，何樂而不為？順便說一下，這種經營方針與超市的經營模式是對應的。而國有企業的毛利率是硬性規定的，每道菜的核價都在百分之五十以上，否則怎麼負擔得起大量退休人員和經營成本？所以一些國有企業都不敢經營杭州菜，經理們面對杭州菜的圍剿都咬牙切齒，要求上級公司放開毛利限止的呼聲此伏彼起。

再說菜餚本身。現在讓大家一吃的杭州菜可不是南宋經一百五十年經營而成的皇宮菜、王府菜，都是些流行於民間的家常菜，而家常菜的選料都是比較粗放的，成本比較低，飯店「貼水面飛行」，做出來的菜不能高標準要求。不過就算家常一路，杭州菜在南宋之後八百多年究竟還能保留多少？我持懷疑態度。吃了才知道，這些杭幫菜飯店的經理也真有辦法，美其名曰「海派」，萬事一經「海派」就有拓展空間了。比如油條入餚，油條在杭州叫做「油炸檜」，是老百姓痛恨秦檜而發明的，現在做成絲瓜炒油條、白米蝦炒油條，不難吃，上海人覺得蠻新鮮。成本低，價格當然便宜了。再比如菜梗炒東坡肉，東坡肉原先是放在砂鍋裡燜的，現在將肉切片，加空心菜的梗子一炒，局面打開了，菜梗又可吃去一些油水，肉也不太肥膩了。

前幾天我還在虹橋鮮牆房裡吃到菜梗炒東坡肉夾餅，這一道菜明顯抄襲了梅龍鎮的回鍋肉夾餅。但回鍋肉夾餅不是梅龍鎮的首創，他們的廚師也是從北京烤鴨夾餅那裡抄來的。這就叫天下菜譜一大抄。而杭幫飯店裡的美極鴨臉、酸菜粉絲、清蒸大白菜、鹹肉冬瓜、八寶辣醬、剁椒魚頭根本就不是杭州菜，都是從四面八方「海派」進來的，敲上杭州菜的圖章出籠。而正宗的杭州家常菜呢，往往也燒不出。比如我曾經在一家飯店點了一款清湯魚圓，服務員說沒有了，其實是燒不出。這種魚圓做起來頗費工夫，我母親在世時是常做的，買一條兩斤朝上的花鰱魚，剝皮去骨剔肉，在木砧板上剁成魚泥（一定要木砧板，木紋可以夾住肉眼難以看清的小魚刺，然後用刀刮掉），不放任何調味和澱粉，叫我用筷子使勁地順時針方向攪拌。母親每過一段時間加半碗水，大約是一斤魚肉加一斤水，一直要拌到筷子插進魚肉裡能站起來不倒，算是成了。這活讓我體會到「粒粒皆辛苦」。然後母親就加點鹽、料酒，再燒一鍋清水，一手捏著魚肉擠出圓子，一手用湯匙一刮，放進正翻著蝦眼的沸水裡汆，等魚圓浮起就好了。盛起，鍋內再留點湯，投入豆苗略煮一下，淋上幾滴油就可上桌了。這樣一碗魚清湯圓，白是白，綠是綠，湯色清澈，魚圓滑嫩，入口就化，口味鮮極。母親去世後，好幾年沒有吃過，有一回參加《上海小說》杭州筆會，遊了西湖後在一家個體酒家吃午飯，居然還能吃到清湯魚圓，味道與母親的傑作別無二致！

這樣一碗清湯魚圓，現在的杭幫飯店肯下工夫做嗎？能得其真傳嗎？

但是杭幫飯店還是一家家地在上海灘上開張了，到目前為止，少說也有五十家星羅棋佈，名氣比較響的有紅泥、張生記、謝小義、江南春、新開元、良安又一村等。最近連杭州國字號老飯店樓外樓也在俹上海虹橋路（編注：俹字是上海浦東人的方言，這裡有幽默的意味，特地與杭州區分開來。）上落戶了。

杭州菜搶灘上海，也引起了記者的注意，紛紛報導，配彩色照片，打上價目表，極盡鋪張之能事，叫人不得不懷疑吃了人家嘴短。目的當然也是好的，這叫引導消費，拉動內需，逼上海飲食業的老總反思。但是這一轟而上的報導跟杭州菜的興起一樣，也有點一窩蜂的腔調，沒有細細分析原因，特別是從文化層面思考。效果呢，倒是出來了，上海人是有點「人來瘋」的，心理學上叫做從眾效應。你吃了，到處張揚，我不去吃一吃，就覺得很沒面子，枉為成功人士，所以帶著一家老小去吃，尤其是需要預訂座位的飯店，生意更好，排隊吃來的一頓飯比不排隊的就是味道好。有多少人知道宋嫂魚羹的出處，又有多少人知道奎元館的爆鱔麵呢？

過了幾個月，記者們發現了問題，杭州菜刀工馬虎，選料粗糙，調味品只有這麼幾種，原汁原味道也難保證。特別是一款老鴨湯，應該選用綠頭麻鴨，加天目山筍鞭燉半天，有的飯店卻用白鴨，成本低嘛。有的飯店從專門的「供貨機構」進貨，老鴨湯由他們大鍋燒好，進飯店後再裝模作樣地加熱，連砂鍋上桌，一吃，沒有文火慢燉的味道了。統一加工，遑論風味？記者們義正辭嚴地責問：上海的杭州菜還能紅幾時？

成也蕭何，敗也蕭何，上海記者炒作杭州菜的新聞跟外國記者炒總統候選人一樣瘋狂，炒你滅你，翻雲覆雨。

如果問我，杭州菜還能紅幾時？我很難回答。因為目前我吃到的根本就不是正宗的杭州菜。就說杭州吧，有一回與太太遊了西湖，在樓外樓吃飯，慕名而點了一條西湖醋魚。服務小姐似乎很體貼地問：「要死魚還是活魚？活魚價錢要高一些。」我一聽就冒火，西湖醋魚應該用活魚燒的，怎麼可以用死魚？過去的樓外樓，聽我的杭州親戚說，活魚都養在西湖邊上，客人叫到了，捉上來看過，當場殺了下廚。樓外樓竟然用死魚燒，這不是數典忘祖嗎？想來杭州菜的式微在十幾年前已見端倪，今天，不知樓外樓還有否死魚供應？走俏申城（編注：申城即上海。相傳春秋戰國時期，上海曾經是楚國春申君黃歇的封邑，故上海別稱為「申」。）的偏房杭州菜卻是適者生存，我們只能學一學孔老夫子：觚不觚，觚哉觚哉！

現在的杭州菜不是給美食家吃的，而是給不懂飲食之道的人吃的，是剛剛解決溫飽問題之後的一次加餐。現在的杭州菜不能培養美食家，只能培養糖尿病和膽囊炎。

我想不通的是，本幫菜跟杭州菜相似的地方很多，為何起不了蓬頭？前一陣似乎有點苗頭，忽而又偃旗息鼓了，說到底，就是本幫菜不會海派。上海國有企業的廚師沒有將油條做進菜裡的勇氣，沒有菜梗炒東坡肉再夾進餅裡的智慧。大家一直說上海精明，NO！至少在飲食業，一點也不精明，這幾年總是外幫菜輪流坐莊，本幫飯店退守於老城廂一隅，守著炒鱔糊與走油蹄胖過日子，慘啊。好不容易等到政府號召拉動內需，刺激消費的當口，卻叫杭州人抱了黃瓜兒去。

最後，話再說回來，山外青山樓外樓，杭州菜也是一座小山頭，只是景色平淡點罷了。景色平淡總比沒有景色好，那麼將就點，筷頭篤篤齊，看準足西湖醋魚的肚皮肉戳去。

「海派」這包胡椒粉

上海是個大碼頭，商賈雲集，華洋雜處，移民城市的寬容性是很大的，反映在餐飲業上，就是各幫派特色菜餚大ＰＫ。而餐飲業中的「海派」，或許可看作是一種絕處求生的變通。

海派是包胡椒粉，專供不會寫文章、不會唱戲、不會設計和不會燒菜的人用。但用得巧，也可以成為專家，騙騙門外漢，反正今天這號人滿街晃著。

就說餐飲這一行吧，改革開放之初，全市餐飲業曾在青年會賓館（當時還叫淮海飯店）舉行過一次規模盛大的烹飪展覽，這是各幫派廚師的群英會，大家都很當回事。梅龍鎮酒家送展的四道菜第一次打出了海派菜的旗號，主持展覽的領導一看，攔著不讓進：京戲有海派一說，燒幾道菜也敢把這頂帽子往自己頭上扣？這說明在當時即使是專業人士對海派菜的概念也是有抵觸的。後來梅龍鎮據理力爭，海派菜終於浮出水面，並成為後來海派菜的濫觴。

海派菜的出籠沒有錯，問題是後來不少飯店本身無甚特色，就東抄一點西搬一點，大雜燴而應市，美其名曰海派菜。海派一詞，原本內含相容並包的意思，但另一點更重要，就是獨闢蹊徑，自成一家。而那些半桶水亂晃的廚師以此來掩飾自己的無能，就把海派菜的名聲搞臭了。難怪深知此中三昧的歷史學家唐振常（編注：唐振常，史學家、劇作家、兼報界元老，精於美食，著有多種飲食小品。）在餐桌上將筷子一擲，大聲呵斥：家法何在？

上海是個大碼頭，商賈雲集，華洋雜處，移民城市的寬容性是很大的，反映在餐飲業上，就是各幫派特色菜餚大ＰＫ。經過一百多年的苦心經營，上海灘名廚薈萃，十六幫派菜餚全齊，飲食公司的名廚多次組團代表我們這個烹飪大國「衝出亞洲，走向世界」，雄赳赳氣昂昂地奔赴國際烹飪奧林匹克大賽摘金奪銀。現在呢，社會轉型太快了，國有飯店一時缺乏應變的辦法，大多江河日下，一蟹不如一蟹。

而同時，民營企業趁機崛起，占了上海餐飲業大半江山。在老百姓的口碑裡，價廉物美的當推張生記、王朝、梅園村、上海人家、美林閣、老豐閣、席家花園、舒友等一批民營飯店。這夥餐飲業新貴無幫派之包袱，市面上流行什麼菜，他就推出什麼，他才不管你唐先生什麼家法不家法呢，流行即時尚，時尚即海派。有好幾種燒法，國營飯店的大牌廚師想也不敢想，他們卻敢炮製出來，登堂入室。比如有一道俗稱桑拿蝦的菜，將鮮蹦活跳的草蝦投在一鍋燒至五百度的鵝卵石上面，再潑上一碗調料，蓄足熱量的鵝卵石受了汁水的冷卻，蒸發出大量的熱氣，就把蝦蒸熟了，同時調味也滲入蝦肉中。這道菜上桌，氣氛是相當熱鬧的，又為酒家做了活廣告。比方說，龍蝦三吃，刺身、椒鹽之外又可煮一品鍋泡飯，這鍋泡飯就讓人感到親切，味道鮮不算，連蝦鬚蝦殼都沒有一點浪費，上海人的秉性體現得很充分。還讓人耳目一新的是鹹蛋黃入菜，什麼鹹蛋黃燒芋艿（編注：即芋頭。），鹹蛋黃燒冬瓜，鹹蛋黃燒豆腐，都是不上品的東西，居然也能得到食客的嘖嘖稱讚，吃起來全然不顧吃相。

但你千萬不要問這些酒家究竟是哪一派，一問準碰釘子。聰明一點的老闆會說：我們相容並包，海納百川。強頭倔腦的老闆則說：「什麼是海派？這就是海派。你看老城廂裡的幾家本幫飯店，我承認它是正宗，但今天誰還啃走油蹄胖，喝鹹肉黃豆湯，嚼草頭圈子？要在餐飲市場上站穩腳跟，就得與時俱進，合客人的胃口。」

但海派不等於爛汙三鮮湯，海派兩字被濫用後的負面影響也不容小視。因為幫派特色的淡化，新一代的上海人已經不懂什麼叫幫派特色了，他們欣賞的是大雜燴。問題是廚師趨炎附勢，就不對了，你應該引導、培養大家的口味，提高食客的欣賞水準和味蕾的敏感度，這個道理與文化建設一樣。

比如前幾年風行一時的香辣蟹，將蟹的菜譜粗暴改寫，而今是十三香小龍蝦熱豁豁地登場了。與香辣蟹異曲同工，也是以重辣鎮壓食客的味覺，稍有不同的是吃相更為惡劣，手抓嘴啃，猛嚼快咽，滿口辣味而無鮮腴。令人大跌眼鏡的是，人氣之旺，居然超過它的兄弟——香辣蟹。

照這樣下去，接下來再有香辣品種加盟，新一代食客的口味越來越重，以原汁原味取勝的美食就要末路狂奔了。

所以，海派不妨當作胡椒粉灑一灑，但一定要以提升食客的品位為崇高目標。

貼心貼肺的私房菜

我以為，私房菜勝人一籌之處，一是入味，二是有故事。

私房菜的奧妙全在於一個「私」字。過去，在狠鬥「私」字一閃念的時候，它在小巷深處蟄伏。而今，它以色香味形器誘使食客以夏娃偷吃禁果的心情直闖陌生人的私人空間。燒私房菜的主兒，一般都是出得廳堂，下得廚房的嬌娘，品嘗她做的菜點，好不好先不說，手上的香汗已經遠遠地嗅到了。

其實，私房菜在中國是有傳統的。中國的菜譜像一枚銀幣的兩面，一面皇室官府，一面民間，而皇帝大臣都是油瓶倒了不知道扶一把的主兒，廚房在哪裡一概不知道，有時在荒村野店偶爾吃一餐，說聲好吃，趕明兒廚師改動一下，用料講究一點，就成紅牆內的專利。一部《紅樓夢》，食色二字貫穿始終，甯榮兩府的菜單中就有糟鵝掌、家風羊、蘆蒿炒肉、奶油松瓤捲酥、油炸焦骨頭、油鹽炒枸杞兒等，還有被紅學家反覆考證過的茄鮝，究其做法就是大宅門裡的私房菜，源頭也在民間。所以，說到底，私房菜才是中國飲食的根本。

在餐飲市場百家爭鳴的今天，值得一嘗的私房菜還是不少，上海有一家「春」餐廳，規模很小，是比較早打出私房菜旗號的。如今進賢路上不少小飯店也標榜私房菜，生意好到要在一周前預定。北京的譚家菜也是私房菜，據說黃燜魚翅、蠔油鮑片是看家菜。有一年我赴四川公幹，成都老朋友何世平兄請我到兩家私房菜品嘗，其中一家是由四個大學教授合夥開起來的，店堂佈置得像舊時的公館，有曲折的回廊，有敞亮的天井，鳥語花香，非常安靜。菜品也極精緻，幾道並不麻辣的川菜，似乎在為川菜正名。

在上海，這幾年我吃到的私房菜中，印象較好的有爆醃蹄胖蒸茭白、蝦仁獅子頭、蟹粉炒蛋配酸黃瓜、乳腐露煨蜜汁小排、八寶乳鴿、韭黃炒墨魚絲等。還有一次，我被朋友拉到一條弄堂裡，典型的紅磚青瓦石庫門房子，上樓，拐入前廂房，屋裡的擺設複製著張愛玲時代的老上海風情，手搖唱機、打字機、月份牌，以及泛了黃的老照片，這套路數矇不了我。但八仙桌旁還有一張老紅木八仙桌，酒足飯飽後可以來上一圈，還有一張老紅木梳粧檯，上海人叫做「臉湯台」，檯面中央挖了個洞，坐一隻銅臉盆，盛半盆水，灑幾片玫瑰花瓣，這種佈置就讓人產生時光倒流的感覺了。

擺開的菜餚也讓我著實開了眼界，不僅用料講究，而且於家常中新意迭出。據說這家小飯店一天只做兩市，每市只擺兩桌，另一桌在後廂房。客人再多，只好坐在天井裡了。開了將近年把，生意好到須在一個星期前預定。

等一砂鍋突突滾的醃篤鮮上來後，老闆娘——大家都叫她阿姨——從灶披間（編注：即廚房。）上來應酬，解了圍裙往臉湯臺上一搭，跟大家乾一杯。眼睛往桌面上一掃，資訊回饋已了然於胸。還為每個客人點一支煙，最後自己也叼了一支。半老徐娘風韻猶存，又是場面上的人物，水來土淹，兵來將擋，謔而不虐地將宴饗小酌的氣氛推向高潮。

最後，桌子撤清，上來四色小菜：油氽果肉、鎮江醬蘿蔔頭、倒篤菜拌百葉絲（編注：上海話中的百葉是指豆腐百葉。牛的胃壁則稱牛百葉。）、玫瑰乳腐。每人一小碗閃青的新米粥，大家呼嚕呼嚕吃光，大叫一聲：「爽！」

我以為，私房菜勝人一籌之處，一是入味，好比老外婆燉豬腳，用的是綠豆小火，值得用時間，慢工出細活。二是有故事，比如田螺塞肉，從一個民間故事敷衍出來的。婆婆一輩子念佛茹素，纏綿病榻時突然想開葷了，媳婦就將麵筋塞進田螺殼裡，燒出肉味來讓婆婆嘗鮮，既奉上美食，又保持晚節，兩全其美。三是配比既要講規矩，又不可太講規矩，好吃是壓倒一切的原則。有時候，誤打誤撞，成了絕配。這個道理就跟戀愛一樣，有緣千里來相會，無緣對面不相識。對上了胃口，一輩子也甩不掉，賽過《最浪漫的事》裡所唱的：就是和你一起慢慢變老。最最關鍵的是，廚娘一定要有阿慶嫂那樣的人緣，在貼心貼肺的攻勢下，既便是餐飲界的老江湖，也不得不繳械了。

老字號遇到新問題

老字號是上海的一個文化堆積層，它不僅體現了海納百川的商業格局，還沉澱了人們的記憶，旁證了上海城市的發展演化過程。今天它所面臨的難題，有體制上的，也有觀念上的，更多的則來自市場本身的挑戰。

前不久，在一場存量資產、無形資產專場拍賣會上，曾在上海「老吃客」中享有較高知名度的飯店老字號「大三元」和「美味齋」以六十八萬元和八十八萬元開拍，儘管巧舌如簧的拍賣師竭力推介，還是「無人喝彩」。三分鐘內叫過三遍——不是酒過三巡，拍賣師環顧再三，只得快快地宣佈流標。

據有關方面透露，原先這兩家老字號的身價定為二十萬和四十萬，然而到拍賣會當天突然漲了，令趕到現場參加舉牌的買家措手不及。有一個來自廣東的民營飯店老闆對經營廣幫菜的「大三元」也許情有獨鍾，此番有備而來，但高價之下，舉牌的雄心化作一聲歎息。還有一些比較精明的人說：此次拍賣的只是老字號的牌譽——也就是說只是一個名分，沒有營業執照，接盤的人當然要擔心將來會否引起法律上的糾紛。還有一個疑慮是：這兩家老字號屬於國有資產，拍賣後會不會引起其他矛盾？

據上海杏花樓集團公司辦公室幹部說，這次無形資產拍賣是黃浦區國有資產辦公室的「政府行為」，不是集團的市場行為。

但這條消息一經公佈，就在市民中引起極大反響，不少人由此認為中華老字號的含金量已經大不如前了，甚至發出老字號還能值幾多錢的疑問。

黃浦區在上海市中心，是一個歷史悠久、萬商雲集的商業區，區內不僅有南京路步行街穿過，還匯集了不少中華老字號飯店，一度構成十六幫派齊全的可喜局面，大有「美酒在握，吃遍天下」的雄勢。而如今，這些老字號有不少已經進入休克狀態。

杏花樓集團公司的一位老法師向我表達了如下觀點：

一、隨著時代的發展，社會的進步，市場的多元性，有些老字號的消失是正常的。

二、杏花樓集團屬下的老字號沒有一家是因為經營不善而關門的。都是因為市政建設、地塊改造而失去原址，或適應市場需要而調整了。

三、以前老字號只須付房產公司的房租。現在老字號動遷後若要在別處繼續開下去，物業的租金是以前的五到十倍，企業負擔不起。

四、有些老字號關閉了一段時間後，人員的老化和流動很大，若要重起爐灶，能保證特色及品質的技術力量聚集也是問題。

五、對於現在仍然「健在」的老字號，公司一抓內涵，二抓發展。前者是提高技術水準，擴大菜譜，改善就餐環境，挖掘歷史價值，加強宣傳。後者是看準市場，發展連鎖店。

六、含金量高的老字號還是有生命力的。比如杏花樓、新雅等就深受顧客的歡迎。杏花樓、新雅、和功德林每年生產的月餅就占了上海市場的「半壁江山」，還輻射華東、出口北美。新雅和杏花樓每年的年夜飯也是一個熱點，一個晚上要翻兩次檯面，而且吃了今年，把第二年的年夜飯也預訂了。

確實，如果冷靜地想一想，此次拍賣並不能說明中華老字號就此黯然失色，人老珠黃，我們不能一葉障目，不見泰山。就美味齋而言，它曾經是有著七十多年歷史的蘇錫幫飯店，後來以供應價廉物美的菜飯而受到顧客的喜愛，但多年前，它卻改頭換面了，叫做漁人碼頭，經營特色就喪失了。這樣一來，它的無形資產就會縮水。大三元也一樣，由於南京路的改造，它關門了，雖然它作為廣幫飯店是有點名氣的，但關門的時間一長，它的牌譽價值當然要受影響。不過我們應該看到，上海有許多中華老字號飯店，它們標誌著上海餐飲業的最高水準，也是上海的財富，為推動上海餐飲業、旅遊業的發展是做出重大貢獻的。

從上海的商業架構考察，中華老字號所擔當的標誌任務是其他飯店所不能承當的。可以說，沒有老字號，上海的餐飲業就失去了大的框架和參照系統，就沒有特色可言。

老字號還是上海的一個文化堆積層，它不僅體現了海納百川的商業格局，還沉澱了人們的記憶，旁證了上海城市的發展演化過程。過去，老字號曾經是上海人宴客酬酢的「定點供應商」，直到今天，香港、臺灣以及外國都還可以看到老正興、大三元、大鴻運、綠揚村、老半齋等老字號。老字號是活的歷史。

從最近有關商標的法律糾紛看，就涉及吳良材、張小泉、冠生園等老字號，近年來，還有咸亨酒店、全聚德、成都老公館、奎元館、黃天源、樓外樓等老字號進駐上海，這都說明老字號的牌譽還是有號召力的。

中華老字號的認定是極其嚴肅認真的，那塊金字招牌是有關部門在經過長期考察後頒發的，標誌著中國餐飲業的一種官方水準，具有相當的權威性。同時，中華老字號也是中國飲食文化的象徵。一次探索性的拍賣流標了，並不能說所有的中華老字號就此掉價了。

一份菜單造就了一家名店

柯林頓訪問上海時在綠波廊吃了一頓工作午餐，雖然出訪前練了一個月的筷子功，但仍然不到家，為吃一塊桂花拉糕一連換了三雙筷子。

不少民眾都以為綠波廊是一家百年老店，其實這是一個美麗的誤會。在明末清初的豫園，此處是西園閣軒廳，後在一九二四年改作樂圃閬茶樓，直到一九七九年才改建成酒樓，聰明人一聽就明白，綠波廊是樂圃閬的諧音。

茶樓轉身酒樓，是出於一個偶然。一九七三年，因國內政權更迭而流亡到中國，並到各地參觀訪問的西哈努克親王（編注：諾羅敦·西哈努克（Norodom Sihanouk）乃柬埔寨王國太王。一九六〇年任國家元首，後因政變長期流亡在中國，一直受到元首待遇。一九九三年柬埔寨恢復君主立憲制，西哈努克重登王位，並於二〇〇四年正式宣布退位，被尊為太王。）來到上海，提出要到城隍廟來看看，在豫園內吃一頓飯。按當時的政治氛圍和國際環境，接待西哈努克親王是一個極為重要的政治任務，南市區飲食公司的領導絲毫不敢懈怠。

來上海之前，西哈努克親王在南京逗留多日，並乘興逛了夫子廟，在那裡吃過一頓飯，嘗了十二道點心。南市區飲食公司聽說此事後，一定要讓親王吃十四道點心，體現上海城隍廟的水準。一聲令下，豫園內的各路精英彙聚一堂，整出一套別具風味的點心，共有十四道：一葉小粽子、桂花拉糕、三絲眉毛酥、鴿蛋圓子、酒釀小圓子等。

據綠波廊酒樓總經理肖建平回憶，這一政治任務下達後，公司革委會連夜調檔案，查三代，蘇幫點心泰斗陸苟度和周金華、謝熾川等一批「苗紅根正」的高徒被選派操作。肖建平家庭成分好，父母是黨員，本人又是剛剛進行業工作的青年，表現積極，因此也被入選。據他回憶，為了確保品質，做點心的芝麻要一粒一粒揀，糯米要一粒一粒撿，瓜仁大小、薄厚要一致。操作現場還有荷槍實彈的民兵「恭候」。西哈努克親王夫婦在豫園內的綺藻堂品嘗美點，服務員提著竹籃把點心從桂花廳送到豫園門口，再有人接應到廳堂，最後服務員送上桌，旁邊始終有人監控。

肖建平說：「城隍廟為此封了三天三夜，九曲橋邊一片寂靜。」

他還透露了一個細節，為了讓西哈努克親王吃到地道的雞鴨血湯，要求一碗血湯中的雞卵達到「三同」標準，即直徑相同、色澤相同、形狀相同，這下苦了廚師，他們只得三下南翔，殺了一〇八隻雞才找到如此高標準的雞卵。誰料西哈努克親王推遲了來豫園的日期，第二天再殺一〇八隻雞。誰想到這天親王心血來潮，跟莫尼克公主打網球停不下手，燒好的雞鴨血湯只得倒掉。第三天二月一九日，親王總算大駕光臨，對十四道美點大加讚賞，尤其是雞鴨血湯，吃了一碗不過癮，又來了一碗。

一九七九年，王光美、廖承志、章含之等一批名人來到豫園，聽説西哈努克的故事後，指名要嚐嚐這十四道美點。後來，在廖承志建議下，豫園商場開了這家綠波廊。

為了保證技術力量，南市區飲食公司還將春風松月樓的著名蘇幫點心師陸荀度和周金華、德興館的著名廚師李伯榮、大富貴的特級廚師繆傑臣召集起來，使這個綠波廊一炮打響。

當初接待西哈努克親王的那份菜譜，被一位愛好書法的老職工收藏著，現在也從箱子底下翻了出來，肖總經理拍成照片張貼在酒樓內。

一九八二年，為滿足日益增長的消費需要，以精美點心著稱的綠波廊開始對傳統的本幫菜進行部分改良和開拓，推出了八寶鴨、鍋燒河鰻、乳汁扣肉、紅燒鮰 魚、蝦子大烏參等幾十種菜餚，充分體現了相容並蓄、博採眾長、應時趨新、精益求精、追求卓越的海派風格。並首創一道菜一道點心交替的上菜方式，在業內稱作「雨夾雪」。那是相當風趣的叫法，容易記住。

綠波廊誕生以來的近三十年裡，作為一家在環境和菜點上深得中華傳統文化真傳的酒樓，被評為內貿部特色飯店，後來又被評為內貿局十佳飯店，先後成功接待了英國女王伊莉莎白、日本首相竹下登、阿根廷總統梅內姆（Carlos Menem）、古巴主席卡斯楚、美國總統柯林頓等四十多批外國元首級嘉賓。而幾乎每次重大接待活動都會留下一段佳話。

一九八六年十月十五日，英國女王伊莉莎白二世在時任上海市市長的江澤民陪同下，在湖心亭品嘗了由綠波廊送去的船點（編注：船點是清代蘇州文人墨客租船出遊時，由廚師特意製作的精細點心。）。據日本出版的《藝伎回憶錄》裡記載，一九六四年伊莉莎白訪問日本時，在一家藝館裡可是一口也沒吃啊。可見綠波廊的船點還是讓她動了心。臨別時她站起身來，並脫下手套與服務員握手：「中國點心不比英式大餐差。」據說這是女王訪問上海以來第一次脫手套與平民握手。

二〇〇一年十月十九日晚上，前來參加APEC會議的秘魯總統托來多（Alejandro Toledo）一行，一下飛機就趕往綠波廊就餐，此時已是晚上十點十五分。計畫半小時解決問題，但在酒樓精心準備的中國民族音樂伴奏下，乾燒明蝦、宮爆雞丁、葫蘆腰果酥、蟹粉小籠包等數道菜點他道道不放過，離店時已是次日零點十五分了。事後外事部門的幹部說：「一頓飯吃了兩天。」

佳餚美點是吸引高端國賓的關鍵之一，但服務到位更讓國賓傾心。這個方面，綠波廊是下了真功夫的。有一年古巴總統卡斯楚來綠波廊用餐，事先肖建平通過「做功課」，瞭解到卡斯楚從來不喝可口可樂，平生四大嗜好之一就是喝朗姆酒，一九五九年四月訪美時，給當時的美國副總統尼克森帶去的禮品就是一百箱朗姆酒。而這種洋酒綠波廊原是不備的，他就派人立即採購。那天晚上，卡斯楚一進門，看到餐桌上擺著一溜的朗姆酒，馬上露出燦爛的笑容，並拿起酒瓶把玩起來，稱讚綠波廊酒樓想得周到。

一九九八年，美國總統柯林頓訪問上海時在綠波廊吃了一頓工作午餐。老柯吃了鹹菜毛豆和腰果雞丁後大加讚賞；雖然出訪前練了一個月的筷子功，但仍然不到家，為吃一塊桂花拉糕一連換了三雙筷子。

二〇〇四年秋天，國際文化政策論壇第七屆部長年會在上海召開，有一檔會議戶外活動放在綠波廊。此前，上海文廣局的領導有點不放心，因為這些部長見多識廣，要他們吃得滿意可不是一件容易事。但肖總經理胸有成竹，親自策劃。客人來了，一邊上菜一邊請廚師表演船點，接下來，民間戲曲家表演川劇中的變臉絕活，然後是民間藝人剪紙表演，三檔節目把部長們看得目瞪口呆。最後，在江南絲竹的伴奏下，部長們在店堂裡跳起舞來。馬來西亞文化部長的夫人還唱了一首《上海灘》的主題歌，賴索托旅遊、環境和文化部長等非洲國家的部長們都是能歌善舞的藝術家，不甘落後，也馬上跟進，紛紛亮出自己的絕活，誇張的動作引來一陣陣笑聲……

這些趣聞從一個側面反映了政治人物在個人生活上的真情實感而為老百姓流傳。其實更可以這樣說，因為綠波廊酒樓的菜點博採眾長，又不失上海菜點的特色；在繼承傳統的基礎上，又體現上海這座開放城市追求卓越的態度，而使元首級的人物領略到中國飲食文化的博大精深。

別饒風味吃大菜

目前，上海有一千兩百家西餐館。這個數字大約是三十年前的一千倍。統計數字雖然有點模糊，而且所謂的西餐館肯定涵蓋了洋速食、洋簡餐及半洋半中的餐廳，但我堅信不疑，為之歡欣鼓舞，為之垂涎三尺。上海是個國際化城市，西餐館的數量就成了一個量化指標。

王安憶早年有一個中篇小說《本次列車終點》，寫知青回滬後，在這個生於斯長於斯的大城市重新生活的尷尬狀態。有一個細節我難以忘懷：幾個上海知青看到火車進站了，就情不自禁跳起來：到家後就去紅房子吃西餐！

吃西餐，似乎是生活在上海的一個象徵。

北京、天津、廣州等大城市都有西餐館，但沒聽說遊客到那裡專門要吃一頓西餐的。但上海不一樣，據我所知，有不少外地客人到上海，事先已將吃一頓西餐列入重大內容之一。連前不久法國總統薩科齊到上海訪問，也要在外灘十八號（編注：外灘十八號，位在上海黃浦江畔，始建於一九二三年，為渣打銀行的亞洲總部。二〇〇六年被聯合國教科文組織評為亞太文化遺產保護獎項。目前內部多高級精品店與餐廳。）頂層的法國餐廳消費一次。

也許，西餐之於上海，是西方文化進入的開始，也是本土文化驚奇而趨新地接納外來文化的成功案例。

我在小時候曾看到一本連環畫，裡面說到鴉片戰爭後英國人到上海開洋行，但找來的中國廚師不會烤麵包。於是英國人臨時抱佛腳，編了一本書，翻譯後的書名叫《造洋飯書》。但中國的廚師大半是不識字的，得由翻譯講給他們聽。有時候中國的大師傅與洋人鬧彆扭，捲舖蓋走人，洋人只得自己開夥倉，結果烤出來的麵包像焦炭一樣黑。

事實上，麵包比西餐更早一些時候進入中國。具體時間不可考，但有關史書透露，在明朝萬曆年間，義大利傳教士利瑪竇最先將麵包的製作方法引入我國沿海城市。在上海，徐光啟在「順帶便」引進西方風味方面立下了功勞，他在把義大利傳教士郭居靜等人引入上海時，就同時引進了西菜，當時叫做「番菜」。中國人一直自以為是世界中心，將別的國家都說成「番邦」。

開埠後的上海，於一八八二年由中國人開創了第一家西菜館，叫做「海天春番菜館」。但新民晚報有一次在「海上珍檔」專版中以西餐為題展開回憶，作者薛理勇考證上海第一家西餐館應是亨白花園。他還寫道：「清人宜震在一八六八年的日記（後彙編為《初使泰西記》出版）中記敍：『再至徐家滙，暢遊外國花園（即亨白花園），吃香餅（香檳）酒，極沁心脾。』王錫麟一八七九年寫的《北行日記》中也記敍：『乘馬車遊徐家滙，在黃浦之東（應作北——薛注），洋樓數間，花木繽紛，鋪設精潔，外國酒館也。有洋人攜二洋婦在處宴聚。園丁不令入，云來飲外國酒者，始含笑入。入座，洋酒數十種，菜蔬十餘味，別有風致。』」

薛理勇還考證出亨白花園就在華山路戲劇學院後門。一百多年過去，花園早就灰飛煙滅了。

薛理勇是地方誌專家，對吳地一帶的民俗也相當熟稔，我當然相信他的話。至於上述的「海天春」，他也在文章中提及，考證出是一個曾經在外輪上當廚師的廣東人在福州路上開的，「它竟成了上海出現的第一家番菜館」。薛理勇用了「竟」字，看來是含有嘲諷之意的。但「第一家由中國人開創的西餐館」或許是它的歷史意義所在。我跟薛先生都不是那個時代的人，「引經據典」均為二手資訊。

到上世紀初，上海先後出現了一品香、一家春、一江春、萬年春、品芳樓、惠爾康、嶺南樓、醉和春等二十幾家西菜館。這些番菜館大都集中在福州路上。不過上海的西菜一開始就實施本土化的戰略，與所在國的本味有很大的不同，為的是吸引高等華人的消費，專程跑來吃一頓西餐的外國人還是少數。上海人的食客認為「餚饌但從火上烤熟，牛羊雞鴨非酸即腥膻」，所以，聰明的廚師將爆、燉、燴、焗、燻等中國烹飪方法引入西餐，但餐具及就餐方式還保留典雅的西洋禮儀。再後來，「吐司」、「沙拉」等名稱也流播民間，五方雜處的上海灘，成功地接納並改良了遠道而來的西餐。

包天笑在他的《釧影樓回憶錄》中有一篇《兒童時代的上海》，是他對晚清年間上海的印象記，其中寫道：「這時以內地到上海來遊玩的人，有兩件事必須做到，是吃大菜和坐馬車。」吳友如的《點石齋畫報》中也有一幅題為「別饒風味」的畫，畫面中四五個盛妝女子在津津有味地吃大菜。

不過，上海人在實施西菜本土化戰略的時候，情不自禁地嫁接了中國文化中的一些糟粕。大聲喧嘩倒在其次，更有甚者，在由本地人經營的西菜館裡居然可以抽大煙、叫妓局，與舊式酒樓並無二致。這種情景，在李伯元寫的晚清官場小說《文明小史》中就有所披露。小說中寫到姚老夫子走進一家位於三馬路的番菜館，「他上樓到樓梯口，問了一個西崽，才找到胡中立請客的四號房間。房裡有席面，還有煙榻，躺在煙榻抽鴉片的，有老夫子式的人物，也有氈衣氈褲穿皮鞋剪短髮的外國打扮的人物」。

還有一個故事，是老一輩作家告訴我的：黃炎培早年參加反清革命，遭到官府通緝，就跑到上海來辦職業教育社，曾與商界中大人物頗多來往。有一天，黃炎培被朋友請到一家西菜館裡用餐，這家西菜館可以召妓侑飲。黃炎培自己不叫局，但不能禁止朋友叫局。想不到召來的幾個妓女中，有一個是黃炎培在城東女學校教書時見過的女學生，那場面頗為窘迫。後來黃炎培知道，這個女學生還是上海當時花界鼎鼎大名的小四金剛之一的金小寶。

我叔父住在福州路上，小時候逢年過節我隨父母走親戚，叔父家是少不了的，叔父引我到陽臺上，指著馬路對面一座寶塔說：「好白相（編注：白相，上海方言，遊戲、玩耍的意思。白相人則是指有權有勢的上層階級人士。）吧？這裡還有一座寶塔。告訴你，這裡在舊社會都是有錢人來白相的，西餐館真多！外國人和報館裡的人進進出出。戲館也很多，酒館也不少，還有……」他突然意識到不對，及時剎住話頭。直到二十年後，我才聽出他沒有說出來的話，他指的是會樂里（編注：會樂里，一九二〇年代到四〇年代上海最著名的紅燈區。）——少兒不宜。

福州路山東路口的這座寶塔，在「文革」中被削去了每層六隻角上的飛簷，就像公雞被拔去了羽毛，這是紅衛兵大破「四舊」的功績。十年前有關方面看看實在難看，乾脆拆了蓋新樓。

上世紀二、三〇年代，在上海的日僑日漸增多，在虹口一帶集聚了三十萬之眾的日本人，故而被稱為「小橫濱」。日本人在上海除了開設大量日本料理店，還有西菜館。據日本人在二〇年代編寫的《上海一覽》一書中記載，在乍浦路、吳淞路、北四川路一帶就有好幾家洋食屋（即日本人經營的西菜館）。店名也打上了日本文化的烙印，比如濱屋酒家、寶亭、開明軒、黑頭巾、昭和軒等。

十月革命一聲炮響，給中國帶來了馬列主義，同時也帶來了羅宋大餐。

十月革命後，白俄貴族紛紛出逃，上海也是他們的一個避難所。這些白俄到了上海後，集聚在淮海路重慶路至陝西路這一段，當時這條馬路為紀念法國一戰時期的著名將軍霞飛親臨上海而被叫做霞飛路，但這一段，卻被上海市民稱之為「羅宋大馬路」。迫於生計，白俄在霞飛路上開設俄菜館、咖啡館以及食品店、糖果店等，這當然算是比較好的情景。有些白俄女人就只能在電影院裡領位、在酒店裡做招待，落魄者連修皮鞋、拉黃包車的都有。

有一個特點很奇怪，俄菜館的廚師大多是山東人，這些山東人，真正說起來是膠東人，早年闖關東而遠赴海參崴、伯力、哈爾濱俄租界等俄僑集聚地，在那裡學會了做俄式西菜，然後再跟著白俄難民來到上海。在上海，他們被業界稱之為「山東幫」。山東廚師根據上海人的口味特點對傳統俄羅斯菜進行一些改良，比如紅菜湯，減少紅菜頭的用量，而增加蕃茄醬，使之適應中國南方人的口味，也使羅宋大菜名聲大振，有了與歐美菜抗衡的能力。至今，羅宋湯和羅宋麵包還是上海人的最愛。

霞飛路上的羅宋大菜，不僅滿足中上層白俄的思鄉懷人之情，也能滿足一般白俄的療饑之需，上海的老克勒（編注：指上了年紀的公子哥兒。）和大學生也經常跑到霞飛路享用價廉物美的羅宋大餐。在這一帶的俄菜館有客金俄菜館、特卡琴科兄弟咖啡館、文藝復興、拜司飯店、DD'S、伏爾加、卡夫卡、克勒夫脫、東華俄菜館、康司坦丁勞勃里、飛亞克、華盛頓西菜咖啡館、亞洲西菜社、錫而克海俄菜館、奧蒙餐廳、滬江俄菜館等四十餘家。檔次最高、規模最大的要數坐落在思南路上的特卡琴科兄弟咖啡館，這家咖啡館不光有現磨現煮的咖啡，更有近乎宮廷規格的俄式大餐饗客。餐廳裡掛著俄羅斯畫家的原版油畫，唱機裡放送著柴可夫斯基、林姆斯基等俄羅斯著名音樂家的作品，陽臺上還有一個大花園。

霞飛路上的文藝復興是一家白俄經營的咖啡館，久居上海的老一輩作家對此懷有特殊的情感。曹聚仁先生在《上海春秋》一書中就這樣寫道：「文藝復興中的人才真夠多，隨便哪一個晚上，你只須隨便挑選幾個，就可以將俄羅斯帝國的陸軍參謀部改組。這裡有的是公爵親王、大將上校。同時，你要在這裡組織一個莫斯科歌舞團，也是一件極便當的事情，唱高音的，唱低音的，奏弦樂的，只要你叫得出名字，這裡絕不會沒有。而且你就是選走了一批，這裡的人才還是濟濟得很呢。這些禿頭赤腳的貴族，把他們的心神浸沉在過去的回憶中，來消磨這可怕的現在。聖彼德堡的大邸高車，華服盛飾，迅如雷電的革命，血和鐵的爭鬥，與死為鄰的逃竄，一切都化為烏有的結局，流浪的生涯，開展在每一個人的心眼前，引起他的無限的悲哀。」

於是，在上世紀三、四〇年代，上海西餐館的重心似乎轉移到法租界霞飛路一帶。除了前述的幾家，還有飛亞克、茜頓、老大昌、寶大、華盛頓、復興、藍村、檀香山等。在上海老克勒記憶中難以磨滅的還有沙利文、愛凱地、德大、瑪律賽、起士林、凱司令等。華懋飯店、滙中飯店、禮查飯店、國際飯店裡也設有西餐部，那是比較高檔的了，主要對象是外國的住店客人。

樹棻是一個正宗的老克勒，他在《上海的最後舊夢》一書中記錄了兒時的「西餐經驗」：「羅宋大菜的內容是一湯、一菜、一杯清紅茶，麵包不限量供應。那時，我常能在那類餐館看見進來個在路邊奏樂賣藝或當小販的白俄老人，坐下後要上盤羅宋湯（五〇年代初期每客羅宋大餐價格八毛至九毛，單份湯價格三毛至三毛五），然後就著湯吃下一大疊羅宋麵包，但即使這樣，也決不會受到老闆和侍者的白眼。」

他繼續回憶道：「濃郁的羅宋湯中有一大塊厚實的牛肉，主菜也很厚實，一般是兩塊炸豬排或兩隻牛肉餅或三隻炸明蝦任選一樣，價格只和一碗花色澆頭麵或一客兩菜一飯的中式客飯相仿，因此也吸引了不少工薪階層前來進餐。逢到假日，也許要連跑上幾家才能找到座位。」

當時的羅宋大餐上，能吃到正宗的黑魚子醬和法式鵝肝醬。窗簾是天鵝絨的，綴著長長的流蘇，沉沉地垂到地面上，滿桌子擦得鋥亮的銀餐具，還有枝架形銀燭臺，頭頂上水晶吊燈，金碧輝煌的感覺。

建國後，上海的西餐館逐年減少。吃西餐在政治運動中毫無疑問地被視作追求資產階級生活方式。所以，能頑強保留下來的，真是幸運得很哪。比如紅房子，開在陝西北路長樂路口，它的本名許多人並不知道：喜樂意。裡面的法式洋蔥湯、焗蛤蜊、焗蝸牛、奶油忌司焗明蝦、芥末牛排、格朗麥尼沙勿來、紅酒雞都堪稱經典。上世紀五〇年代末，劉少奇、鄧小平、賀龍、陳毅等第一代無產階級革命家都在此吃過西菜——據説吧。但可能也因此，它被當作一種可以為無產階級服務的風味保留下來了。

直到上世紀七〇年代末，上海大約還剩下十幾家西餐館，除了口碑不錯的紅房子，還有天鵝閣、藍村、德大、綠洲等。而上海餐飲業的復甦，在星級賓館裡開設西餐館，也應該視作一個信號。

最近，凱司令的字號因為李安執導的《色．戒》而再次響亮起來。

我對德大西餐館印象不錯，比紅房子安靜，牛排很嫩，鄉下濃湯味濃。南京東路的那家老店快要搬遷了，報紙上傳出消息，不少市民戀戀不捨。我也是戀戀不捨中的一員，特地將太太的生日晚宴安排在那裡。在走廊裡看到德大的老照片，方知它的前身是一家專營鮮牛肉的小店，才一開間門面。

有關資料表明，到三〇年代，上海已有英、法、俄、美、意、德等西菜館上百家，建國前夕達到高峰，約有近千家。建國後，這個數量迅速減少，整個上海只剩下大概不到二十家。

目前，上海有一千兩百家西餐館。這個數字大約是三十年前的一千倍。統計數字雖然有點模糊，而且所謂的西餐館肯定涵蓋了洋速食、洋簡餐及半洋半中的餐廳，但我堅信不疑，為之歡欣鼓舞，為之垂涎三尺。上海是個國際化城市，西餐館的數量就成了一個量化指標。

二十年前我與女朋友第一次去紅房子吃西餐，事先找來有關文章——這類文章在當時發行量極大的生活雜誌中幾乎每期都會刊登——惡補禮儀知識，回家作業做得非常認真，刀叉怎麼拿，湯盆怎麼拿，如何將奶油抹在麵包上等等，這一套程序背熟了，才敢推開這家老牌西餐館的門。結果在體味異國風味的時候，發現老外並不像中國顧客那樣講究，他們拿刀叉的姿態可說是百花齊放，有人甚至將叉子對準一塊牛排狠狠戳去，叉起來就往嘴裡送。至於麵包，那就更隨意了。更發噱的是在盆子朝天后，還有人伸長血紅的舌苔猛舔盆子！那番吃相，放在我家早被講規矩的老媽罵了。

現在，上海人吃一頓西餐是很平常的事，特別是義大利風味的季諾和薩莉亞在上海鋪天蓋地後，點盆肉醬麵拌拌，弄塊炸豬排一割為二，再加盆湯啜啜，成了小資白領的日常消費，用來矇女朋友的好處顯而易見，開支較省，又不失面子。談笑間，兩個人就打飽嗝了。

與此同時，以高端客戶為目標群的豪華西餐館像漸次開放的花朵，一家接一家地開出來，外灘、陸家嘴、古北、衡山路一帶，是老外淘金者喜歡紮堆的地段，菜好不好先放下不談，價錢可是一家蓋過一家。上海人吃的是牛排，但不止是牛排，在幾分熟的問題還沒有解決之前，店堂裡的水晶吊燈是什麼牌子，以及外籍大廚是哪所學校畢業的，則更應該搞清楚。

其實，大多數外籍老闆倒並不那麼講究所謂的格調，出品也不怎麼強調「幫派」，他們在意的是中國的消費群，如何擴大這個群體，並激發他們不斷來埋單。所以，本土化是一以貫之、行之有效的戰略。有一次我兒子說起他們公司總部所在的那幢大樓底下開了一家西餐館，名叫都布林——我猜是都柏林的諧音，愛爾蘭風格。環境不錯，滿屋子都是書籍。看在喬伊絲的分上，看在書的分上，我找了一個機會與太太、兒子趕到陸家嘴去吃了一頓。打開菜譜嚇了一跳，從義大利菜蔬菜湯、美式炸薯條到摩洛哥羊肉螺旋麵、墨西哥的烤春雞、泰式咖哩飯等等，什麼都有。貼上愛爾蘭標籤的菜餚只有都布林金牌牛肉漢堡和愛爾蘭燴牛肉，還有一道更搞笑的由廚師長推薦的特色菜——都布林香辣蟹！我不知道它與上海前幾年流行一時的香辣蟹是不是表兄弟。所以，今天在上海吃西餐，千萬不要太認真，老外早就深刻領會了「中國特色」的精髓，整出一個混搭風格應應景，反正新一代的消費者自會趨之若鶩的，上海的老克勒已經嚼不動五分熟的牛排啦。

據我觀察，檔次較高的西餐館有幾個特點。首先，廚房是敞開式的，廚師的操作過程歷歷在目，廚師要想偷吃，先要躲過顧客的眼睛。其次，吊燈雖然是純水晶打造的，燈光卻一律很暗，整張桌子只有中間一隻盆子的面積是亮的，其餘一片漆黑，我常常擔心去一趟衛生間後再返回時會坐到另一個女人對面。第三是盆子很大很大，內容很小很小，配菜非常華麗，主打品種卻非常謙虛。第四是吃一道菜就換一套刀叉，雖然感到很煩，但服務生彬彬有禮，你一提意見就會顯得很巴（編注：「巴」字在上海人的俚語中有傻或呆的意思。）。第五，在外資公司請客的場合，你總是聽到中國人結結巴巴地說英語，老外則說一口流利的中文，即使有些小姐外語不怎麼的，但也要時不時地蹦出一兩個英語單詞。與此對應的是服飾，總是老外穿唐裝，中國人西裝革履或者穿極暴露的裙裝。一頓飯下來，印象最深的是披薩味道不錯，頭盤、主菜是什麼，差不多已經忘了。至於價錢嘛，千萬別問，反正是別人請客，若是自己埋單，最好先打聽一下醫院在哪裡。

有一次問一老外，在法國，比如大大有名的三星餐廳，是不是也這樣？老外笑了，法國的三星餐廳往往是很土的，跟中國的農家樂差不多，廚師對每位客人的口味瞭若指掌，老闆娘看到你像親戚一樣隨便，有的餐廳連菜譜都沒有，你想吃點啥，就跟老闆的女兒說嘛。當然也有很牛逼的，你不繫領帶就不讓進門，但燈光總是亮堂堂的，即使在夏天，十八世紀留下來的壁爐裡還燃著一根柴，就一根，而且是柚木的。

至於價位嘛，那老外一臉奸笑：中國經濟發展很快，中國人是全世界最有錢的！

附記：

我這篇文章在自己的博客上貼出，引來不少朋友灌水，有一朋友楊忠明，對印章藝術相當熟稔，印章石鑒賞家加刻印鈕的高手，他跟貼了一段文字相當有趣，這裡就實錄如下：

如今上海的西餐館裡太嘈雜，太擠，九腔十八調，三教九流的人都來光顧，缺少了一種優雅的氣氛和寧靜的環境。我想這是咱們中國特色的西餐館吧？我不由得想起了一個老朋友，此人聰明絕頂，叫孔偉華，滬上印人，是陸康大師的學生。寫得一手好字，印刻得也不錯，曾是集雲閣的夥計，上世紀八〇年代獨身闖東瀛，至今未回。據說在那裡開了十幾家中國料理店。孔兄觀面相手相之術堪屬一流，「文革」時在滬上小有名氣。當年上海不少文人、演員、官員被他預測得要麼拍案驚奇，要麼半晌無語。

有一天，他叫了幾個朋友去南京西路海燕西菜館嘬一頓，說好他請客。牛排、豬排、沙拉、濃湯、奶咖任意點，但是這位仁兄竟然不帶一分錢！他說你們不用急，在一邊坐著看他本事，一定會有陌生人來請客的。那年頭，店裡吃西餐的人很少，他眼觀六路物色獵物，找了一個桌子坐下。不久，發現對面坐著一個七十多歲衣著講究的華僑老廣東，在悠閒地等牛排。孔兄點了支煙，吸了幾口，兩眼直直盯著那人看，猛地一拍桌子對那人說：「不對！你有大麻煩了，恐有牢獄之災。」那人一驚：「你如何曉得？」孔兄說：「面相反映，伸出手來給我看看……」隨即將老人從小講到老的經歷娓娓道來，居然八九不離十。接著又是一番解說，如何解脫當前的災難等。那老華僑聽得一身冷汗，連說：「今天我有緣跟你交朋友了！晚上我還有些朋友也請你看看相，我來請客！」

孔兄說：「今天是我請那邊一桌朋友吃西餐。」「那麼，」老頭說，「你請客我來埋單，如何？」一夥平時缺少油水的人在西餐館裡吃得歡天喜地，大飽而歸。孔兄又交了一個新朋友。那年頭上海西菜館裡發生的舊事，想必在國外是斷斷碰不到的吧。

日本料理，鹹淡如何

日本菜講究原料新鮮，搭配合理，色彩上賞心悅目，加之盤腿坐在榻榻米上，有身穿和服的服務小姐顛著碎步徐徐前趨，低聲細氣地半跪式服務，那感覺與中式餐廳裡的大聲喧嘩意趣迥異，令人耳目一新，恍惚如夢。

大約在本世紀初，日本料理就登陸上海灘了，調和鼎鼐於虹口一帶。最近讀周劭先生的《黃昏小品》，其中就有一段憶及日本料理。周先生寫道：「最貴的是日本料理，在乍浦路有一家『六三亭』，若不明情況的人進了去，包會被『斬』得鮮血淋漓，因為備有『藝妓』陪酒之故。」可見於今為烈的「三陪」現象，若追根溯源，是要算到「媽媽桑」頭上的。不過上世紀六〇年代後，日本料理在上海銷聲匿跡了。為青年人所識，也就是近幾年的事。先是「司蓋阿蓋」（編注：sukiyaki，日本人對牛肉火鍋的稱呼，又作「鋤燒」或「壽喜燒」。）星星之火似的在西餐館裡點燃，接下來就是推出「沙西米」，讓趨新的上海食客「米西米西」（編注：即日文吃飯的意思）。

這裡，中外合資的飯店酒家起著標新立異的示範作用，如最先推出日本料理的有錦江飯店的「銀座」、聯誼大廈的「友友」，與之呼應的有花園飯店的「櫻花」、貴都大酒店的「勘八」、太平洋大酒店的「桃菊」和上海賓館的「河久」等，南京西路上的喜來臨酒店也闢有一個日本料理店，規模著實不小。

此外，前些年東渡扶桑的留學生紛紛返回故里，順便把日本料理帶進來讓江東父老點嘗，這裡面究竟為商業意識所驅還是衣錦榮歸的情結就很難說清了。比如在陝西路、茂名路上就開了不少日本料理店，門面都不大，但風格是極鮮明的，特別是一到晚上，門口挑出一兩個燈籠，讓人看了就會想像裡面的纏綿故事。一頭撞了進去，會發現老闆多半是這等角色。

改革開放三十年來，上海餐飲市場流行過廣東菜、潮州菜、重慶火鍋、杭州菜、寧波菜、川菜、貴州菜等等，呈現出長江後浪推前浪的勢頭。而今漸漸知味的食客開始崇尚清淡，講究飲食衛生，日本料理的特色正符合此種要求。但說穿了，日本的飲食深受我們中華民族的影響，早在唐代，他們的廚師就在刻意模仿中原一帶的烹飪方法和飲食風尚。故而阿Q地說，日本料理的進入也是一次匯報演出吧，那麼味道如何呢？

最近我和幾個朋友相約到一家規模很大的酒家吃了一頓日本料理，算是開了眼界。走進一個叫做「隅田川」的日本料理餐廳，步入其間，滿目所見的是日本風情的裝飾，耳邊縈繞的是日本音樂，又有身穿和服的小姐前趨應接，一聲親切的招呼加上微微一鞠躬，大和民族的風韻撲面而來。

小馬前幾年去過東瀛，並在東京一家最正宗的日本料理店幹過五個月。他就當仁不讓地成了這次美食旅遊的嚮導。他說，在日本料理店，一般小吃可點一湯三菜，即一樣開胃菜、一樣燒物、一樣煮物加一份吸物（湯）。較正式的吃法則可在此基礎上加一樣刺身（生魚片）、一樣揚物（炸菜）和一份吸物。海鮮和蔬菜是日本料理的兩大主角，這和日本人忌吃四隻腳的古老風俗有關，近二十年來，西風東漸，日本的青年人也開始當仁不讓大啖牛羊肉了。既然我們是來嘗鮮的，就無所謂正式不正式了，什麼都要了一點嚐嚐。

與中國的椒鹽排骨、灌湯蝦球甚至蝦仁鍋巴等炸菜相比，日本料理中的揚物事前醃得不透，炸成後也很少淋汁的，幾乎沒有什麼味道。而「揚物」一詞令人想像廚師在操作時大概不停地揮舞勺子，有點手忙腳亂的樣子吧。這類菜中唯「天婦羅」稍有新意。所謂「天婦羅」（tempura的譯音），是一種在原料外掛糊後炸至色澤金黃、外脆裡嫩的加工方法。葷菜、蔬菜均可「天婦羅」一下。但這種炸菜須趁熱吃，冷了一點味道也沒有，像半成品。而「隅田川」的「天婦羅」，據服務小姐介紹在上海灘上首屈一指，我們嘗了之後也有同感。

上桌的「天婦羅」每樣時蔬都看得清，因為所掛的糊雖然恰似雲層一片片地鋪開，卻非常之薄，猶如女人身披的輕紗；而海鮮類也同樣地道，比如一道大明蝦，炸得形態美觀，尤其是尾巴，事前廚師用刀背刮過，炸成後色彩鮮紅，賞心悅目，蘸著拌有蘿蔔泥和薑泥的調料，吃起來又有入口即化的鬆軟感。這種「天婦羅」如做得馬虎一點，就會變成「麵疙瘩」了。

煮物（也就是蒸煮類菜）中的築前煮、煮昆布小魚、茶碗蒸是值得一嘗的，「隅田川」裡的煮物鄉土味濃，回味且長。就拿茶碗蒸來說，其實就是加了海鮮、時蔬末的燉蛋湯，但口味與平時我們吃的大不一樣。有一道土瓶蒸也屬燉品，湯裡面加了松仁、香菰、蛤蜊和一種為上海人所罕見的菌類植物——松茸，味道異常鮮美，而且強烈。印象最深的則是甲級魚頭。剛點這道菜時我有點不理解，為什麼跑到這裡來吃魚頭呢？但吃了之後覺得確實「不虛此吃」。這是用鯛魚頭劈成半個燒煮的，加了原汁醬油，很入味。在江戶時代因為這種魚頭的鰭很像將軍盔上的翎翅，特別受歡迎，其中就有吉祥的意思在裡面。

燒物（烤菜）中當推鰻魚塗汁烤，加工精細，別有風味。但一般上海人吃大不慣烤鰻魚飯。有一回我在新世紀商廈吃了一盤，腥味沖鼻，難以下嚥，與我前幾年在「臺北街頭」吃的不能比。而「隅田川」裡的烤物因為原料新鮮，加工得法，一點沒有腥味。鹽烤大明蝦和醬烤鯧魚，都是不錯的，普通百姓家中還很少置烤箱，偶爾嘗一口烤菜，口感新奇。

據小馬介紹，日本料理的烤菜以魚類為主。有的用醬烤，如烤鰻魚、烤銀鱈、烤小嘴魚、烤真名鯛等，邊烤邊灑點山椒粉。還有就是用鹽烤，如烤柳葉魚、烤秋刀魚等，最多淋上點薑汁，這種烤法是很能體現廚師本事的呢。這些小魚有時是連帶著內臟烤的，吃起來有點苦，可日本客人喜歡這種味道，以為正宗。

現在的食客吃日本料理大都衝著刺身而去。「沙西米」的知名，簡直如雷貫耳。上點規模的酒家都有刺身饗客，龍蝦船一上桌，宴請就夠得上隆重二字了。海鮮生吃，對上海人來說無異於一場飲食革命，因為有綠芥末和五糧液的壯膽，也就敢於一試了，繼而上了癮，欲罷不能。一九九一年我在往返於中日兩國間的「鑒真」輪上採訪勞模焦金鐸，他就請我吃了一回三文魚（編注：即鮭魚。）。當時日本料理在上海還為人陌生，一大盤橘紅色的生魚片上了桌，叫我不敢下箸。後來在老焦的一再鼓勵下嘗了一口，那感覺猶如在自己的手臂上咬了一口，並且給綠芥末衝得涕淚直流。想不到今天吃生魚片在上海成了輕易得嘗的時尚體驗。

在相當規模的日本料理店裡，除了龍蝦還有三文魚、比目魚、鯛魚、獅魚等等，喜歡找點刺激的青年人真是趨之若鶩、茹毛飲血了。「隅田川」裡當然也有很多海魚等著客人點嘗，那天我們點了一盤花式「沙西米」，半圓形的漆盤裡除了上面幾樣魚之外還有鮮魷和章魚，邊上配了一點晶瑩璀璨的魚子，在菜葉的襯托下散發著美麗的光澤。小馬說，他曾經打過工的那家正宗的日料店裡除了魚類外，還有貝殼類，如海螺、赤貝、海膽等，而魚子大多用大馬哈魚的子，也有海蟹子的。魚子大多先用狀如魚肝油丸大馬哈魚子和細小的蟹子，這既是一種點綴的「小缽菜」，又是餐前的開胃菜。我小心翼翼地吃了一點，那股腥味尚可以忍受，要說好，我還不識此中三昧。當小馬看我們照著時下流行的方法先把綠芥末（山葵）拌在醬油裡調和成稀糊狀，就及時糾正說：其實這是洋盤吃法。正宗的吃法應是把綠芥末塗在魚片上然後蘸著醬油吃，吃完了魚片，一碟醬油還是不渾的。

不過不是我矯情，我更喜歡喝日本的味噌汁（醬湯）。此物在日本日常生活中是須臾不可短少的，日語中叫做「米索西羅」，據說是用柴魚乾刨成絲文火熬就的，裝在粗瓷碗裡，沉幾粒豆腐丁，飄幾根嫩海帶，鄉情可親！日本的男人如果在早晨喝不到醬湯是非常不幸的，這意味著他得不到家庭的溫暖。日本的納豆也別有一格，有一次朋友送我幾盒，用筷子一挑，有拔絲蘋果的視覺效果，入口咀嚼，又與我家鄉的徽毛豆相仿，但味道稍遜。在電視裡看到做納豆的情景，也就是用浸過的黃豆倒在原木桶裡慢慢發酵，與徽毛豆同工異曲，但不少上海人吃不慣。這次朋友想嘗一嘗，我就建議把這檔節目放在以後再說。

豆醬湯麵倒是值得一嘗的，新世紀商廈的豆醬湯麵味道不壞，十四元一碗，湯寬味濃，只是麵條才一筷而已。而「隅田川」裡的烏冬麵又給了我全新的感受，湯汁熬得濃濃的，湯麵上打了一個生雞蛋，須拌勻了吃。麵條較粗，但非常爽滑，嚼起來也較有勁，用粗拙的黑瓷缽盛了端上來，已經叫人高興不已了。日本的酢物（醃菜）品格也不低，我曾在超市買來佐泡飯，滋味清雅。只是現在價錢貴了，品種也不多，要吃還須到料理店去。

說起日本料理，不能漏掉壽司和燒烤。此時小馬頗具理論色彩地說，如果說日本料理是一棵樹的話，壽司和燒烤就是兩根分出來的枝椏。壽司就是飯團，馬虎一點是可以這麼說的吧。

而我想，壽司從它形成的那天起就是為了攜帶方便，特別適用於到田頭送飯或外出打工和旅行，用紫菜一包就是防止粘手，至於裹上什麼餡就要看各家的情況了。在感動過成千上萬中國人的日本電視劇《阿信》裡，小時候的阿信能有白米飯團吃就是節日了，這種飯團就是最初的壽司吧。那麼看來只是到了今天才被有錢的日本人弄成藝術品的樣子。

小馬基本同意我的看法，他說壽司分壽司、捏拿壽司和手捲三種：壽司就是常見的用紫菜裹起來中間有餡的那種；捏拿壽司是先將米飯做成扁扁的飯團，上面貼一片生魚或生蝦；手捲是用紫菜做成霜淇淋狀，中間裹著米飯，上面再加上魚子或魚片。從樣子上看，手捲似乎是專為孩子們設計的。今天的日本城市裡開著許多壽司店，尤以大阪最多，那些店還在門口挑起幌子，上面寫著「秀」、「聖」、「仁」等字樣，以示承傳有序、店史悠久。「隅田川」裡也有一個龐大的大阪壽司吧，圍著吧台有一根小火車的軌道，一輛袖珍火車就一刻不停地兜著圈子，把車上的各種壽司送到客人面前，客人要吃什麼就隨手拿。今天壽司的品種如此豐富，説明日本人把傳統主食米飯和「沙西米」結合起來，最終取得了成功。而燒烤是近幾年發展起來的新品種，年輕人喜歡這種氣氛和美食，這實際上是從西洋引進的飲食和生活方式。「隅田川」裡為了迎合這個潮流，就設置了上海最大的燒烤台，一到市頭上就有許多客人圍坐著，邊觀看廚師帶有表演性的操作，邊品嘗剛從燒烤臺上移到餐盆裡的食物，一股濃濃的燒烤香款款地散開在偌大的亞洲美食城裡，有點像日本今天的經濟在向四外擴張。

二

小吃或許是一種心理按摩

一個移民城市決定了風味小吃的多樣性，上海就是一個很典型的案例。

小吃予人的滿足，更多地表現在精神層面，特別是在溫飽問題解決之後的今天。

今天，政府重視小吃資源的挖掘和推陳出新，小吃似乎就承當了文化傳導的重任。

小吃的今生前世

上海民眾的懷舊情緒表現在物質生活層面，就是懷念消逝的都市風景，比如石庫門房子的鄰里關係，茶館、酒樓、澡堂、書場、劇院及老虎灶（編注：又稱熟水店，也就是專賣開水的店。因燒水處的爐膛口開在正前方，如一隻張開大嘴的老虎，灶尾有一很高高豎起的煙囪管，就象老虎翹起尾巴，因此上海人很形象地稱之為老虎灶。）、煙雜店等百態世相，色香味俱全的風味小吃自然也在誘發人慾、自我安慰的懷想之中。

小吃，與其說是療饑，不如說是解饞。香氣撲鼻的小吃攤店與爭相點嘗的食客，鮮活地構成了一種市井氣息濃郁的風情。而今天我們所能品嘗到的上海小吃，若要追根溯源，大多是從外省來的。小吃的興盛，也從一個側面見證了上海的開放度和包容性。

如果我們將時間拉回到一個半世紀前，就會發現上海市場上是沒有多少本土小吃的。很長時間裡，上海是作為一個江南較為富庶的縣城享受著蘇州、杭州等城市的商業輻射，如果有所謂小吃的話，也帶有鮮明的農耕社會的生活印記，散發著川沙一帶的鄉土氣息，逢熟吃熟，節令性強，是作為溫飽型生活的補充與點綴存在於民間的。比如立夏吃蛋，是因為此時家養的母雞已經生產了。經濟條件好一點的人家還要吃梅子、櫻桃、鹹蛋、黃魚、草頭攤粞（編注：粞即碎米。磨米成粞，入苜蓿煎之，味甚脆香，即名攤粞。立夏食之，防病驅災。）等。端午節除了「當家花旦」粽子外，還有雄黃酒、雄黃豆。七夕節則吃巧果、花糕。中秋節吃月餅是古老的習俗，但上海人還要吃芋艿毛豆和糖芋艿等。到了秋高氣爽的重陽節，老人們則會結隊登高，圍坐分吃重陽糕。民間小吃往往在家裡製作和享用，或者作為社交載體分送親友鄰居。

小吃正式進入流通領域，是上海開埠後的事了。

但是上海的本土小吃因為與生俱來的家庭製作特性，作為一種商品登場，不免有先天不足的毛病，就是難以大面積地生產與快速流通。比如有一種在春分時吃的撐腰糕（編注：二月初二，以隔年糕油煎食之，以求腰板硬朗，耐得勞作，故稱「撐腰糕」。）、立夏時吃的用新麥粉拌飴糖製成的「麥蠶」及秋收後吃的新麥饅頭、新麥餅等，就顯然不適宜在市場上流通。而糖粥、炒白果、炒年糕、炒麵、雞鴨血湯等可以沿街設攤或肩挑叫賣的品種，就演變成了經典。

資料表明，上海開埠前，雖然老城廂也有一些小吃攤店，但主要是向老百姓提供早餐的。小吃以休閒食品的身份出鏡，一般閃現於茶館書場及戲院等聲色場所。

開埠後，上海迎來了第一個移民潮，外來人口在上海謀生，很多人選擇了飲食業。因為這個業態門檻低，成本小，只需少許本錢就可以提籃叫賣，加之流動性強，打一槍換一個地方。法租界當局在十九世紀七〇年代曾頒佈過一條荒唐的法令，嚴禁華人在外國人住宅的窗下叫賣。這種今天我們聽起來非常動聽的市聲，可能騷擾了他們的清夢。這也從另一個側面證明，當時的小吃流動擔子如小餛飩、糖粥、火腿粽子、檀香橄欖、炒白果、烘山芋等已經串列在大街小巷了。

接著，在太平天國運動爆發的清咸豐年間，江南的小刀會與洪秀全遙相呼應，攻佔上海，此時又有大量的難民從江南各省市湧入上海，形成又一次移民潮。

第三次移民潮是在淞滬抗戰及至上海淪為孤島時期。這三次移民潮，人數一次比一次多，勢頭一次比一次洶湧。必須説明的是，移民潮引發上海風味美食的「物種多樣性」並不是主動的、有計劃的，而是被動的、夾縫中求生存的，又因為日益膨脹的城市人口形成了龐大的市場客體，互為作用地形成了風味小吃百花爭豔的格局。

以上海的核心地帶城隍廟（代表老城區）和沙市路小吃街（代表租界）為例，到上世紀四〇年代，這兩處街市的小吃攤不下三百家，鱗次櫛比，犬牙交錯，匯集小吃品種一千餘種。從風味上考察，除了本土的，還有浙江、江蘇、安徽、四川、河南、山東等風味，林林總總地構成了舊上海小吃的基本框架。

建國後，特別是經過了一九五七後飲食行業的合作化運動，小吃的生存狀態進入了表面的繁榮，其實並不美妙。小吃作為一種大眾化的休閒食物，也不可躲避地納入有些人的有色眼鏡之內，過度享受風味小吃的人，很可能被看作「追求地主、資產階級腐朽的生活方式」。吃陽春麵被看作是勞動人民本色，要是天天一碗蝦爆鱔麵，就可能引人側目。一位類似陸文夫小說《美食家》中朱自治的老上海對我說：「我父親是開鐘錶店的，經濟條件較好，我與一幫朋友對風味小吃就比較在意，養成了習慣。但建國後，每當政治氣候乍暖還寒之日，我們就不敢出門去尋好東西吃。三年自然災害期間，我一個人吃了四隻高價肉饅頭（編注：上海人沒有「包子」一詞，而一概通稱饅頭。這裡說的肉饅頭，即台灣俗稱的肉包。後文提到的小籠饅頭，即小籠包。著名的南翔饅頭店賣得也就是小籠包。），結果被居委會的阿姨知道了，上門來找我談形勢，談理想，第二天就送我到生產組踏縫紉機去。到了文革，我這個小開就因為這張貪吃的嘴巴被鬥得死去活來，五六年裡我不敢吃一客小籠饅頭。」

另一方面，在政治運動驚濤駭浪之下，物資匱乏也使大量風味小吃難以為繼，在一切憑計畫供應的年代，讓老百姓吃飽似乎就是「發展經濟、保障供給」的基本任務，風味二字只是不合時宜的奢侈消費。在這種標準評判下，有些別具風味的地方小吃就被清理出門。所以，在上海偌大一個城市裡，許多地段的小吃呈現價格、計量及風味趨同現象。而點心店的燃料與原材料也是按配給供應的，生意再好，原材料用完，巧婦就難為無米之炊了。

不同的體制也嚴重阻礙了小吃的生產與流通。舉一例，有關方面嚴格規定，集體所有制企業只能生產標準粉製作的麵點，全民所有制的企業只能生產富強粉製作的麵點。老城廂內點心店供應的春捲是用「黑麵粉」做的，每客售價二角，而南京東路沈大成供應的春捲是用「精白粉」做的，每客可賣到兩角七分。兩種所有制是不能跨越的，師傅的手段再高明，也只得受制於體制的桎梏，不能越雷池一步。價格與品種也是嚴格受控制的，你若想供應蝦仁或雞肉生煎包，須打報告，如果上面不批，你就不能供應。鮮肉生煎包若是增加一些餡料加價出售，物價局查出來肯定課以罰金，弄不好負責人也要摘烏紗帽。小吃雖小，但決不是小問題啊。

但是，風味小吃的誘惑力是極強的，是城市生活的一部分，即便在不正常的年份裡，老百姓對它的享受慾望也是難以抑止的。淮海中路有一家春江點心店，供應的生煎饅頭很有名，天天吃客盈門，須排隊三刻鐘才能吃到一泡肉滷的生煎。在這支長隊旁邊，就是鋪天蓋地的大幅標語，預示著又有一場政治風暴要降臨了。現在，這個地方成了一幢排場極大的外資百貨商廈。同樣排隊的還有四川中路上的蘿春閣。雲南南路上供應排骨年糕的「鮮得來」也是人山人海，一度公安局還勒令店家必須在夜間十點之前關門，因為酒鬼幾乎天天在此酗酒滋事。

上海小吃的繁榮，得益於改革開放。首先是外來人口的再次湧入，這次湧入上海的不是難民，而是意氣奮發、尋找發展機會的聰明人。不久，因企業效益滑坡、轉制等原因出現了大量下崗職工，再就業的路子很寬，其中一條就是開點心店。當時，下崗職工申照從事餐飲業非常容易，還能享受三年免稅的優惠。路邊設攤叫賣蔥油餅曾經是上海一景，沿街面房子挖地三尺開飯店也是一景，乍浦路、黃河路美食街就是這樣形成的。同時，隨著物資豐富，商家想出了展銷會的好辦法，而凡是在積壓商品集中傾銷的場所，風味小吃必定要來捧場，湊個熱鬧。

市場經濟啟動後，小吃的黃金歲月才真正來到。物資供應的充足，技術力量的充實，市場需求的奇跡般旺盛，使得小吃的風味更為豐富。上海市烹飪協會前幾年做過一個市場調查，在全市兩萬多家餐飲企業中，涉及小吃的至少有三分之一。小吃成了行業經濟增長的強大推動力。

前不久，市經委、市旅委提出：要花五年時間整理恢復一三三種上海風味小吃，「吃在上海」將成為城市形象的一個閃光點。議題為重振上海菜和上海點心的高端會議也召開了，這是建國後第一次由政府牽頭開這樣的會議。後來，市經委、市旅委等又將一七二個農家菜點確定為上海名菜名點，連鮮蟹麵疙瘩、蝦蟹蘿蔔絲、張澤羊肉餃等「老古董」都翻出來了。餐飲界幾個大企業集團也乘勢而為，舉辦了多次上海菜點的展銷活動。加之媒體推波助瀾，民眾對風味美食的追尋興趣被極大地激發起來。

不過我們應該看到，雖然這二十年來，上海引進了大量的外省風味，但中國風味小吃的品牌建設嚴重滯後，除了綠波廊、南翔饅頭店、王家沙、避風塘、沈大成、豐裕等幾家外，一般企業只顧埋頭照料自家的一畝三分地。其次，食品安全的問題也在激烈競爭中暴露出來，有些小企業為了夾縫中求生存，降低成本，採用低劣的下腳油，也有用豬肺絞爛摻進豬肉餡裡的行徑發生。媒體與管理部門應該聯手加強監督。

有專家認為，在二十一世紀，國內外風味小吃集中在上海這樣的國際大都市是歷史的必然，上海的風味小吃應該是多元的，綠色的，同時承載著文化資訊的。

風味小吃在滿足人們口福享受的同時，還有強大的精神撫慰作用。每一次時代急劇轉換的時候，由於離心力過強，使一些人被甩出原有軌道，不再按慣性及常速向前，就會出現短暫的精神休克，產生對過去文化和傳統的留戀，甚至有一種「落花流水春去也」的哀婉感歎。表現在物質生活層面，就是懷念消逝的都市風景，比如石庫門房子的鄰里關係，茶館、酒樓、澡堂、書場、劇院及老虎灶、煙雜店等百態世相，色香味俱全的風味小吃自然也在誘發人慾、自我安慰的懷想之中。這也是今天老上海特別鍾情風味小吃的內在原因。

城隍廟小吃，甜蜜生活的點綴

這裡的一湯一羹，一糕一餅，在水汽氤氳與抑揚頓挫的吆喝聲中傳遞著百年老城廂的情懷，給我們平庸的、淡泊的、粗疏的、忙碌的、簡樸的和略帶傷感的生活增添了無窮樂趣。

點綴於旅遊景點的風味小吃，其實是一個個逗人食指大動的歡樂節目，香氣撲鼻的小吃攤店與爭相點嘗的食客，鮮活地構成了一種市井氣息濃郁的風情，在上海城隍廟內尤其如此。即使在物資匱乏的年代裡，城隍廟還能變戲法似的拿出幾件小吃來撫慰民眾的心靈。所以我才敢這麼說，假如沒有小吃，城隍廟的歡樂氣息將會減少許多。特別是在今天，經過歲月淘洗而沉澱下來的數十種上海小吃已經構成了一種城市記憶，在寬泛的層面上還屬於非物質文化遺產。那麼，活態的傳承，就是保存這份記憶的最佳形式。

在文娛節目中，小品最能逗人大笑，而在飲食世界裡，小吃最能體現地方風味、手藝精神，也最受遊客的追捧。凡有旅遊經歷的人都有深刻體會，每到一地遊玩，予人印象深刻的，有時候倒不在景點，而在口感新奇的風味小吃。所以中國的旅遊城市，都有一條小吃街向遊客熱情招手，抑揚頓挫的吆喝也值得日後久久懷念。

白相城隍廟，吃吃小點心，是一種老少鹹宜的世俗樂趣。一旦走進城隍廟的大街小巷，任何人都不會對那裡的飲食無動於衷，即使是清心寡慾的雅客，或者囊中羞澀的寒士，也不能不被從各酒店茶樓裡傳出的喧嘩笑語和悠揚弦歌所感染，更何況琳琅滿目的店招撲面而來，身邊摩肩接踵的遊客大都手中拿著吃食，顧不得是否雅觀就淋淋漓漓地吮吸咀嚼開來，微風裹攜著濃烈的腴香在人流湧動的巷道中穿來穿去，叫人不由自主地加快腳步去尋訪那香味的源頭。

說起來，城隍廟的小吃是隨著廟市的興盛而發展起來的。據老上海們回憶，隨著移民大量湧入老城廂地區，各地的風味小吃也隨之引進，到上世紀二三〇年代，城隍廟的小吃攤不下一百家。這些小吃大多是小本經營，或肩挑手提，沿途叫賣，或路邊設攤，雲集鬧市，或進入茶樓酒肆串賣，還有些夫妻老婆店，搶佔城隍廟有利地形逐漸發展為旺鋪。時過境遷，如今城隍廟的小吃還有多少呢？

城隍廟內除了老飯店、綠波廊、松運樓、小世界等幾家正宗的飯店標舉著本幫菜的大旗之外，就是小吃店在撐世面。比如南翔饅頭店、寧波湯糰店、春風松月樓、小吃世界、和豐樓、上海小吃人家、老桐椿、老松盛等十幾家別具風味的點心店已經形成「戶戶有名品，店店有特色」的可喜格局，特別是豫園大規模擴建以來，名師雲集絕活亮招，精品佳餚不斷推出，不僅保持了傳統美食的豐富品種和廟市風格，而且能順應時代潮流，推陳出新，將小吃美食在經營規模和品種檔次上引向一個嶄新階段，使城隍廟形成一個名副其實的「美食王國」，深受廣大市民和海內外旅遊者的佳評盛讚。

雞鴨血湯和油氽魷魚鬚

想當年拉著父母的衣角遊玩城隍廟，注意力就集中在玩具和小吃上，印象最深的是雞鴨血湯和炸魷魚。今天，懷舊的老上海說起城隍廟的小吃，必定會提起雞鴨血湯，那是經幾代人的努力流傳至今的呢。尋根溯源，是由一個叫許福泉的小販首創的，他使用一個俗稱「鐵牛」的深腹鑄鐵鍋燒湯，中間用鋁皮隔開，一半燙血，另一半以雞頭雞腳吊湯。有客人光顧，就從盛器裡撥少許雞心、肝、肫、腸和小蛋黃，澆上一勺血湯，撒上蔥花，淋幾滴雞油，紅黃綠相間，煞是可愛。如撒一點胡椒粉，味道更佳。在城隍廟大殿前還有一個名叫「老無錫」的小販，雞鴨血湯生意也不錯，心、肝、腸、蛋由客人隨意挑選。近百年時光流轉，這款價廉物美的風味美食越做越精，成了城隍廟小吃的經典，在老松盛等好幾家小吃店裡還在供應。現在，這款風味濃郁的小吃在老松盛裡還以一種手藝精神被小心翼翼地保存著，要吃趁早啊。

老松盛在二〇〇六年春節從原來的城隍廟山門東側遷到了九曲橋邊，以「豫園八絕」為特色，除了雞鴨血湯外，還有麵筋百葉湯、蟹粉小籠、縐紗小餛飩、紅豆糖粥、鮮肉鍋貼、麵衣餅等。麵衣餅真是久違了，在油鍋裡炸至金黃鬆脆，拿在手裡邊走邊吃，也是一道風景啊。

炸魷魚的正式叫法是油氽魷魚，以前也是老城隍廟的一款著名小吃，有個叫過桂秋的師傅設攤經營，人稱「魷魚大王」。他的魷魚發得好，放在瓷盆裡肥嫩光亮，客人選中後用剪刀剪成方塊下鍋氽，然後蘸上自製的調料，味道是又鮮又嫩。這一手藝後來大概傳給了他的後代，反正我小時候是見過這一幕的。現在魷魚的價格非昔日可比了，於是在松運樓等幾家店門口以推出新版本懷想往事，以魷魚鬚替代，現氽現賣，聊解遊客一饞。

饅頭兄弟和開洋蔥油拌麵

在城隍廟的小吃世界裡，饅頭是一個興旺發達的大家族。九曲橋邊的南翔饅頭店門口，從早到晚總是排著長隊，就足以說明遊客對這一美食的喜愛。這家饅頭店是中國當代飲食史上的一個奇跡。但其他小吃也當仁不讓，紛紛與小籠饅頭華山論劍，各顯神通，湖濱點心店、松運樓、和豐樓、小吃世界都有，而且品質都不差。被南翔饅頭店那條長隊嚇退的遊客常常轉到其他幾家小吃店裡解饞，照唐魯孫（編注：唐葆森，字魯孫。因家學淵源之故，自幼見識甚廣。曾為《中國時報》人間副刊專欄作家，擅長描寫美食，著有《唐魯孫談吃》、《大雜燴》、《天下味》等書。）先生的話來說就是「慰情聊勝於無」。

還有一種被我稱之為小籠包的阿哥——灌湯包，在城隍廟內各家小吃店裡「血拼」。灌湯包以淮揚點心店裡的出品最好，灌湯包連籠上桌時不能夾了就吃，須用吸管插進鯽魚口，吸了肉湯，再以皮子蘸著拌有薑絲的米醋吃，很是有趣。將灌湯包從籠格拿到盆子裡是需要一點技巧的，用筷子夾，一定會弄破皮子。我在江蘇靖江吃當地風味的灌湯包時，領教了那裡服務小姐的本事，只見她們三根手指撮起一隻包子，迅速一翻，包子就到了掌心，然後托著送到客人盆子裡。如此，包子的皮才不會破碎。靖江的灌湯形大湯足，我吃兩個就撐住了，但靖江的朋友告訴我，歌唱家胡松華在那裡曾創下一頓吃十八個的紀錄。

與靖江灌湯包不同的是，城隍廟的灌湯包是蟹粉魚翅灌湯包，檔子明顯高過幾個層次，外形也小了一圈，一籠一隻。蒸氣氤氳之中出籠了，灌湯包在小巧玲瓏的竹籠裡微微顫抖著，吹彈得破的半透明皮子裡面，湯汁拼了命向外面鼓脹，但柔韌的皮子就是不破，這情景誘使著食客買來品嘗。於是在饅頭的頂端插一根塑膠管，吸一口，滾燙的鮮湯頓時充盈了口腔，咂味之間，何等的鮮爽，何等的腴美！吸了湯汁，還可以一併將皮子吃下，那皮子的內壁也沾了不少湯汁，依然鮮得你直掉眉毛。

上海的「麵人口」是龐大的，城隍廟的遊客中，「麵人口」也是不可忽視的群體。為了適應這個局面，城隍廟內的小吃店就推出各色澆頭麵，比如鱔糊麵、燜肉麵、辣醬麵、炸醬麵、排骨麵、雙菇麵、三絲麵、素澆麵（編注：即以素菜作為滷汁的湯麵。）等，但我對蔥開麵情有獨鍾。

蔥開麵是蔥油開洋拌麵的簡稱，一種點心有了簡稱，就說明它的歷史悠久，民眾認可度高。蔥開麵是湖濱點心店的當家品種，在老上海的記憶中，至今還沒有抹去。湖濱點心店在南翔饅頭店隔壁，也是一幢黛瓦粉牆的明清建築，曾是豫園的一部分，有一個典雅的樓名——鶴汀，後窗推開就是荷花池，與湖心亭隔水呼應。這裡的蔥油開洋拌麵用的是定制的小闊麵，在大湯鍋裡煮後仍有很強的韌勁，拌了店家熬制的蔥油後就特別爽滑，彈性十足。開洋（北方人稱蝦米、港粵人稱金鉤）選用當年曬乾的，夠大，經黃酒浸泡後蒸發至軟。蔥油的熬制就別有一功了，青蔥白和少許洋蔥按比例投入油鍋裡熬，爐火不能過旺，得像小媳婦熬成婆似的慢慢熬，使香味恰到好處。每逢老師傅熬蔥油時，窗外九曲橋上的遊人都能聞到這股蔥香味，遂有「湖濱蔥開麵，香飄九曲橋」的美譽。調料呢，取大蝦米浸酒後與生抽一起煮透。這樣的蔥油與開洋調味汁拌了麵吃，不鮮不香也難了。

由於湖濱點心店的蔥開麵出品道地，在上海老百姓中口碑極好，在此吃麵也是要排隊的。老吃客進去吃麵，言必稱蔥開。一說全稱，就不算老吃客，會遭服務小姐白眼。有些人上班前特地趕到城隍廟吃了蔥開麵再奔單位掙他的飯票。我的一個親戚，家住曹家渡，公司在外灘，每天一早騎著自行車來城隍廟吃了麵再走，一年四季，無論颳風下雨，癡心不改，口味不改。我住在田林地區的那幾年，也曾多次專程到湖濱吃蔥開麵配雙檔。有時赴黃浦區開會，寧可不吃早飯餓肚子，為的就是與蔥開麵來一次親密接觸，所費也不過十元出頭一點，有乾有濕，非常樂胃。但是現在湖濱點心店不供應蔥開麵了，我對豫園集團的領導提過意見。也許是遊客增多，供應不及的緣故吧，也可能是做蟹粉小籠和蟹黃魚翅灌湯包利潤更高吧。

九曲橋南面有一家九曲麵王，是一家麵類小吃的專賣店，其中的九曲鍋麵相當好吃，一鍋麵，可由三四人分食，以上海人的話來說就是「經濟實惠」。鍋麵的澆頭中以九曲小肉、糖醋小排、燻魚等為佳。城隍廟裡過去還有兩面黃供應，加上現炒的澆頭，是典型的上海點心。現在遊客多如過江之鯽，兩面黃油煎起來頗為費時，只怕遊客等不起，店家也耗不起，這道風味遂成絕響。

在老松盛對面有一家豫園點心店，是清真館子。店門口有一間「玻璃房」，青年的師傅就在裡面拉麵，先是抹點油，拉開後再灑點粉，用行話來說就是油檯麵與粉台麵相結合。一把麵拉得差不多了，兩頭一摘，往大鍋裡一扔，不一會就可起鍋了。筷子在大大碗公裡一挑，咬一口，呵，勁道十足，牛肉也燜得相當酥軟。這裡的牛肉蝦仁煎餃和凍牛筋也是相當不錯的。在城隍廟裡開這樣一家清真館子，不能不說想得非常周到。

糖粥以及被叫做「鴛鴦」的雙檔

我記得以前從城隍廟正門進入，可以看到大殿的右側有一家豫新點心店，別看它店面貌不驚人，卻是美食家們經常光顧的場所。這裡以經營傳統小吃而著稱，常年供應的品種有多味豆腐花、雞鴨血湯等，但最讓我心動的是桂花白糖蓮心粥。說起糖粥，上海人並不陌生，「篤篤篤，賣糖粥」的市聲已經衍化為動聽的歌謠，勾起人們對往事的無限懷想。城隍廟的糖粥最早是由一個叫張志飛的小販挑進來的，他先在家裡煮好，盛在紅漆的木桶內挑到廟前叫賣。有一種紅白鑲糖粥，是由桂花白糖和紅豆糖粥一起盛在碗裡的，草根階層的糖粥經這麼一鑲，就顯得格外可愛起來。而豫新點心店的糖粥裡加入了紅棗和蓮心，那是另一種紅白對鑲了，即使端在手裡也可領略同工異曲之妙。

我記得豫新還有豆腐花供應，這也是上海人極愛吃的小吃，據說點豆腐花的工夫很難掌握，而且做成之後過了保持的時間也會走水變老，所以最好是趁熱吃。加上蝦皮、紫菜、蔥花等佐料，嫩滑爽口，比京城的豆腐腦更勝一籌。

現在，城隍廟的正門東側還有一家老桐椿，它也是與老上海睽違已久的老字號，由一個名叫楊桐椿的無錫人開的，以麵筋百葉——俗稱雙檔等錫幫點心為人稱道。

據說以前城隍廟經營雙檔的小吃店也有十幾家，最著名的是「蘭齋」——這名字起得好雅，賽過是筆墨莊而與油膩無緣。這家小吃店開在小世界後面，灶臺上安一隻分格的紫銅鍋子，原料生熟分開，由一老太太掌爐，分單檔、雙檔。也有老上海將一隻百葉配一隻油麵筋呼作鴛鴦——風俗性真強！「蘭齋」的湯水是用開洋、扁尖筍吊的，百葉由黃豆磨成後自製，味道很正宗。舊時的小生意人，雖然賺你蠅頭小利，做起來卻一點也不馬虎。

據從業三十多年的老師傅說，城隍廟的麵筋百葉之所以好吃，是因為煮百葉時湯裡加了一點點鹼，百葉會顯得更加軟糯，吃口更佳，顏色也顯得白。而麵筋也是特製的，不像平時家中吃麵筋塞肉，先戳開一個洞然後塞進肉末，而是在油炸時就以濕麵筋裹了肉餡下油鍋的，肉滷不會走失，故而味道很好。

冷天熱天都可吃的圓子

在九曲橋廣場的南面，有一家松運樓，創建於清末民初，至今也是「百歲老人」了。與斜對面的綠波廊一樣，其前身也是一家茶樓。現在它有三個樓面，東首的一間店堂掛了寧波湯糰店的金字招牌，專門供應赫赫有名的寧波湯糰。二樓和三樓供應正餐和下午茶點，可以接待酒席和旅遊團隊，每逢雙休日和節假日，座無虛席。菜餚方面以本幫菜見長，砂鍋糟香魚頭、八寶辣醬、清炒野生河蝦仁、椒鹽排骨是老吃客每餐必點的看家菜。這裡的風水也特好，在二樓、三樓靠窗的位子坐下，九曲橋上的風光盡收眼底。我常常在雙休日帶朋友遊過豫園出來，穿過九曲橋，如果沒趕上午餐的話也不要緊，就在此歇腳，叫一壺茶，叫兩三道冷菜或一碗寧波湯糰，所費不多，既裹腹，又不寒酸，因為這裡風景獨好。

松運樓最早不在這裡，為了綠波廊的創建才搬到現在位置上的。抗戰勝利後，擺餛飩攤的王德友將松運樓盤下自營，開始時供應小籠饅頭、春捲、餛飩和飯菜酒席。小籠饅頭是專門請南翔鎮上的師傅來製作的，為確保品質，從做餡到皮子各有分工，各司其職，使小籠饅頭鮮美可口而外形不走樣。由於松運樓的菜點質優品佳，吃客十分踴躍，每逢初一月半更是爆棚，一些進廟燒香的善男信女必定要進松運樓吃點心。像王盤聲、石筱英、筱愛琴、丁是娥、邵濱孫等滬劇演員也經常光顧。

原來在城隍廟後面的寧波湯糰也搬到九曲橋邊的好市口來。提起湯糰二字，上海人都會有點興奮，因為這款美食與春節聯繫在一起。以前，年關將近，家家戶戶都會磨一兩缸水磨粉（編注：由米製成的粉類有好幾種。依製造方法而分，可分為「水磨粉」、「生粉」、「熟粉」。水磨粉就是把米泡水，磨成漿，壓成粿團，曬乾成粉。這是最常見的米粉，水磨糯米粉可做年糕、湯圓等，水磨在來米粉可做河粉、碗粿等。）存著，天井裡、弄堂口，推石磨的場景是溫暖人心的。現在誰也沒有這個閒工夫了，但吃湯糰、圖個闔家團圓的心理需求可不能忽視，於是趕到超市或湯糰店買點生坯來自己煮著吃也算一種吃法。離開故土幾十年的華僑、海外華人，回上海探親訪友，吃到一碗湯糰常常會激動得掉眼淚。上世紀八〇年代，船王包玉剛就是吃了家鄉口味的寧波湯糰而熱淚滿襟的。

寧波湯糰店是城隍廟的招牌之一。寧波湯糰的全部秘訣在於：選用上等常熟糯米磨粉，再以定點出產的黑芝麻、剝了皮的板油（編注：板油是豬油的一種。豬肉裡面、內臟外面成片成塊的油脂叫板油，這是豬油最集中的地方，出油率高、油渣少，一般加工後作為工業用油做糕點等。）和打成粉的白砂糖，拌透後醃成餡心，一個個手工搓成。在煮湯糰時，用兩口大鐵鍋，在沸水裡煮熟浮起後，撈到清水裡漂，從而保證皮子不破不爛，外形美觀。輕輕一咬，香甜的芝麻餡心就緩緩流出，一股香味撲鼻而起。由於老字號口碑好，更由於品質上乘，寧波湯糰店在平時生意就特別好，每至三節——冬至、春節、元宵，吃湯糰、外買湯糰的顧客特別多，店堂裡擠得滿坑滿谷，你在這裡吃湯糰，別人早就貼在你身邊等座位了。為了買到一盒湯糰，要在寒風中排隊一個多小時。

說起寧波湯糰，還想起城隍廟寧波湯糰店的一則軼聞。當年卓別林來上海觀光，由上海本土笑星韓蘭根陪同遊玩了城隍廟，流連之際，東道主請他吃寧波湯糰。卓別林胃口也好，一口氣吃了三碗，抹抹嘴巴問韓蘭根：彈丸大的團子，餡心是怎麼放進去的。韓蘭根故作神秘地說：這是我們中國人的獨門秘技，恕不奉告。卓別林聽了哈哈大笑。

寧波湯糰店為了開拓業務，滿足多層次的需要，近年來還推出了蟹黃鮮肉湯糰，一咬就是一泡黃燦燦的湯汁，非常鮮美，鮮肉也不結團，味道真的很好。還有細沙湯糰和棗泥湯糰也值得一嘗。對了，寧波湯糰店還有燕皮餛飩，燕皮餛飩的皮子不是小麥粉做的，而是將豬腿肉反覆敲打而成，再裹以鮮肉餡，煮後的外形如一條條小金魚，灑點胡椒粉，吃起來也相當夠味。這是一款地道的福建小吃，如今被寧波湯糰店引進，也算飲食業的「有教無類」吧。

以前桂花廳的招牌還高懸於市的時候，以獨家經營鴿蛋圓子出名。這一小吃外形如鴿蛋，玲瓏剔透，咬開香糯軟韌的皮子，一股清涼爽口的薄荷水噴入口中，實為老少鹹宜的夏令冷食佳品。別輕看這小小的鴿蛋圓子，做起來是有訣竅的，關鍵就在於熬製糖油，要把白糖熬成糊狀，加入薄荷香精後不停地翻炒至完全冷卻。這糖油成餡後包在圓子裡，圓子入鍋煮熟後餡心就成了液狀，稀奇的是圓子須用冷水冷卻，餡心卻不會結成塊，故而吃在嘴裡會有糖水噴出來。鴿蛋圓子是上世紀三〇年代由一個名叫王有發的蘇州小販發明的，在家中做好後提籃叫賣，穿梭於茶樓書場，五枚銅板買三隻。後來這個點心的配方由桂花廳的師傅繼承下來，在店內製作供應。當年上海灘上有名的「潮流滑稽」劉春山常在老城隍廟舉行廟會時在桂花廳前唱滑稽，也算是街頭藝術吧，吸引了不少路人。遊客一邊吃著鴿蛋圓子，一邊看白戲，把桂花廳的生意帶上去了。

現在，這款名小吃在寧波湯糰店有買，鴿蛋般大小的圓子躺在盒子裡，上面灑了幾粒白芝麻，下面墊一張碧綠的棕葉，看看也悅目賞心。每天做一百盒，賣光算數。我每次逛城隍廟，必定要去買一兩盒回家解饞。有一次在家招待外國朋友，就買了鴿蛋圓子和桂花拉糕，結果老外吃了眼睛都發直了，還把吃剩的幾隻打包帶走了。但要是下午去買，常常落空。所以在此提醒各位：要吃鴿蛋圓子，得趕早。

團子乾吃，除了鴿蛋圓子，還有喬家柵的擂沙圓。據老上海回憶，創始人是一個名叫李一江的安徽人，人稱「小光蛋」，清宣統年間到上海來討生活，先是挑擔串街叫賣徽幫湯糰，後來在凝和路喬家小弄（百子弄）柵門旁有了一個固定的攤位。經過若干年的打拼，生意做大後，「小光蛋」就借了柵門內街兩進平房一間，開了一家永茂昌點心店，但市民為便於表達和記憶，都將永茂昌呼作喬家柵。擂沙圓是這裡的名點，將包有豆沙、芝麻的湯糰煮熟後瀝乾，滾上一層熟紅豆粉趁熱吃，風味獨特。後來還有小販到李老闆那裡批發一些來串街叫賣，老城廂其他地方的市民也可享此口福了。我現在走遍城隍廟也沒找到這款小吃，原來是建國後遷到中華路的喬家柵又在近年因為地塊動遷，搬到陸家濱路會景樓底層，城隍廟內已經不見它的蹤影了。其實，精明的生意人應該知道，一種值得傳承而且物美價廉的風味小吃，可以為店家帶來旺盛的人氣，更是一種可以挖掘開發的人文資源。喬家柵如果不能重返城隍廟，至少可以將這個品種引進嘛，鴿蛋圓子能應市，擂沙圓為什麼不能呢？

串炸鵪鶉和梅花糕

這幾年，豫園集團為移風易俗，活躍市場，推動旅遊，每年要在華寶樓前的廣場上舉辦多次新型廟市。廟市一開，必定會召集豫園地區的本地特色風味，來個集體亮相，同時還會從外省市引進一些風味小吃，擺一個擂臺。旌旗一展，油鍋一開，遊客是最最高興了，每個攤位前，必定是一條長長的隊伍。這些年，但凡得知有廟市，我這個俗人就要抽一個空，拖著妻子前去湊熱鬧，並在那裡吃到多種本土或異鄉的美味，比如梅花糕、麵拖小黃魚、油饊子、巧果、銀絲卷、鮮肉鍋貼等。我發現，最受遊客歡迎的往往是油炸臭豆腐和串炸鵪鶉。

其實，在不開廟市的時候，城隍廟內一些點心店門口也常常設攤供應這一「聞聞臭，吃吃香」的油炸臭豆腐，比如松運樓門口就有。

說起油炸臭豆腐，不僅草根市民喜歡，中國的文化人也情有獨鍾。別人不說，單說周作人吧，在客居北京多年後還想念家鄉的臭豆腐乾，在一篇文章裡還記得清清楚楚，如許長如許厚，在哪個橋頭賣的最最有名，記得一清二楚。還記得沿街設爐者的叫賣聲：辣醬辣，麻油炸，紅醬搽，辣醬拓，周德和格五香油炸臭豆腐乾！

吃臭豆腐乾辣醬是不能少的，趁剛出油鍋時吃，吃在嘴裡又燙又辣，嗞嗞哈哈的，但沒人肯吐出來。

毛主席他老人家在一九五八年回老家，也到長沙有名的火宮殿吃了一頓臭豆腐乾，並說了一句大白話：「長沙火宮殿的臭豆腐乾子，聞起來臭，吃起來是香的。」後來我到長沙採訪，特地到火宮殿吃了湖南的油炸臭豆腐，看到這家店將這句最高指示寫在白牆上，等於拿最高指示做廣告。農民出身的老人家就是懂得世俗生活樂趣，讓後人在重溫這段軼事時感到非常親切。

堪與油炸臭豆腐相比美的是串炸鵪鶉，甚至我敢說，凡有臭豆腐處，必有串炸鵪鶉。手掌那般大小的一隻，事先用調料醃過，用竹籤串起後在油鍋裡一炸，起鍋後灑點香辣粉，每只售價不過五六元。孩子搶著吃也就算了，那些出入咖啡館、西餐廳的都市白領、時尚美眉，也擋不住誘惑，人手一隻，邊吃邊走，顧不得吃相了。還有老外，特別是肥碩的女老外，也受此感染，或者說她們本來就是好吃分子，同樣人手一隻，邊吃邊走。反正在小吃店門口的油炸攤頭上，每時每刻都可以看到如此可愛的一幕。照一個服務員說：每天要賣出上千隻，真跟發牌一樣。

在城隍廟各家小吃店裡——比如和豐樓，還有一款美味總讓人心動，那就是糟田螺。以前看到點心店現煮現賣糟田螺，一口大鐵鍋煮著殼薄油亮的田螺，湯麵上必定漂浮著幾塊槽頭肉，濃郁的糟香一直飄至很遠，在行人熙攘往來的街上，不事聲張地烘托著都市黃昏的流金月歲。如今在城隍廟的小吃店裡，田螺依然肥腴，加了乾辣椒，幾元一大碗，濃妝豔抹的美眉翹起蘭花指，用牙籤挑著田螺肉，用一句俗得不能再俗的話來形容就是「一道亮麗的風景線」。

近年來和豐樓還推出了醬汁田螺，更能適合現代人的口味，年銷量居然有近百噸！

在老松盛對面的是春風松月樓。我對這家素菜館是很有好感的，每逢週六一大早與朋友逛古玩市場，不是去綠波廊吃早茶，就是到此處來吃一碗素澆麵。

春風松月樓由徐蕙嘉創建於清宣統二年（一九一〇年），看看，又是一家歷經三朝的百年老店！這個徐蕙嘉，早年在廟前一家「素六露軒」裡學生意，對素菜館的操作比較用心，後來就通過幾個朋友集資，在凝暉閣開設了這家春風松月樓。松月樓的歷史我將在另文詳細介紹，這裡且說它日常供應的品種，比較讓我動心的有羅漢麵、雙菇麵、素菜包等，素菜包的餡用青菜、麵筋、香菇、冬筍、香乾剁碎後配以麻油、白糖等調味品拌勻，皮白鬆軟，一口咬開，鮮豔奪目，香氣撲鼻，吃口相當滋潤。外賣窗口有素鴨、素雞和四喜烤麩，也是很受歡迎的美味，有時候吃膩了魚肉葷腥，或小恙後胃納稍差，買幾樣來調劑口味很好，平時買回做冷盆尤佳。從口味上判斷，師傅們對火候拿捏到位，出品鹹中帶甜，非常入味，麻油也澆得很足，這一點是素菜館的特點。有一次我還從麵湯裡吃到一根黃豆芽，故而得知春風松月樓的廚師吊湯還是很認真的，除了老筍頭、香菇根及扁尖筍外，還在用黃豆芽。這是老傳統啊，所以我像發現新大陸一樣興奮了老半天，逢人就說。

據說春風松月樓的素席也是相當不錯的，但我一次也沒有嘗過。

我對春風松月樓有好感，還緣於一塊糕。有一天中午路過此處，外賣窗口內側擱著一副海棠糕模子。正是出爐當口，甜津津的香氣立時將我的魂勾住。問了價錢，兩元一個。我急著要趕路，但還是忍不住買了一個，有點燙手地托著，邊走邊吃起來。如此吃相，二十年來第一次，但因為與海棠糕邂逅，還是原諒了自己「不夠紳士」。

紫銅模子閃著耀眼的金光，穿白工作服的師傅累得腦門上汗珠涔涔。「這東西如今不多見了，整個上海大約也就是這裡才有了。」話是我說的，還故意提高了聲調，為的是吸引路人與我分享。師傅遇到了知音，感念地遞來一個眼色，並鄭重告訴我每天這個時候，他會準時來做海棠糕。

兩元一個的海棠糕，比之過去五分錢一個，翻了四十倍，但我知道以今天的物價論，它的利並不豐厚，一個市頭做下來，贏利無多。所以師傅這樣做，用一句肉麻的話來說，更像是堅守精神家園。

麵粉皮子，豆沙餡，一層稍硬的麵子佈滿了蜜餞和飴糖，與兒時吃到的印象相比，味道稍遜，因為豆沙裡少了一小塊板油。兒時的恩物還有梅花糕，也是用紫銅模做的，與海棠糕平底的銅模相比，它是圓錐形的。師傅將稀麵漿倒進模子裡，刮上豆沙，用竹籤翻到底下，上面灑些紅綠絲，再用另一個範本蓋上，反覆烘焙片刻就可出爐了。看師傅用竹籤挑出一個個形狀如霜淇淋的梅花糕，有雛雞脫殼般的新鮮，那種快樂不亞於大款們從洞裡撿出高爾夫球。我記得七分錢可以買兩個，將尖尖的尾巴捏在手裡，表皮烤得微黃，微硬，豆沙燙嘴，因為燙，就甜到了心裡，發了酵的麵漿有點酸味，而這正是真味所在。

無論梅花還是海棠，大俗的點心冠以大雅的名稱，這是勞動人民的幽默和自豪。後來我掂量過紫銅模的分量，沒有強大的膂力是玩不轉的，何況每天要靠它養家糊口。但師傅翻弄銅模的神情，特別在生意忙的時候糅進了一絲表演成分，賽過黑旋風揮舞一雙板斧，運斤成風的風範，絕對是大將軍級的。

現在的孩子喜歡吃西式蛋糕，紅紅綠綠的奶油最能誘惑他們，蛋撻、泡芙、蘋果派之類也是他們的專寵。傳統糕點再具風味，也難逗他們的食慾了。中國的百行百業都有祖師爺，據說糕餅業的祖師爺是諸葛亮，因為他發明了饅頭。但要是他得知今天的孩子不喜歡傳統糕餅而專愛西洋糕餅的話，會有什麼錦囊妙計呢？

為了這一點，我要感謝春風松月樓。

上海人對小吃是有著深厚感情的，工薪一族以此為親切，時尚人群以此為新奇，老年人以此為慰藉，文化人則能敏感地體味出別樣滋味，深化自己的生活感受或有所寄託。也因此，小吃以舊時的廟會而興盛，以大都市海納百川的襟抱而發展，以根植於民間生態的傳統節慶活動為時間節點，尤其憑藉著一年數度的新型廟會而得到延續。這裡的一湯一羹，一糕一餅，在水汽氤氳與抑揚頓挫的吆喝聲中傳遞著百年老城廂的情懷，給我們平庸的、淡泊的、粗疏的、忙碌的、簡樸的和略帶傷感的生活增添了無窮樂趣。故而，城隍廟的小吃，其滋味最終不在大快朵頤的一瞬間，而是在久長的、值得與人訴說的回味中。

美食偵探在拂曉前出發

小吃予人的快樂，更多時候是在精神層面的。

城隍廟裡除了鎮守一方的飯店、點心店日日夜夜奉獻著令人垂涎的美味，每年春暖花開時節的「豫園商城中國民俗廚藝大觀」絕對不能錯過，它是一次風味小吃的大展示，當然也是遊客品嘗風味美食的好機會。

「豫園商城中國民俗廚藝大觀」辦在人氣最旺的城隍廟中心廣場，臨時搭建的店鋪圍了一圈，旌旗招展，香氣四溢，一陣陣撩撥著遊客的食慾。小吃出身卑微，但「我從山中來，帶著蘭花草」交代得清清楚楚，廚師們一律給予足夠的尊重。蜂擁而至的遊客爭先恐後，擠作一團，瞪大了眼睛在每個鋪面前辨識兒時的美食身影，每一樣都不肯放過。油鍋蒸籠不斷地飄出饞人的氣息，廚師們忙得臉頰通紅，汗珠綴額，市聲抑揚處，又一籠蟹黃包子熟了。

在這特定環境裡，每個人都卸下了公共場合的拘謹和莊重，無論西裝革履或是紅裝素裹，一律站在廣場裡大快朵頤。三三兩兩圍成小圈子，顧不得吃相，也顧不得左擠右搡，呼哈之間將油墩子（編注：油墩子是上海的街頭小吃。將調稀的麵糊，少許倒入橢圓形鐵勺中，加蔥花和鹹蘿蔔絲，再覆以麵糊入油鍋炸。外表呈黃褐色，吃起來香脆有味。）或炸鵪鶉塞進嘴裡，管他什麼湯汁淋漓或滿手油漬！連一些老外也是這番吃相，表情或許更加誇張。還有吃了帶走的，更有拍照留下滑稽吃相的，大呼小叫此伏彼起，紅男綠女穿插夾雜，氣氛被一波波地推向高潮。這一幕，生動地詮釋了風味美食與老百姓的關係。

豫園旅遊商城股份有限公司餐飲事業部總經理張耀他告訴我，這些年來，公司為了進一步豐富城隍廟的小吃品種，一直以開放的姿態吸納各地的風味美食落戶，舉辦美食節就是一個切入口。二〇〇五年的主題是江南古鎮的美食，一下子集中展示了周莊、同里、西塘、嘉定、七寶、青浦等二十幾個古鎮的風味小吃。二〇〇六年他們將眼光放遠到長三角，為了最大限度地囊括這一地區的風味小吃，公司特地派出兩組美食偵探外出尋訪。

食探？讓人想起神出鬼沒而又操持生殺大權的法國美食評論員，是的，城隍廟的食探也不是等閒之輩，他們提前一天潛入某小鎮，找一家街口巷底的小旅館下榻，次日天色濛濛亮時起床，跟當地的老人去吃早點。發現別具風味的小吃，嚐嚐，拍照，作點文字記錄。回上海後向領導會報初選品種，經過篩選，最後拍板。接下來就向當地的點心師傅發出邀請，請他們來上海表演，或向他們拜師學藝，將手藝帶回來。有一次他們在崇明一個集市上吃到一種團子，想請做這種團子師傅到城隍廟來做，老師傅以年紀大為由，不肯離島，他們只得派了年輕師傅前去虛心拜師，將這個團子引入城隍廟。

「以前我們每年要辦一次類似的小吃匯展，但往往是請進來，有點群英會的味道。一種小吃叫響，大家蜂擁而至，甚至從大楊浦端著鍋子來買的，但匯展結束後，這些外省市的風味小吃就沒了蹤影，來去匆匆，群眾意見很大。於是我們想，有什麼方法讓這些市場認可度高的小吃留下來呢？上海是一個開放的城市，如果連一種小吃都留不住，還談什麼開放呢？」張耀他說。

城隍廟內本來就有不少堪為經典的風味小吃，有些品種還供不應求，為什麼還要引進外來品種呢，這不要相互掐架嗎？

張耀他自有用意：「引進外來小吃，一方面是市場需要，另一方面也是企業發展的需要，我們要通過引進外來品種，自我加壓，造成鯰魚效應。否則在圈內近親繁殖，不利於做大做強。」

真乃深謀遠慮。

在民俗廚藝大觀裡，我們可以看到不少上海人平時難得一嘗的品種，而且這些品種都體現了一種可貴的手藝精神。比如臨海的麻糍（編注：即麻糬。），這是浙江臨海的名小吃，製作時頗費人工，需用石搗臼反覆捶打糯米團，然後擀成麵皮捲，內裹紅糖芝麻餡，用平鍋煎成，表面脆香透白，吃口香韌糯軟。還有臨海的什餅筒，形同長枕頭，就像一隻巨無霸的春捲，外用直徑約半米的麵皮包裹，餡心是淨素或鹹鮮什錦，經平鍋煎烤後皮脆餡香。臨海當地家家會做，但至今還沒有出過遠門呢。來自天臺的艾青餅、艾青餃也是難得一見的。新摘下的艾青葉，擠出汁水，與糯米粉拌和成麵皮，裹了豆沙餡心，做成餅或餃子，上籠蒸熟，外觀翠綠如翡翠，咬一口，有一股特殊的清香撲鼻而來。來自崇明的雙色高粱麻球也相當有趣，以高粱粉為皮，內裹低糖豆沙餡，團子外面再擂黑白兩色芝麻，色如虎皮，所以又稱「虎皮麻球」。吃口稍粗，但有一種鄉土氣……一百多個品種的小吃雜陳於前，每只品種前都有排隊的老小吃客，吃著碗裡，看著鍋裡。

最最受歡迎的居然是小時候常吃的、不登大雅之堂的老虎腳爪（編注：老虎腳爪是一種由老麵發酵，烘烤而成的餅，由於是手工製作不用模具，六個角時常分得很開，形狀類似老虎的爪子，傳入蘇州、上海等地後，故有了老虎爪子之名。原味如實心大餅，蘇州人和上海人喜好甜食，將老虎腳爪表面刷了一層糖，味道甜但不膩。）。老虎腳爪來自江蘇鹽城，當地呼作金剛麒，聽說城隍廟裡有的賣，大家從四面八方趕來嘗一口，呼應心底的念想。

老虎腳爪在當地是用煤爐烘的，若改用天然氣爐子烘烤香氣就會不足。為了達到原汁原味的口感，城隍廟的老師傅特意製作了一隻燒煤的烤爐，並與消防局協調，加強了現場的消防措施，光是滅火器就配備了好幾隻，還落實專人負責警戒。一開市，爭嘗老虎腳爪的顧客就差點將爐子擠倒，後來不得已加裝了鐵欄杆。但是後來排隊的顧客越來越多，只能臨時規定每人限購五隻。

更有趣的事在後面，有一天一大早來了四、五十位殘疾人，每人開著一輛殘疾車，那陣勢真的浩浩蕩蕩，賽過一支機械化部隊。幹什麼？他們也想吃老虎腳爪嘛。但殘疾車不能開進豫園，排隊也有困難，於是豫園商城領導出面跟排隊的顧客打招呼，徵得大家諒解，讓殘疾同胞優先。就這樣，殘疾同胞吃了剛剛出爐的老虎腳爪，帶著一臉滿足，發動殘疾車的引擎，又浩浩蕩蕩地開走了。

每隻兩元錢的老虎腳爪究竟有啥好吃？其實這個味道是可以想像的。今天的顧客爭相品嘗，多半是為了獲得一種心理滿足。

由此可見，小吃予人的快樂，更多時候是在精神層面的。

廚藝大觀引起一時轟動，這是經營者預料之中的事，但不是豫園商城搞節慶活動的最終目的。他們通過搭建平臺，引進各地風味小吃，目標就是要讓一些群眾喜愛的品種在城隍廟落地生根。據我瞭解，為了實現這個目標，豫園商城形成了一個小吃保護機制，撥出一筆小吃扶持資金。作用有三：以和豐樓為基地，鼓勵引進外地小吃品種，獎勵試製人員，對一些利潤低但市場前景很好的小吃品種給予補貼。

現在，在和豐樓外牆已經設了一個鋪子，店招上寫著「中華名小吃保護基地」，有四樣小吃在這裡落戶生根了，它們是金剛麒、姑嫂餅、成都三大炮以及梅花糕與海棠糕這兩位同門兄弟。據烘烤金剛麒的師傅說，這個基地雖然面積不大，每月也有十萬元的營業額。在節假日，每天要賣出金剛麒一千多隻。

「不過我們要始終保持清醒的頭腦，」張耀他對我說，「從品牌引領角度來討論發展，在發展經濟的同時，自覺承擔社會責任，這是我們的共識。小吃匯展是一個品牌，在以後會繼續做好做大，保護品種要增加，和豐樓還會進一步調整，要打造成不可替代的、無法撼動的小吃王國。集團已有的品牌要做大，有些名品要精心打造，並且在市內開多家分店。在城隍廟這個旅遊景點內稱王稱霸算不了什麼，有本事的，就要走出去找對手較量，經風雨見世面，企業才能夠壯大。在上海，城隍廟有小籠饅頭，新天地也有一家臺灣人經營的小籠饅頭店，走的是高端路線，這就不能算是一個平臺的較量。在香港的太古城和銅鑼灣，我們兩家都有分店，這才是真正的較量，貼身肉搏，從顧客的評議來看，南翔饅頭店勝出一籌。今後我們會培養更多的品牌，然後『走出彼德堡』（編注：高爾基是知名俄羅斯文學家，一向以關心底層大眾而著稱。然而當他生活在彼得堡的一段日子當中，曾因環繞在他周圍的貴族式的人文圈子而受誘惑，思想一度低沈，創作靈感頓塞。一九一九年，列寧寫信勸告高爾基「走出彼得堡！」）。這樣的話，中華名小吃才能做大做強，讓更多的顧客享受得到。」

黃楚九和生煎饅頭

黃楚九與生煎饅頭的故事頗具戲劇色彩，卻並非虛構。這實際上是一個具有現代企業思路的商人對上海風味小吃的一次品質提升，更是多元化經營的大膽嘗試。從這個案例中可以發現上海精神的源頭。

有人說，上海人羈旅四方，闖蕩天下，最不能釋懷的就是泡飯。回家後第一件事就是吃一碗帶鑊焦（編注：即鍋巴。）的泡飯。還有人說最想吃的是鹹菜肉絲麵、油條豆漿等，而據我觀察，幾乎所有的遊子最想吃的是生煎饅頭。

泡飯、鹹菜肉絲麵當然構成了上海人的日常生活即景，成為一幅永不褪色的黑白照片，但最能傳遞上海都市風情的應該是生煎饅頭。與泡飯、鹹菜肉絲麵等軟不拉嘰的食物相比，生煎饅頭堪稱活色生香。

生煎饅頭是草根階層的食物，不過比大餅油條高檔，有點休閒小食的性質。舊上海，一般在老虎灶貼隔壁，開一家半開間門面的小店，店門口有一隻由柏油桶改製的爐子，上面置一口鑄鐵平底鍋，裡面是一張長條形的作台板，兩個夥計正低頭包著饅頭，不時吃吃地笑一聲。再裡面，靠牆角井字形地堆著一垛麵粉，老闆娘正在給孩子餵奶，另一個已經會走路的孩子則在吃飯，飯粒灑了一地。最有人氣的當屬老闆——也是當灶師傅，只見他將一隻隻雪白的小饅頭在鍋底排列整齊，澆一圈菜油（編注：即台灣人說的沙拉油。），然後潑半碗水。當口，只聽得滋啦一聲，一股香噴噴的蒸氣沖天而起，無數細小的油珠四處亂飛。得趕緊將鍋蓋蓋上，墊著抹布把住鍋沿轉上幾圈。

做生煎饅頭用半發酵的麵團，這是關鍵之一。發得好，韌軟適口，不死不鬆。關鍵之二在於拌肉餡，肥瘦豬肉按比例搭配，豬肉皮熬爛了，冷卻後切成細末，再與肉湯一起煮透，待再次冷卻後切成細末，做成肉皮凍，方可與肉糜拌在一起。如此包進饅頭裡可以支撐起這一風味美食的基本審美框架，煎熟後肉餡就被一包溶化了的滷汁包圍。咬破皮子，這股滷汁立馬噴湧而出，又燙又鮮，欲罷不能，予口舌無比痛快的享受。凡欲罷不能的體驗都是具誘惑力的。

吃了皮子再吃肉餡，最後就吃饅頭底板。這底板已經煎成焦黃，略厚實，硬得恰到好處，帶了一點肉味和菜油香，一咬，嘎嘣脆。這是生煎饅頭高於所有饅頭的地方。煎得好，這是做生煎饅頭的關鍵之三。

突然下起了大雨，行人紛紛躲到層簷下避雨，剛掀開鍋蓋的生煎饅頭賣不掉了，老闆急了，就用鏟刀敲擊鍋沿：當得當、當得當……當得里格當……

老虎灶樓上有一家小書場，說書先生正在說《武松殺嫂》，茶博士噌噌噌地下樓，來到生煎攤前：老張，來三兩生煎，底板要硬！

做生煎饅頭雖然也算老闆，卻因小本生意，別人就不稱他們為老闆。這些人一般都來自丹陽、武進、無錫等地。

說書先生、暴雨、老虎灶、空空蕩蕩的街面上飛快地閃過一輛黃包車。師傅依然敲擊著鍋沿：當得當、當得當……當得裡格當……

這聲音，這畫面，這氣息，久久地縈回在老上海的回想之中。

生煎饅頭上面頂著碧綠的蔥花和牙白色的芝麻，下麵襯著焦黃的底板，色澤悅目，味道好吃不用再形容了，聲音也好聽。所以我說生煎饅頭是活色生香的美食。

後來，在稍具規模的點心店裡，店家給生煎饅頭配上了咖哩牛肉湯或油豆腐線粉湯，有乾有濕，相當樂胃。上海人愛它，自有道理。

舊上海，做生煎饅頭最出色的是蘿春閣和大壺春。蘿春閣原是黃楚九開的一家茶樓，上世紀二〇年代，茶樓一般不經營茶點，茶客想吃點心，差堂倌到外面去買。黃楚九每天一早到茶樓視事，必經四馬路，那裡有一個生意不錯的弄堂小吃攤，專做生煎饅頭。他也放下身段嘗過幾回，餡足汁滿，底板焦黃，味道相當不錯。有一天他經過那裡，卻發現生煎饅頭攤打烊了，老吃客很有意見，久聚不散，議論紛紛。那個做饅頭的師傅抱怨店主只曉得賺錢，偷工減料，他不肯幹缺德事，店主就炒了他的魷魚。黃楚九一聽，立刻將這位愛崗敬業的師傅請到蘿春閣去做生煎。從此蘿春閣的生煎饅頭出名了，茶客蜂擁而至。後來黃楚九謝世，蘿春閣易主，但生煎饅頭這個特色被保留下來，再後來乾脆成了一家專做生煎的點心店了。

開在四川路上的大壺春也是舊上海一家相當有名的生煎饅頭店。一九四九年軋兑黃金風潮時，與中央銀行一街之隔的大壺春生意奇好，因為軋金子需要很長時間，而且餓著肚子軋不動，就近吃點生煎算了。店裡的小夥計頭子活絡，眼看混亂的局面裡有發財機會，也溜出去做成幾筆黃金生意，居然小小地發了一筆。這是曾在大壺春裡吃過蘿蔔乾飯（編注：指從低處爬起，苦幹實幹的意思。）的一位師傅告訴我的。

我老家弄堂口就有生煎饅頭店，每兩糧票買一客四隻，一角錢。四隻一客的規格一直保持到今天。那個時候，上海的每條馬路大概都能看到生煎饅頭的影子。最有名的是淮海中路上的春江，十年動亂時期，上海人也沒有放棄吃生煎饅頭的愛好，心甘情願地等待半小時。特別是星期天，店門口排隊的情景，與街上觸目驚心的大幅標語很不協調。今天，這裡已成了華亭伊勢丹，只有時裝，沒有生煎。

金陵中路柳林路口的金中點心店，生煎也做得不錯。這家小店的另一特色是糟田螺，更另類的是這裡還賣咖啡！一角一分一杯。

最近二十年裡，做生煎的點心店就更多了，為了賺取更多的利潤，還出現了蝦仁生煎、蟹粉生煎，但吃下來還是鮮肉生煎最實惠，最經典。豐裕生煎是一家連鎖企業，全市有數不清的加盟店，出品也是相當不錯的。我估計是統一供應原料，保證了它的餡多汁滿，皮薄底脆。陝西路上那家我是經常去吃的，配一小砂鍋油豆腐線粉湯，所費不到十元，很知足。

吳江路美食街上的小楊生煎是新生代，店面也直追傳統風格，極小，極髒，極油膩，但因為生煎做得出色，皮子薄，餡足滷滿，而且個頭大，女孩子吃的話，四個就管飽了。漸漸地，小資們口口相傳，加上小報記者的大肆渲染，小楊笑不動了，幾乎一天到晚，排隊吃生煎的盛況賽過美國領事館門前等待簽證的陣勢。我辦公室裡幾個小朋友去吃了，都說好，並帶回來幾次。我一吃，果然不錯。老吃人家心裡不安，有一回我摸出一張百元大鈔，交給他們去買，誰想幾個小朋友將一百元都換了饅頭回來，一人手裡拎兩大袋。還說排在後面的顧客一見他們將幾鍋生煎都包圓了，氣得快要哭出來了。

現在又有朋友跟我說，新聞路上原西海電影院對面有一家蔡記生煎做得比小楊還好，得抽時間去嚐嚐。

最後，我們還是回過頭來說說黃楚九吧。

長期以來，黃楚九一直被稱為「滑頭商人」，但是這個人對於近代上海商業和娛樂業的發展，其所起的作用是不容忽視的。研究上海開埠以來的奇跡和上海人的性格，或綺麗駁雜的海派文化，無論如何也繞不過這個人物。

黃楚九於一八七二年出生於浙江餘姚，父親是個中醫，他少時隨父親行醫，積累了一定的醫藥知識。黃楚九十五歲那年，父親去世，他就隨母親遷居上海，每天到茶樓兜售眼藥。後來他曾自製戒煙丸等一些藥丸散丹在城隍廟內設攤出售。有了一定的資金積累後就在上海縣城內開了一家頤壽堂診所，專門治療眼疾。一八九〇年，黃楚九將診所遷到法租界，改名為中法藥房，除了中成藥外還兼售西藥。一九〇四年，中法藥房遷到漢口路，次年，他推出了一種新藥，這就是艾羅補腦汁，今天人們常拿此事來證明此人的滑頭。

據說黃楚九利用了初沐歐風美雨的上海人崇洋迷外的心態，取了這麼一個洋名，並在藥瓶上設計了一個洋人的頭像，還製作了「艾羅」的「親筆簽名」。如此操作居然一炮打響，發了一筆大財。而艾羅補腦汁其實是吃不死也吃不好的顏色水而已。

此時有一個在滬行醫的葡萄牙人，名字就叫艾羅，他認為黃楚九的艾羅補腦汁影射了他的名字，於是跟他打起了官司。而黃楚九的辯解是，艾羅是英文yellow的譯音，代表黃楚九的姓氏，因此官司判黃楚九無罪。

事實並非如此。對老上海頗有研究的沈寂先生跟我談起過，艾羅補腦汁是以中藥為基，加了點西藥的一種補劑。西藥原液是從法商凱利士洋行定購的。它的主要功能可能有補氣、定神的作用，價錢比較貴。沈寂兒時也服用過，「色呈淺咖啡，味道有點甜。一直到建國後，艾羅補腦汁還在市場上有。」他說。

沈寂還跟我講了一個故事。艾羅補腦汁行銷一時，突然冒出了一個自稱是艾羅兒子的外國人。他找到黃楚九後稱其父臨終前曾說過，補腦汁的配方交與你後，至今也沒有得到應得的那份紅利。黃楚九吃了一驚。但很快明白過來，其時也，上海這座冒險家的樂園裡有不少外國「癟三」混跡其中，尋找發跡的機會，沙遜、哈同（編注：沙遜（Elias David Sassoon）乃歷史悠久、馳名國際的猶太商人家族之一員，於一八五〇年來到上海發展。哈同（Silas Aaron Hardoon）亦為猶太裔房地產大亨，一八七二年來到上海，曾為上海最富有的巨商之一。）之流不就是這樣「大」起來的嗎？於是黃楚九當即口呼「親愛的小艾羅」，帶他到處遊玩，還領他到自己經營的中法藥房去「考察」，逢人便說「小艾羅來了」。結果全上海人都知道艾羅的後人找黃楚九要錢來了。玩了幾天後，黃楚九向小艾羅攤牌，鄭重其事地拿出一張紙，是黃楚九與艾羅的合約，並有艾羅的「親筆簽名」。合約表明，黃楚九已將艾羅應得的那份紅利交付了，以後任憑黃楚九使用配方。所謂的小艾羅一看，頓時傻了眼，他壓根兒也想不到，黃楚九居然將計就計，憑一張紙就治了他。

從此，民眾以為真有艾羅其人了，補腦汁於是更加熱銷。

黃楚九死後，有人在《申報》上寫文章說，黃楚九有兩個特點，一是勇敢，二是厚道。黃楚九確實稱得上勇敢，在他的事業中，無不充滿了敢於開拓，積極創新的精神。他首創「龍虎牌」人丹，與日本人的仁丹競爭，是勇敢；他在新新舞臺上創辦了上海第一家遊樂場——樓外樓屋頂花園，是勇敢；他以少量的資金以一邊開業一邊擴建的方式創辦大世界，也是勇敢，大世界最初的建築還是請孫玉聲和新文化運動健將劉半農參與設計的呢；他在大世界開創了男女同台演出京戲，是勇敢；在中國第一個租用飛機散發廣告，是勇敢；他還創辦了《大世界報》，天天出版，刊登娛樂新聞，力捧演藝界明星，在當時也是開風氣的事。但要說到「厚道」，很多人不會相信，其實此說也是有根據的，比如黃楚九曾在一九一九年河南大災時，派人前往災區，認養了一千個嬰兒。有人說他這是為了提高社會地位，那也不值得到河南去提高啊，那裡的人並不知道黃楚九和大世界嘛。有一次，大世界急報，有人要在大世界裡製造爆炸案，他馬上向巡捕房報了案，後來知道此人曾在他手下幹過，因嗜賭成性，輸光了錢，才鋌而走險幹出敲詐的事情。黃楚九一聽，馬上派人拿了錢找到他，囑他在巡捕房來之前快逃走。旁人不解，他就說：「我已對他九十九份好了，為何要在一件事上讓他記恨於我呢？何況，他也是無奈之下做了糊塗事。」

許多老藝人都是從大世界走出來的，小彩舞，姚周滑稽雙星、楊華生，以及剛去世的笑嘻嘻，至於京劇界就更多了。笑嘻嘻是九歲那年進大世界的，由蘇灘演員王美玉領著先見了黃楚九，與妹妹對唱，黃楚九覺得不錯，當場拍板在大年初一上臺演出，每月給八十五元。當時一個學徒的月規錢才不過四、五元啊。此事笑嘻嘻也撰文在《新民晚》報上談起過。

此文是談黃楚九與生煎饅頭的，怎麼一下子扯出這麼些枝蔓來？打住。但容我再補充一件事，說明黃楚九與上海飲食業的關係。黃楚九發跡前曾在城隍廟賣過眼藥水，對城隍廟的風情特別在意。那是在他建造了大世界後的某一天，再次來到城隍廟，並在春風松月樓吃素什錦麵，覺得此麵色香味俱佳，當場與老闆議定，在大世界共和廳開設素菜館，引進春風松月樓的風味，全部資金由黃楚九提供，素菜館只消輸出牌譽，負責經營。結果此舉大獲成功，天天門庭若市，大大提高了城隍廟總店的知名度。春風松月樓的徐老闆從中分得利潤百分之十。

在這場合作中，黃楚九是有點「黑心」的。不過我可舉一個例子，如果你在城隍廟買一塊寶玉石飾品，假定售價是一千元，還價至八百元，你以為自己撿了大便宜，而事實上出租櫃檯的商場——也就是業主——要從中抽取至少百分之四十，商家繳稅百分之十七，減去成本後還有多少呢？也就一百來元吧。

作為非物質文化遺產的美食

非物質文化遺產是農耕社會的產物，與數位化管理和機械化生產相抵觸。

前不久，有關部門一口氣推出了數百個非物質文化遺產，囊括了市民生活的每個角落，在吃的方面也沒有遺漏，連小時候吃得眼睛發白的奉賢鼎豐乳腐也榜上有名，讓我深感驚喜。小時候，我家不遠有一座造坊，是我們一幫野小子經常光顧的地方，很大的院子罩著玻璃天棚，灰濛濛的光線打在數十口大缸上，老師傅大多沉默無語地勞作著，一股鹹滋滋、酸溜溜而且濕漉漉的味道揮之不去，家裡燒菜用的紅醬油、甜麵醬以及吃早飯的什錦醬菜都是這裡做出來的。一個老師傅掀開大缸的杉木蓋，被我發現甜麵醬的表面上躺著一隻死老鼠，與醬瓜一樣的色澤。正當我毛骨悚然地尖叫時，老師傅抓起那只醬老鼠扔到一邊，在我後腦勺上猛擊一掌：「叫什麼叫，吃不死人的。」

現在，這種釀造技術成了非物質文化遺產。那個老師傅如果活到今天，他也不會相信，從理論上說自己就成了一個堅守傳統、打造經典的「文化人」了。

倒不是我對有關方面保護整理非物質文化遺產有什麼意見，事實上我是一直為之呼籲的，現在大家看看，我們隨便吃吃的楓涇丁蹄、高橋鬆餅、真如羊肉、王家沙本幫點心、南翔小籠饅頭、杏花樓月餅、功德林素菜甚至凱司令奶油蛋糕等，它們的製作技術都成了非物質文化遺產，這可是大好事啊。從今天起，如果你在城隍廟排隊買小籠饅頭，再也不要怨氣沖天了，因為你吃到的將是熱氣騰騰的老古董。

我不知道吃食的非物質文化遺產是如何定義的，照我想來，城隍廟的五香豆、梨膏糖也有資格入選，還有綠波廊的桂花拉糕、眉毛酥、朱家角的燻青豆……等等等等，簡直數不清。但是我還要說，這些可以吃的非物質文化遺產能否真正保持傳統的風味呢？難說。

首先，原料變了。比如做青團（編注：青團，又叫艾團，是一種用艾草做成的綠色糕團，常以豆沙為內餡，色澤碧青油綠，糯韌綿軟，甘甜細膩，清香爽口，從色彩到口感都有著春天的氣味，是清明與寒食節時南方民間的一道傳統點心。）所用的麥青，做松花團的松花粉都比較難找了。有一個糕團師傅告訴我，過去種植糯米時施的是農家肥，現在則以化肥謀求高產，粘性就不如從前，特別是糯米粉製作的糕團冷卻後，風味大遜於前。養豬的農民也不用泔腳（編注：餿水的意思。），而用顆粒飼料餵豬了，豬肉的味道就不如從前，如果丁蹄和鮮肉粽的口味不如記憶中的鮮美，不能怪今天的師傅沒有本事。

其次，在激烈的市場競爭下，農耕社會的操作方法被機器操作所取代也是不可違背的大趨勢。手工擀皮子的餛飩再也吃不到了。過去包湯糰用的是水磨粉，現在機器磨粉，又快又輕鬆，你再叫老師傅手推石磨一圈圈轉，他肯定要罵娘了。過去燜燒丁蹄用的是農家大灶，燒油菜稈、棉花稈之類的硬柴，火焰長而能軟綿綿地包住鐵鍋四周。焐得透，丁蹄自然酥而不爛。現在用煤氣，火頭短而急，鐵鍋受熱不均勻，就達不到過去的境界了。

還聽説，包粽子也實行機械化了。弄堂裡老太阿姨團團坐包粽子的風情永遠成了一張老照片。

其三是風味小吃的生態發生了改變。過去風味小吃的生存與城市的文化娛樂環境密不可分，比如可以在茶館裡吃到擂沙圓、倫教糕（編注：即白糖糕，始創於明朝時廣東的倫教一地。晶瑩潔白，質地爽滑。）、鴿蛋圓子、五香豆等，現在傳統茶館為現代化的茶坊所取代，三五知已小酌的酒樓也被現代化的酒店所取代，傳統書場和戲院都不復存在，在大劇院裡連喝口水都會找來麻煩。

風味小吃還與叫賣聲一起構成市井風情，現在都化為表演性質的歌謠了。前不久英國某文化機構評選上海最值得記取的十大聲音，街頭巷尾叫賣小吃的聲音昂然入選，這也是對風味小吃文化內涵的肯定。

小吃在寬泛的層面上還屬於非物質文化遺產，那麼，活態的傳承就是保存這份記憶的最佳形式。但這檔事情不以你我的意志為轉移了。

所以我們要想明白，非物質文化遺產是農耕社會的產物，與數位化管理和機械化生產相抵觸。歷史的潮流滾滾向前，我們在保護與享受非物質文化遺產的同時，不必像孔夫子那樣哀歎「觚不觚，觚哉，觚哉」，但盡可能地參與包粽子、包湯糰等手工勞動，既可借機會與家人歡聚一堂，打打鬧鬧，又能對手藝精神保持一分敬畏與尊重。手藝精神是屬於形而上層面的，比食物本身提供的滋味更值得珍藏並傳給下一代。

吃什麼都有個理由

今天上海成了國際大都市，主動與國際接軌的願望非常強烈，許多節令時俗都退出了世俗生活，外來的情人節、耶誕節、愚人節，甚至感恩節、復活節在商家的策動下倒鬧得轟轟烈烈。

中國人總喜歡通過咀嚼某種食物來紀念（含念想）一件事、一個人，或者就是為逢熟吃熟找一個理由，這是農耕社會留下來的習氣。

紀念人的吃食有清明的青團——其實要上溯前兩日的寒食節，紀念一個愛惜羽毛、不肯與政府合作的知識份子，後來被更傻的國王放火燒山燒死了。因為火在這起事件中是「大規模殺傷性武器」，所以古人逢到這個日子就不舉火，全家吃冷飯團，後來以青團代替。

端午的粽子——紀念一個與介子推政治訴求相反、但同樣迂闊的古代知識份子蹈江而去。這個節日紀念的人還有替父復仇的伍子胥、為操練水軍而創設龍舟競渡的越王勾踐、威震西域的伏波將軍馬援、投江救父的曹娥和捉鬼的鍾馗、《白蛇傳》裡的白娘子。一個節日與這麼多人發生關係，可見中國人真會軋鬧猛（編注：指圍觀、獵奇、湊熱鬧、管閒事。）！

七夕的巧果——紀念神話中的一對戀人：牛郎和織女（農耕社會的勞模），吃了巧果的姑娘們可以在月光下玩遊戲，比如對著月光將五彩絲線穿過針眼，穿過者據說可以「得巧」。

到了九九重陽節，重陽糕就擺到了糕餅鋪的櫃檯上。方方正正的豆沙餡米糕上插了三角形的紙質小彩旗，以此來想念漂泊在外鄉的同胞及親友。

何謂重陽？《易經》中把奇數視為「陽數」，偶數視為「陰數」，「陽數」中的「九」又被視為「極陽」，那麼九月九日是兩個「極陽」相遇，是謂「重陽」。重陽是兩剛相克，是一個叫人坐立不定的日子，所謂「厄日」。登高和在手臂上繫上茱萸據說可以避災解厄。重陽節是這麼來的。那麼插茱萸又如何與思念親人發生關係呢？「遙知兄弟登高處，遍插茱萸少一人。」「明年此會知誰健，醉把茱萸仔細看。」王維和杜甫的這兩句詩成了千古流傳的名句，不會沒有道理吧。原來唐代的文人登高和插茱萸都要結伴而行的，類似今天的秋遊。加之「厄日」當前，臂插茱萸之餘也會思念在外面撈世界的親友，有點「有福同享，有難同當」的意思在裡頭。到了宋代，這個風俗中就增加了吃糕的節目。重陽糕上插一面剪綵小旗，據民俗學家考證，就是象徵登高和插茱萸。小時候不知道一個節日還有這麼多講究，只知道解饞，玩耍小彩旗。

去年重陽節，南京東路上老字號沈大成門口，買重陽糕的市民排起長隊，令人欣喜的是，其中以小青年居多，一買就是數塊，帶回家孝敬父母。理由是平時關心父母不夠，一塊重陽糕或許可以彌補少許遺憾。這至少說明，重陽這塊米糕的傳承作用還是蠻強的。

舊時上海還流行吃菊花茱萸浸泡的新酒，下酒菜是什麼呢？「九月九，蟹逃走。」大閘蟹是最好的下酒菜。

紀念事件的則有：中秋節的月餅——紀念一個美女的出逃，這一天的吃食還有芋艿毛豆，糖芋艿一定要放紅糖才有風味。

立夏的蛋——紀念孩子的茁壯成長，因為要稱體重啊。這在過去可不是一件小事啊，我看過一幅老漫畫，是將孩子的手腳縛起來，就像縛豬玀一樣，縛好了吊起來稱。如此大動作，孩子不哭才怪呢，故而用一隻白煮蛋表示慰問。經濟條件好一點的人家還要吃梅子、櫻桃、鹹蛋、黃魚、草頭攤粞等。

為什麼在這個時候在稱體重呢？因為孩子在進入夏季後可能胃納欠佳，人會消瘦，俗稱「疰夏」。稱體重賽過存檔，以便日後觀察孩子的成長情況。我看到過一首竹枝詞：「麥蠶吃罷吃攤粞，一味金花菜割畦。立夏稱人輕重數，秤懸樑上笑喧闐。」它記錄了上海郊縣的農民在立夏流行吃新磨麥粉拌飴糖製成的「麥蠶」與草頭拌米粉攤餅的習俗。據說孩子吃了「麥蠶」可以避免「疰夏」。

端午除了粽子外，這一天還要吃雄黃酒、雄黃豆，據說為了避邪——端午節是有雙重使命的。小時候我比較屬意盛裝雄黃的小瓷瓶，比鼻煙壺還小巧呢，上面還用青花寫了幾個草書，握在手裡可以玩很久。春分吃撐腰糕，紀念春耕，其實是為了積點力氣苦幹實幹。秋收後吃新麥饅頭、新麥餅，紀念豐收。

浴佛節——今天知道的人不多了，紀念佛教傳說中悉達多太子在藍毗尼園無憂樹下降生時九條金龍口吐香水洗浴其身的事情。後來演化為在中國的寺院裡，這一天用潔淨的香水洗浴佛像。這本是僧人的事，關你什麼事？但中國的信男善女們將這個節目與目蓮救母的故事聯繫在一起，傳說目蓮看到母親入了餓鬼道，於是送飯給她吃，不過飯粒馬上變成點點火花。目蓮回來詢問師父，師父告之：「你母親罪孽深重，必須一心懺悔，方能脱厄。」後來目蓮奮力將母親救出。所以這天也被上海民間稱為「報娘恩」，就得想法子吃一回了。吃什麼呢？吃烏飯。用烏柏樹葉染飯，使之青亮有光。

農曆七月十五是中元節，也叫鬼節、祭祖節、盂蘭盆會，是佛道兩教共有的祭祀祖靈和亡靈的傳統節日。這一天，在南方地區，比如上海舊時，就演變成對孤寡老人的關愛，人們爭相給老人送錢送吃的，或接他們到自己家來吃一頓好飯，表示敬意，積善行德。有捏麵人，麵人用糯米粉加紅豆粉、芝麻、山丹花、玫瑰片等做成，可以玩，可以吃，孩子最喜歡。今天城隍廟裡還有捏麵人的攤頭，總是圍著一撥孩子，看藝人靈巧的手如何於一瞬間變出一個孫悟空或外星人來。想想吧，從梁武帝那會就有這個習俗了。

冬至節亦稱交冬、亞歲、一陽節、賀冬節等，名堂還不少，上海民間有「冬至大於年」的說法。看起來這個節日是與陰極之至、陽極始生的季節更迭有關，但在周代是祭神的節日。到了清代，這一習俗還在帝京保留著，宮中要舉行郊天大祭，在舊時上海，也敬祭祖先，祝禱全家平安。還有「立夏餛飩冬至麵」一說，冬至吃麵以對應「一天長一線」的俗諺。但也有吃餛飩的——那真是混吃了。

吃冬至團倒是老城廂的舊俗，還記得我們弄堂裡的一些小康人家吃冬至團，糯米粉為麵團，內包豬肉、薺菜、蘿蔔絲、豆沙等餡，蒸熟了上供，也送鄰居分享。後來就演變為吃湯糰。城隍廟寧波湯糰店從這天起到元宵，進入了湯糰的巔峰時刻。堂吃，擠得裡三層外三層；外買，要排一個多小時的長隊。三九天（編注：所謂「三九」，是從冬至次日算起，每九日一數，第三個九日為三九，稱作「三九天」。三九天是一年中最冷的時候。）哪，西北風呼呼地在九曲橋上打旋，直往人堆裡猛軋，小小湯糰來之不易。

有錢人家還吃人參燉老母雞，吃桂圓燉蹄髈——那是甜的！聽聽都翻胃。

還有就是臘月初八吃臘八粥，本意歡慶豐收、感謝祖先，順便向門神、灶神、戶神、宅神、井神等表示衷心感謝，後來才演變為紀念佛祖艱苦修行成道。年根歲末，滴水成冰，一碗熱粥下肚，足以豪情滿懷迎接新的挑戰。

眼睛一眨，臘月二十三灶神節到了，那一天簡直就是全民總動員，引導老百姓向灶王爺和灶王娘娘行賄。在上海城鄉常用元寶糖上供，這種糖是用飴糖製成的，一寸來長，寓意「稱心如意」，而元寶的形狀就是發財了。還有一種吃食是「送灶團」，用糯米粉（另一半染色）製成紅白相間的團子，象徵陰陽和合，糖和糯米都是甜的，用來粘住灶王爺的嘴巴，讓他吃了嘴軟嘴甜。祭品中茨菰、地力、老菱是不可少的，這些吃食分別代表「是個」、「甜來」、「老靈」的意思，在上海老百姓的想像中，灶王爺向玉皇大帝反映社情民意時使用的工作語言也是吳方言吧。

送走了灶王爺和灶王娘娘，就開始打年糕了，有紅白兩種，扁而方。上海人打的桂花糖年糕是相當好吃的，油煎後真的很粘牙。

除夕那天「一夜連雙歲，五更分二年」，紀念舊年將逝，新年將至，這一夜天上人間，人神一起歡騰喧鬧參加大派對。老百姓的吃食以年夜飯主打，供品也非常豐富，過去還有飲屠蘇酒（編注：相傳是漢代名醫華佗的發明。李時珍的《本草綱目》認為該酒有防病作用，如「元旦飲之，避瘟癘」。按照中國的傳統習慣一般飲酒應該老年人先喝，但屠蘇酒從年輕人開始喝，最後才是年長者，是希望老年人返老還童的意思。蘇軾有「但把窮愁博長健，不辭最後飲屠蘇」的詩句，表明自己不怕老。）的習俗，屠蘇酒裡浸泡著細辛、乾薑、大黃、白術、桔梗、蜀椒、桂心、烏頭、防風、花椒、肉桂等中藥材，味道好不好且不論，飲時須從年齡最小者開始，最後是年最長者頷首含笑「一口悶了」，所謂「一人飲之，全家無疾」。此種全家福情景既世俗又詩意，如果家裡出一兩個窮酸文人，說不定還要胡謅幾句呢。

舊時上海城裡人所謂「正月半夜薺菜圓子肉餛飩」，口彩叫做「財亨餛飩」或「包財」，餛飩的外形很像一隻元寶。包好餛飩後在床前床後放兩隻，據說可以包住跳蚤和蝨子，稱之為「包蚤虱」。

今天上海成了國際大都市，主動與國際接軌的願望非常強烈，許多節令時俗都退出了世俗生活，外來的情人節、耶誕節、愚人節，甚至感恩節、復活節在商家的策動下倒鬧得轟轟烈烈。作為國粹的除夕還在老百姓心裡撐著，但民俗的意義早已淡化，守歲演變為一家老小都擠在電視機前看春晚，與本山大叔（編注：趙本山，中國大陸家喻戶曉的喜劇演員，以幽默小品與東北二人傳成名。從一九九〇到二〇一一年，趙本山連續二十多年來都在春晚中表演喜劇小品，蔚為春晚的經典戲碼之一。）一起傻笑，吐一地的果瓜殼。要不就打麻將、鬥地主。待到鐘聲一響，家家點燃爆竹，將整座城市弄得硝煙彌漫，像遭到美軍轟炸機修理的巴格達一樣。

在我小時候，弄堂裡的阿婆還講究在春節吃水潽蛋，而且必定是成雙的。綿白糖放得也比平時多，甜得發膩。

這一天，南方年糕北方餃，大概已經不稀奇了。

正月十五元宵節，也叫上元節，吃湯糰。本地人吃薺菜肉湯糰，個兒大，四隻盛一碗就滿了。安徽人吃鮮肉湯糰，也是賽梨大的。我們家吃寧波湯糰，小巧如鴿蛋。

一壺濁酒喜相逢

一種風俗歷經數十年數百年而不變，並不奇怪。難得的是，經過數次翻天覆地的政治運動洗禮後還能輕易復原，就值得研究了。今天的學者開始研究文化的軟實力，我以為南方人站著喝酒的形式就屬於這種軟實力。

舊時上海灘上有些小酒店是極具風情的，余生也晚，到了我開始有意識地觀察社會時，已所剩無幾。不過我老家十字路口還剩下一家，香煙、糕點、糖果兼零賣甏裝酒。十幾隻老酒甏疊成三四層樓，走近可聞到濃郁的酒香。家裡來了客人，母親就會叫我去拷一斤甲紹或加飯來（編注：「拷」字是上海方言，形容從盛器中將液體提出來，類似北方方言中的打酒的「打」字。加飯是指紹興加飯酒。）。五茄皮有藥味，我家從來不進門。七寶大麯和綠豆燒都太醺，也不進。果子酒有甜味，節日裡我們也會買一斤來，全家人分來喝，但那種劣質的果子酒，喝了口很乾。

這家小店的經營方式是蠻有趣的。每天上午，有一個阿姨從菜場裡買一些豆腐乾、發芽豆（編注：即蠶豆。蠶豆做菜要先用水泡，因為硬所以泡的時間非常長，豆子本身還會冒出一小顆芽，所以叫發芽豆。）回來，間或有一隻雞、一隻鴨、十幾枚雞蛋，一道道燒好後冷卻，改刀後裝盆，一盆盆疊在桌子上，再罩上一個玻璃罩。夜幕降臨，晚風徐來，路邊擺開了兩張八仙桌，挑出一盞燈，酒鬼們就三三兩兩來了，點一隻冷盆，燙一斤酒，可以吃到很晚。

說起酒店，過去比較有名的是豫豐泰、言茂源、王寶和、王裕和、永濟美、同寶春、全興康、王恒豫等。王恒豫坐落在南市董家渡路，是上海酒店業的老大哥，王寶和至今還沾沾自喜地號稱酒祖宗、蟹大王，一個蟹季做成的生意夠吃一年了。這些酒店供應的酒均以黃酒為主，太雕、花雕、金波、玉液、善釀、香雪、加飯等。舊時酒店中計算酒的方法，普通都論斤，但多數酒店的下堂則講「開」，一開酒約為四兩。酒客若走進酒店，吩咐酒保來一開酒，酒保便知道是一個老吃客，不敢怠慢。

老城廂裡的酒店應該也不少。陳存仁在《銀元時代生活史》中寫道：「酒店，南市很多，是專門供應熱酒為主，門前都擺滿了作為下酒的小菜，不外乎發芽豆（俗稱獨腳蟹）、鹹水毛豆、鹽緊豆、豆腐乾、拌海蜇、拌烏筍等，隨客取用，每碟不過銅元二三枚。在這類酒店中，約三五知已小飲，要是由一個人會鈔的話，也不會超過大洋一元。如此看來，在那時的上海南市的人，生活是很簡單而舒適的。」

在我記事時，還看到不少酒店像魯迅筆下的咸亨，有一張曲尺形的櫃檯，大家圍著櫃檯喝酒。今天開了好幾家分店的紹興飯店，是由一對浙江上虞的青年夫婦在八〇年代到上海後開的，最早是一家紹興土特產商店，兼賣酒，上海的紹興籍客人慕名而來，圍著櫃檯喝酒，以一兩碟鹽水花生、黃泥螺、茴香豆下酒，用鄉音交談，他們認為這種形式是最最愜意的了。

一種風俗歷經數十年數百年而不變，並不奇怪。難得的是，經過數次翻天覆地的政治運動洗禮後還能輕易復原，就值得研究了。今天的學者開始研究文化的軟實力，我以為南方人站著喝酒的形式就屬於這種軟實力。

在櫃檯前喝酒的客人都是好酒量，兩斤三斤不算什麼。下酒菜是不講究的，不過到了菊黃蟹肥時，酒店的生意也進入一年中的高峰，持螯痛飲誠為人生一大快事。一些社會名流也相約而至，微醺後吟詩賦詞，留下不少佳話。比如民國初年的小說家許指嚴，每天必到言茂源喝酒，而且必定是賒帳。後來手頭拮据，眼看還不出酒家的酒錢了，就偽造了一部《石達開日記》賣給世界書局。當時知識界和媒體都不像今天那麼眼尖，一般讀者也當故事讀，結果這部奇書一印再印，倒讓他發了一筆小財，可以連醉數載了。

這些軼事都是老上海告訴我的，等到我本人開始對酒店發生興趣，已經提倡移風易俗革命化了。不過老家街角的那家身兼數職的小酒店，到了秋風起、蟹腳癢的時令，還能頑強地支撐起舊時酒徒啖蟹的場面。

入夜後，小酒店門前燈火輝煌，三夾板鋸成的大閘蟹模型高懸著，線描而繪彩，蟹眼處嵌一對電燈泡，閃爍調皮。沿馬路擺開八仙桌和鐵絲蟹籠，蟹們在籠子裡吐泡沫，橫爬豎跌，在臨死前策動最後一次越獄。酒鬼觀察半日，選中一隻「黃毛金爪玉白三層樓」，夥計即五花大綁後稱體重，然後報價，拿進去「法辦」。須臾，通紅地端上桌來，再燙半斤甲紹。酒鬼們將一條腳擱在長凳上邊吃邊聊，構成六〇年代老城廂街頭一景。

由老家門口的小酒店開始不自覺地觀察社會，我後來又在淮海中路近瑞金路的那段上看到一家酒店，店名叫茅山酒家，原名叫茅萬茂，三開間門面，貨架上擺滿了來自祖國各地的名酒，貨櫃下還有一甏甏散裝酒。店堂朝路面的一角是冷菜間，陳列著滷蛋、豆腐乾、發芽豆、肉滷百葉結、燻魚、白肚、豬耳朵、醬鴨、白斬雞，還有「大轉彎」——尚未改刀的雞翅膀，因是活肉，加之有骨有皮，誠為下酒妙品。店堂裡擺了兩張八仙桌，酒鬼們濟濟一堂，呷酒抽煙，高談闊論，或者只顧自己傾訴，而不在乎別人是否在聽。

還有一家在南京東路近福建路，店名叫新建，也可能叫建新吧，反正也是酒鬼們的樂園，不同的是底樓只賣瓶酒，二樓才是店堂。這兩家酒店在「文革」時也沒有停止經營，在運動一個接一個的火紅年代，上海兩條最著名的商業街上居然還為酒鬼們留下一席之地，想想真有點不可思議。但最讓人不可思議的是雲南南路上酒鬼們酗酒的生動場景。

「文革」初期，大家有一度熱衷於調換毛主席像章，我被年齡稍大一點的鄰居拖去以壯行色。雲南南路近金陵東路口，就是大家調換像章的地方。三九嚴寒，西北風呼呼地刮著，一堆人擠作一團，神情緊張但又興致盎然地交換著，還有人望風，防止員警突然「拉網」。「大頭」、「小方塊」、「四個偉大」、「大海航行」……嚴肅的領袖像章被他們以極不嚴肅的簡稱代替，而且說出來極順溜，使我從緊張的氣氛感受到了平民的詼諧，擠在大人堆裡也感到很受保護。

稍長後，我就對這裡的情況有所瞭解。雲南南路兩邊搭了不少違章建築，開了飲食店，有些店家還供應熟食與酒，還有澆頭麵、陽春麵與春捲，早市從淩晨六點開始，夜市從下午四點就忙開了，一直供應到次日淩晨兩點收市。許多酒鬼就在下午四點鐘趕來，一天的美好時光就從他們那對血紅的眼睛中開始了。

後來一些老上海告訴我，這一帶在解放前有三個「多」。一是旅館多，這個局面在上世紀七〇年代還沒改變，舉目望去，雲南南路上就有五六家旅館，如果延伸到浙江路和廣西路，還有十幾家。這些旅館都是老房子，走在老舊的、柱頭和板牆上佈滿花飾的甬道上，腳步聲空洞而迴響久遠。二是堂子多，汕頭路、四馬路——也就是福州路——過去都是妓院。那一帶弄堂裡，一幢幢石庫門房子鑾堂皇的，但在過去都是台基，是妓女在家裡接客的場所。這當然算是高檔的，比她們檔子低的是野雞、鹹水妹（編注：最早是香港、廣東一帶對專做洋人生意的妓女的稱呼。據說因為她們通常都在停泊在海外的船上接客，而海水是鹹的，故有此稱號。）——專做洋人生意的，慘的是釘棚，年老色衰，靠在電線桿上拉客。湖北路福州路一帶過去有專營女鞋、同時也為妓女所青睞的小花園布鞋店，還有專賣化妝品的香粉弄以及妓女進香祈福的紅廟。三是戲院多，在我有意識瞭解社會時，除了大世界、共舞臺、天蟾舞臺、大舞臺外還有許多小型戲院，三〇年代極一時之盛的滿庭芳就在湖北路口。

這「三多現象」，是當時流動人口集中於此的證明，也是餐飲業、旅館業和娛樂業繁榮的反映。想像一下輕歌曼舞、羽衣霓裳的盛景，享受到邊際效應的雲南南路焉能不人頭攢動？至於福州路文化街，當時沒有這個說法，買點文房四寶和舊書，出版幾張小報又怎樣？

這個「傳統」一直保持到上世紀七〇年代。其時也，雲南南路一到夜幕降臨，就成了酒鬼的樂園，酒鬼們披著油垢深重的空殼棉襖，趿拉著鞋，籠著手來了，臉上洋溢著知足的笑容，跟誰都是親兄弟似的，罵娘，扔香煙。酒鬼們天天喝，沒有太多的錢，所以通常都是這樣安排的：一支小炮仗（編注：白酒名。），一碟辣醬或五香豆腐乾，再加一碗麵，從下午四點起要坐到晚上十二點多甚至次日淩晨。更讓人頭痛的是，他們喝醉了就要吵鬧，打架，掀桌子，啤酒瓶飛來飛去。小酒店的牆上最最醒目的是最高指示「發展經濟，保障供給」和派出所電話號碼。

當然，也有個別優秀的酒鬼，他們一點也不張揚，從不誇飾自己的酒量，一杯酒在手，深深抿一口，然後看著前面的虛無，度數再高的酒也不在話下。喝到最後一口依然從容不迫，只有眼睛裡的血絲暴露出整個過程。

晚上九點以後漸入佳境，酒鬼們個個眼睛通紅，語無倫次，剛才還勾肩搭背地同吃一盆豆腐乾，一語不合就扭打在一起了，在地上滾來滾去，一直滾到店門外，身上沾滿了污水和痰跡，還沒有歇手的意思，力氣所剩無幾了，旁觀的酒鬼急了，提示攻擊對方的軟檔，或用激將法挑逗他們再打，出重拳。也因為一語不合，旁觀的酒鬼打起來了。於是一場混戰，天昏地黑，猿哭狼嘯。

酒鬼們打累了，個個鼻青眼腫，就像《水滸》裡描寫的那樣，一個個像開了醬油鋪。我看著他們，心在顫抖，眼睛酸脹，蓄滿了淚水，高爾基小説裡描寫的沙俄時代工人們酗酒的情景很自然地疊化在他們身上。我發出一聲聲歎息，因為這些酒鬼都是生活在社會最底層的工人，他們都屬於最最先進的無產階級啊！

後來，鬧得實在不像樣子，派出所民警和拖著長矛的「文攻武衛」有過幾次行動，衝進店堂，不由分説地將所有顧客都推到牆邊站好，然後稀裡嘩啦一陣鼓搗，酒瓶倒了，碗碟砸了，酒鬼們統統被押上卡車，誰要是強頭倔腦就一頓暴打。「文攻武衛」打起人來心狠手辣，長矛專朝酒鬼的腰眼裡捅，員警倒不動手。再後來，公安局規定這條街上所有飲食店在晚上十點鐘以後不准賣酒，包括啤酒。

八〇年代初，禁令有所鬆動，酒鬼又興高采烈地喝通宵了。雲南南路上的一些飯店經過裝修，環境明顯改善，酒鬼們也湧現出新生代，喝酒的腔調一脈相承，那些女酒鬼更是青出於藍，在沒有座位時就一骨碌坐在男酒鬼的大腿上。群眾反映，她們的裙子裡不穿內褲。

八〇年代中期，有關方面在雲南南路兩頭兩腦豎起了牌坊，正式命名為大世界美食街，民間的叫法是雲南南路美食街，所有的飲食店都經過了脫胎換骨的裝修，供應品種的檔次也提高了，小紹興白斬雞成了中華名小吃，鮮得來排骨年糕也移至此處供應，小金陵鹽水鴨的味道不輸於南京。在這種貌似正經的格局下，小老酒就不再供應，酒鬼們被迫轉移到別處鬧去了。

有一次我很偶然走進雲南中路一家飲食店吃早點，看到一幫酒鬼百無聊賴地坐著喝酒。上午九點多模樣，不是喝酒的正當時光，穿著邋遢的酒鬼們將兩張八仙桌拼起來，沒有菜，只有一把西瓜子散落在油滋滋的桌面上，每人面前的杯子裡已所剩無幾。他們坐著，不時向門外張望，我知道他們是在等下一個酒鬼進來入夥，再買一盆熟菜，將幸福的時光延長。

人散後，一鉤新月天如水

隨著生活方式的改變，傳統意義上的茶館和老虎灶退出歷史舞臺是不可避免的，但在老百姓生活中留下美好回憶的東西總是讓人懷念的，這就是歷史常常於一般人來說不盡情理的地方。

豐子愷為我們留下了一幅好漫畫。畫面上，靠窗一張桌子，桌上一壺茶，幾隻杯子，竹簾捲到一半，看得到窗外一輪細細的新月。題畫是宋人的句子：人散後，一鉤新月天如水。

雖然畫面中沒有一人，但仍可想見晚風輕拂的夏夜，三五知己如約而至，品著香茗，推心置腹聊天時的情景。及至半夜意猶未盡，或許還吃了一些女主人端上來的點心，然後各自回家。空蕩蕩的屋內頓時安靜起來，但分明讓我感到漲滿胸懷的惆悵。

靜物畫的最高的境界是每件物品都被賦予了人的精神，那種空間和色彩無不充滿人的情懷。大師的這幅漫畫舉重若輕地登臨了這個境界。

今天，人已散去，上海老茶館的人情物景還被多少人鐫刻在心底？想起這個話題，我同樣泛起一陣惆悵。

我認識老茶館，從家門口開始。出弄堂，往右拐，十字路口開著一家茶樓，底下一開間門面，坐著一個黑黜黜的老虎灶，門前常年堆著一堆煤渣，潑了水，風就不能把煤灰吹得昏天黑地。老虎灶旁邊有一條窄窄的木樓梯通到樓上，放學回家時，我喜歡從老虎灶面前走過，這樣就能聽到樓上傳下來的說書聲，有時說書先生冷不防地將驚堂木一拍，把我嚇一跳。仰頭看，窗外掛了一圈鳥籠，嘰嘰喳喳甚是熱鬧。

終於有一天，我約了兩個同學上去看了一眼。因為地處街角，茶樓的店堂就呈扇形展開，靠窗口一溜八仙桌，中間還散置著幾張，每張桌子周圍都坐得滿坑滿谷，有些老茶客為圖舒服，還將腳擱在長凳上。堂倌提著紫銅水壺腳頭輕快地穿梭在桌子之間，極準確地將一線白亮的開水注進一把把紫砂壺裡。說書先生是個老頭，胖胖的，穿一件竹布長衫，正唾沫橫飛地說著《三國》。茶漬斑斑的白桌布上擱著一把紫砂壺，每當他猛拍桌子時，壺蓋就會跳一下。大概這還不過癮，手裡的摺扇一會兒嘩地展開成了一片雲，一會地呼地收攏變成一桿槍，看得我們眼花繚亂。時已初夏，茶客喝著茶，散漫地聊著天，靠窗的幾個老頭打起了盹，發出輕微的鼾聲，口涎把鬍子弄得精濕。唯一不知疲倦的是窗外籠子裡的小鳥，依然叫個不停。

帶有蘇北口音的《三國》並不好聽，我們很快就下樓了，相比之下，在弄堂裡玩官兵捉強盜更有勁些。但是那個情景卻永遠印在我的腦子裡了。我甚至還想像我的老年：不妨騎一輛自行車，車把上掛兩個鳥籠，籠子一定要有繡著白花邊的青布遮蓋著，以防小鳥受到驚嚇。到了茶樓，停了車，提著鳥籠上去，找一個靠窗的老位子，把鳥籠掛到窗外，並將對外的那扇布簾撩起來，讓小鳥看得見野景而看不見相鄰的同類，這樣它們就不會為了爭鳴而叫得精疲力竭甚至髒口了。這些小鳥通常是百靈、畫眉、臘子、八哥、繡眼，那時候誰要是養一對中看不中用的芙蓉，真要被同好笑死了。

讀到小學三年級時，突然有一天，這個茶樓就像太平間那樣，一點聲音也沒有了。有幾個老茶客不知情，還提籠架鳥地來喝茶，未料從暗處衝過來一幫紅衛兵，奪過鳥籠就往地上砸，鳥籠散架了，小鳥驚飛了。直到幾天後，還有一個老茶客在十字路口想把他的小鳥叫回來。他把一個鈕扣大小的銅哨子含在嘴裡，發出的聲音非常婉轉，他叫一聲，樹上的小鳥就應一聲，但始終不肯飛到他的肩上來。

從這個時候起，老茶館就像是遭了一場大火，沒了，只留下老虎灶的煙囪還在突突冒煙。

到老虎灶泡開水，是每個有石庫門房子生活經歷的上海人的溫馨回憶。特別在天寒地凍的三九天，提著燙婆子（編注：一種可盛熱水的暖瓶。）向那個亮著燈光的老虎灶走去，那裡已經有三五個人排著隊了，因為泡開水的人太多，水來不及燒，此刻的水還不見氣泡，灶頭上的師傅把緊了銅籠頭硬是不肯讓未沸滾的水出售，一分錢裡可見傳統的職業道德，如今說來是有點迂腐的。在有些老虎灶裡，在夏天還讓老茶客洗一把混湯浴。在灶頭的後半間屋子裡，一塊布一隔就是澡堂了，賽過採菱船的大木盆灌滿了熱水。三兩個老頭子跳進去泡得渾身酥軟，然後滿臉通紅地出來，在老虎灶門口臨時支起的小桌子上喝一壺茶。茶館沒有了，但是茶館的意識是很難在老人生活中消失的。

我喜歡看灶膛裡落下的星星點點的煤屑，在積水裡發出輕微的聲響，我也喜歡看屋頂上的煙囪躥起星星點點的火花，在深沉的夜色裡像一個個快活的小精靈。坐鎮老虎灶裡的師傅總是胖乎乎的，愛說笑話，手裡托著一把滿是茶垢的紫砂壺。

後來，泡一瓶開水要三分錢了，老百姓對此有些意見；沒過幾天，乾脆要一角錢了，老百姓發現提意見等於放屁，就很識相地不嚕嗦了。再後來，老房子拆的拆了，修的修了，煤球爐換成了煤氣灶，燒水就比以前方便多了。燙婆子也被一種扁扁的電爐子代替了。我結婚時，媽媽知道我向來怕冷，就給了我一個燙婆子，但一直沒用過。泡開水和泡燙婆子的人少了，老虎灶的生意清淡得真淒慘，關了吧。於是老虎灶也漸漸地少了，前些年，媒體終於有了消息：上海市區最後一個老虎灶消失了。但不久又有一張報紙披露：最後一個老虎灶在北海路浙江路口，程裕新茶莊隔壁。我趕去一看，已經被程裕新茶莊「吃」了下來，擴充為茶室。

隨著生活方式的改變，傳統意義上的茶館和老虎灶退出歷史舞臺是不可避免的，但在老百姓生活中留下美好回憶的東西總是讓人懷念的，這就是歷史常常於一般人來說不盡情理的地方。所以就有了懷舊這帖苦藥，在微雨斜吹或陽光淡薄的下午，幾個老式的人相對而坐，用記憶中的話語慢慢煎熬，醫治彼此的心病。

轉眼間，我已經人到中年，而且在情趣上更接近老上海，也因此有機會與石庫門裡的老人們同喝一壺茶，聽到了一些我們這個城市裡有關茶館的舊事。

據徐珂編的《清稗類鈔》記載，上海的茶館始於清同治年間，當時有三茅閣橋臨河而設的麗水台、南京路的一洞天，福州路上的青蓮閣也是差不多時候建起來的。而我的朋友楊忠明考證後認為，應以麗水台最先。他還說，當年茶座中還有「繞樓四面花如海，倚遍欄杆任品題」的對聯掛著，是當時文人雅士、闊少富紳流連之地。其時還有歌詠道：「茶館先推麗水台，三層樓閣面河開，日逢兩點鐘聲後，男女紛紛雜來坐。」

當時，那些茶館裡還可以吸鴉片。到了光緒年間，廣東人就在河南中路一帶開了同芳茶居，除了茶，還供應茶食糖果，一大清早還有魚生粥，中午則有各色點心，到了晚上，就有蓮子羹和杏仁酪賣。不久，同芳茶居對面又開了一家怡珍茶居，除了點心，兼賣煙酒。廣東人總是開一時之風氣的。

而老人們有點固執地認為：書裡說的不錯，但是說起茶館，應該先從南市開始。除了年代久遠的湖心亭外，素負盛名的茶館應該還有群玉樓、樂圃閬、船舫廳、鶴亭、四美軒、春風得意樓。

春風得意樓的名字大約取自唐詩「春風得意馬蹄疾，一日看遍長安花」，頗有討口彩用意，它初名玉泉軒。民國元年在三穗堂前，也就是現在豫園售票處的位置，又建成了三層樓的樓房，並將門窗做成西式風格，甚至配了羅馬柱，效果比較搞笑。那時的春風得意樓與湖心亭、九曲橋、荷花池共屬一個景區。

這個老茶館開設於光緒年間，因為屋宇敞亮，又可憑欄張望，到城隍廟裡燒香的香客和一些許願的妓女也來到此處喝茶休息，這情景在四馬路的青蓮閣或許不足為奇，但在相對保守的老城廂就引起了不少非議，加上老茶客的哄傳，城裡的保甲總巡大人就在光緒二十四年元宵節的前一天，以茶館男女混雜有傷風化為名，派一幫團丁前去將春風得意樓查封了。後來，精明的老闆花費三百兩紋銀打通關節，幾天後又恢復營業了。不過茶館從此改變經營方向，竭力招徠一批商家賈客來茶館晤談生意，把茶館逐漸變成交易所或公所。每天清晨起，頭戴瓜皮小帽的布業、豆業、錢業、糖業等各色商貿進進出出，絡繹不絕。

老茶客入座時也別有功架，要茶不開口，用手勢表示：食指伸直是綠茶，食指彎曲是紅茶，五指齊伸略微彎曲是菊花，伸手握拳是玳玳花，伸小指頭，那就是白開水了。忠明兄告訴我，那時的茶館還有一套行業術語，俗稱切口，比如茶博士相互通報情況時，一、二、三、四、五，叫做搖、柳、搜、掃、崴，茶葉叫「淋枝子」，好茶葉叫「尖淋」，次茶葉叫「念嘬淋」，客人叫「年子」，來客叫「入窯兒」等，一般人是聽不懂的。我以為，舊時茶館與幫會都有很深的淵源，這種情況也是幫會文化的體現吧。

舊時上海的各行各業喜歡以茶樓為洽談生意的場所，晚清至民國的商界先後在青蓮閣、長樂茶園、一樂天、品芳樓、四美軒等處集聚。一洞天則是傳媒業的中心。混跡於茶客中的還有一撥人稱「白螞蟻」的人，他們是專做房屋租賃生意的掮客，每介紹成功一筆業務，就在頂費中抽取十分之一的傭金。如果用現在的眼光看，他們是今天物業仲介公司的「先驅」，但在當時，上海市民稱他們為「白螞蟻」，在形象的比喻中把他們的業務看作是消極的、帶有食利成分的行為，多少表現出老上海人對仲介生意的鄙視。但是繁華的大商埠自有他們存在的合理性，「白螞蟻」們聚集多了，春風得意樓也就有了「頂屋市場」的別稱。

老人們告訴我，清末民初，城隍廟市場被一條東西走向的豫園路劃為南北兩片，南片包括湖心亭、九曲橋、樂圃閬，與內園合為廟園，北片沿路則有萃秀堂、點春堂、春風得意樓等，是城裡最最熱鬧的去處。直至三四十年代，春風得意樓的生意日趨清淡，在城隍廟茶館中的優勢地位逐漸為湖心亭所取代。

提起茶館，似乎不能不說一說青蓮閣，因為從這個茶館的滄桑變化，可窺舊上海茶館的歷史。在二〇年代，如今的福州路，當時稱做四馬路的地方，真比南京路還熱鬧，就在這條路的中央，最最熱鬧的地方，有處「畫錦里」，就是現在外文書店所在，青蓮閣就坐於此。這個茶館原為華眾會會址。韓子雲在小說《海上花列傳》裡屢次提到華眾會，是文人騷客的雅集之處，那裡備有茶食，陳設也很考究，初具茶館的雛形，應該看作是青蓮閣的前身。我曾買得一本由近代海上畫家吳友如繪的《晚清社會風俗百圖》影印本，裡面就有一幅《華眾會啜茗品豔》，所繪場景被列為洋場景色之一。而在戴敦邦的《新繪舊上海百多圖》畫冊裡，有兩幅頗能說明問題，一幅是「青蓮閣多野雞」，另一幅是「畫錦裡多女鞋店、香粉店」。這時所繪的青蓮閣不單指茶館，而是指這一帶地方，而茶館和女鞋店、香粉店相鄰而立，足可令人想像當時青蓮閣的鼓噪喧闐與青樓女子的鬢影衣香一起構成了老上海泛黃的風情。

近代上海小說家包天笑年少時從蘇州到上海，後高居上海多年，在他晚年撰寫的《釧影樓回憶錄》裡就記下了他第一次看到青蓮閣時的感觸：「那個地方是吃喝遊玩之區，宜於夜而不宜晝的。有一個很大的茶肆，叫做青蓮閣，是個三層。二樓樓上，前樓賣花，後樓賣煙（鴉片），一張張紅木煙榻，並列在那裡。還有女堂倌，還有專給人家裝鴉片的夥計，有川流不息的賣小吃和零食的。熱鬧非凡。」老人們回憶說，青蓮閣不但能品茗，要是疲乏的話，還可以倚靠在茶桌上打個盹，倘使腹中空枵，還可以買到各種點心，如生煎饅頭、蟹殼黃，或者豆腐乾、茶葉蛋。後來青蓮閣又進一步開拓經營範圍，在樓下搞起了彈子房，供遊人消遣。還有哈哈鏡、西洋鏡等遊藝項目，遂使得客人大開眼界，目迷五色不忍離去。鄭逸梅在他的那本《三十年來之上海》一書中也談到青蓮閣，認為它在上海茶家中確實有「耐人逗留依戀」的特色。

後來，青蓮閣年久失修，茶館老闆就把它盤給了世界書局的沈知方。那是一九三二年的事了。那麼青蓮閣到哪裡去了呢？老闆選中了今天湖北路福州路口的轉角處，營造了一幢三層樓的新建築，在二樓經營米行和茶市，新館三樓則闢建為「小廣寒宮遊藝場」，「小廣寒」裡遊藝項目不少，老闆又暗中經營妓業，兜攬狎客，一時烏煙瘴氣，茶客魚龍混雜，已經成為富商巨賈和地痞流氓尋歡作樂、放浪形骸的場所。遊藝場這些收入當然超過二樓的茶館，但老上海們認為從此青蓮閣的茶就不好喝了，一些茶客們就改換門庭，移至新雅、大三元、清一色、羊城、金陵、嶺南、東亞等廣東人開的茶館去了。抗戰後，青蓮閣茶館始終沒能恢復舊觀，早期的盛況已成前塵往事。

老上海們又跟我提起南京路上的五雲日升樓，這個茶館我早已聽說，它的開張應該追溯到清末，位置就在南京路浙江中路口。光緒三十四年，上海第一條有軌電車線路鋪成，從靜安寺路經南京路到外灘，就在日升樓窗下經過。通車之時，日升樓就成了最佳的觀景制高點，座無虛席，陽臺窗口，幾無立錐之地。以至百年後的今天，老上海們談起當年的盛況，雖然只是祖輩那裡得到的資訊，卻通過自己的想像，可以描繪得有聲有色。戴敦邦也在他的《新繪舊上海百多圖》裡留下一幅「五雲日升樓轉角多電車」，畫面上迎風招展的幌子，茶樓窗口的人影以及從兩輛正在行駛的翹辮子電車中穿過的行人和拿著文明棍的「紅頭阿三」（編注：文明棍乃過去西方紳士習慣拿在手上的枴杖，以象徵身份與風度。紅頭阿三是早期上海人對印度錫克教徒巡捕的俗稱，因為他們通常佩戴紅色頭巾，「阿三」則來源於對警察的稱呼「阿Sir」。現在仍在少數人中使用，範圍擴大到所有的印度人。），足可讓今天的青年人想像當年的海上繁華夢。

老上海們說起這個黃金地段的茶樓，就會津津有味地講一講山東馬永貞的故事。清朝末年，馬永貞到上海來賣拳頭，並扯起「腳踢黃河兩岸，拳打南北兩京」的大旗，與之較手者，無不被打翻在地，一時名聲大振，使中外拳手膺服。可是這個馬永貞盛名之下有點忘乎所以，不再公開賣藝，專門在馬販子身上撈錢。馬販子從北方販馬到上海，先要孝敬他，否則他就以相馬為名，隨手在馬屁股上一拍，那匹馬就受了內傷，再也賣不出。馬永貞的「馬屁工夫」可真了得啊。馬販子對他恨之入骨，必欲除之而後快。馬販子中有個綽號叫「白癩痢」的人，素工心計，在鄉親們的推舉下就擔當起這個使命來。他通過偵察，瞭解到馬某每天早晨必定要到五雲日升樓洗漱，喝茶吃早點，寒暑無間，就準備了一包石灰，挑選了十幾個強壯的馬販子埋伏在茶樓的樓梯邊，等馬某俯身洗臉時，撒手將石灰當作護膚霜送給了老馬。馬永貞兩眼為石灰所蒙，無法睜開，馬販子們一擁而上，拳足並施，刀槍齊擊，一會兒工夫，一代拳王就一命嗚呼了。

這件事在上海灘引起了不小的轟動，加上一些小報繪聲繪色，大肆渲染，乘機增加銷路，不久就家喻戶曉了。茶館裡出了人命案子，這對五雲日升樓的聲譽是一大損失，一些茶客從此絕足不登了。

三〇年代，五雲日升樓終於日墜西山，關門大吉了。

上世紀二〇年代，隨著來上海創業的廣東人增多，鎖定廣東茶客的茶樓應運而生。小壺天、廣東樓、安樂園等都是第一批試水的廣式茶樓。而虯江路上新雅茶室的成功，則在於除清茶之外還兼售咖啡、可哥（編注：即可可。）、汽水等西式飲料，廣東點心當然也是不能少的。在素來得風氣之先的上海，廣東人的此番西化也被視作開一時茶樓之新風。除老廣東相約來此「歎」早茶外，青年人也趨之若鶩，廣東人總是爭搶頭啖例湯的。新雅因此生意紅火，後來便在南京東路上開設新店。

到了三〇年代的流金歲月，上海的廣東茶樓已經達到相當規模，新雅、大三元、紅棉、東亞、大東、冠生園、嶺南等一批知名粵菜館也兼營早茶。據老上海回憶，廣東茶室環境整潔，茶點適口，收費公道，服務優良，要一壺香茗，孵上半天，肚皮餓時叫一客馬拉糕、一客滑肉麵，所費不過三四隻角子。也因此，海上文化人將廣東茶室當作與朋友品茗會晤的首選場所，小報記者也在那裡打聽消息，編輯則在此喝過茶，睡了豎頭覺（編注：指坐在椅子上打個瞌睡。）再去上夜班。

在今天的河南路廣東路口，原來開過一家同芳居茶館，這個粵式茶館為後來人提起是因為與蘇曼殊有關。蘇氏寓居上海期間，落腳在同芳居附近，因而成了這個茶館的座上客，有時還約了朋友一起品茗晤談，他的許多詩文也是在飲茶時一呷而就的。他出家後不能做佛事，卻善於做詩，在文人圈內贏得「詩僧」的美名。同時他還工於繪畫，一旦潤筆到手，就到同芳居一快朵頤。同芳居裡有一種名叫「摩爾登」的糖，圍棋那般大小，紅紅綠綠的裝在玻璃瓶裡，我想原先是為吸鴉片的人準備的，鴉片鬼因為整日吸煙，口苦得很，需要用甜食來調劑一下。又據說這種糖茶花女也特別嗜愛，他聽了這種沒有根據的傳說後也喜愛這種糖了，而且一買就是好幾瓶，並自封「糖僧」。有一次為了買糖而囊中羞澀，居然把金牙賣了。如此愛糖，包天笑就送一首詩給他：鬆糖橘餅又玫瑰，甜蜜香酥笑口開，想是大師心裡苦，要從苦處得甘來。這就點出詩僧的心境了。

老上海們的話語時緩時疾，有點艱難地要將記憶的碎片穿綴起來，他們滿臉的褐斑和皺紋一定凝聚著許多為我所不知的故事，但是一一講來，顯然是不可能的了。不過他們又提起了一些，比如五雲日升樓對面有易安茶館，用的是李清照的號，再對面呢，則有陶陶居茶館，兼售宵夜，據說是冠生國的創始人冼冠生的發跡地，後來就被廣東商人購去，在原址造起了永安公司。

南京路四川路口曾經開過一家老旗昌茶館，兼售茶點，一般的鹹水妹都聚集在那裡勾引外國爛水手，而妓女相聚，又常常在晝錦里的一林春茶館。雲南路上的玉壺春，是白相人吃講茶的地方。所謂吃講茶，今天的小青年想來不會知道，就是爭執的雙方借喝茶的名義到茶館談判，請出在這塊地皮上説話算數的白相人來調停。如果雙方都願意和解，調解人就將紅綠兩種茶混在一個大碗內，雙方一飲而盡。要是調解不成，白相人就沒了面子，雙方矛盾驟然激化，茶碗一扔，桌子一掀，蜂擁而上大打出手的事情就會發生。茶館對吃講茶是向來頭痛的，但開茶館的老闆與白相人又有著千絲萬縷的關係，沒有黑社會做靠，怎麼開得起來？雲南路上曾經有一家茶館老闆居然冒充蔣介石的筆跡題寫匾額，一時嚇得地痞流氓不敢滋擾，但時間一長就穿繃了，被員警砸了招牌。當時茶館為了圖清靜，常常貼「奉憲嚴禁講茶」的字樣。奉憲？當時的憲法有這樣的規定嗎？在老舍的《茶館》裡也出現過吃講茶的場景。南北風氣的茶館裡是有不少相似之處的。

蘿春閣也是上海老茶館之一，由著名的滑頭商人黃楚九所開，這個茶館附設書場，有時也上演紹興戲與錫劇（編注：錫劇發源於常州和無錫的鄉村地區，輕彈慢唱、婉轉好聽，有明顯的江南水鄉風格。），吸引了不少茶客。後來又賣起了生煎饅頭，因為做得出色，吃生煎饅頭的人超過了喝茶人。現在，蘿春閣還在，並以生煎饅頭為特色，但一般的上海人不知道它原來是一家茶館。南京路上還有過一家仝羽春茶館，將古代兩位對茶作出重大貢獻的茶道中人盧仝、陸羽的名字合成店名，甚為雅致，據說是我佛山人吳趼人代取的。這個茶館前設戲臺，京、崑、淮、揚無所不演，往往通宵達旦，在舊上海也算是開一時風氣。

茶館是三教九流聚集的場所，除了茶客，當然還有唾沫橫飛的說書先生，善於周旋的生意人，目光陰鷙的包打聽，販賣古董字畫的掮客，卜命星相的「鐵口」或「半仙」，還有一些值得同情的賣唱姑娘和兜售瓜子香煙的小販。順便說一下，舊上海的茶館每到大年初一，老闆就會給眾茶客討一個口彩，夥計隨茶奉送一碟橄欖，因為形狀像元寶，這天早晨的茶就俗稱元寶茶了。頗懂如何討人喜歡的夥計忙不停地向茶客恭喜發財，茶客當然也忘不了遞上一份小費。這個時候，還有一種人也在這裡喝茶，他們就是在年根歲末躲債躲得走投無路的倒楣蛋，現在，他們可以鬆口氣了。因為即使在這時迎面碰到討債鬼，債主也只得衝他笑笑，並抱拳作揖，而不能提錢的事，這就是舊上海的習俗中比較有人情味的一面。在舊上海茶館裡，還有一些人是面帶冷笑的旁觀者，他們就是書生意氣、激揚文字的作家和記者，一壺茶，一支煙，一份報紙，一坐就是大半天。為什麼？尋找素材，瞭解社會，結交各色人等，這裡真是一個社會縮影，一個取之不盡的社會資訊庫。

忠明兄還說，舊時男女青年私奔大半是約定以茶樓為出發地點，而離婚時，也多半在茶樓舉行談判，雙方各請幾個朋友來「吃講茶」，客客氣氣地談好條件，男方付給女方一部分錢，離婚即告完成。

據史料記載，在清末民初的前後十餘年裡，上海的茶樓達到一百六十家左右，到了民國八年，有一百六十四家。但有的老上海認為實際數量不止這些。那時上海的茶樓取名都帶有時代特色，好用個「樓」字，比如九皋鶴鳴樓、太陽星月樓、引鳳樓、五福樓、四海升平樓、月華樓、得意樓、龍泉樓、錦繡萬花樓等，江海朝宗一笑樓——那真像當時一部章回體小說的書名了。也有稍為雅馴的，比如愛吾廬、滿庭芳、玉壺春、留園、儀園、碧露春等。

隨著城區地域的拓展和人口的膨脹，至抗戰勝利時，已經發展為六百多家，而到了建國前夕呢，至少有八百家，具體數字是難以精確統計的，林林總總的茶館中，就有許多像我老家十字路口的那種帶老虎灶兼有說書的茶館。

今天，在懷舊的暖風一陣陣吹拂下，老茶館的復興被提上了議事日程。但紅茶坊和茶餐廳以及茶道館取代了傳統的老茶館，它們是城市裡的新貴，是快節奏、功利性的消費場所，它的功能已經從休閒聊天移向公關，移向旅遊和展示，或者成為大上海景觀的一個小點綴，這也許是市場經濟下由不得茶客的必然選擇。面對高昂的消費價格，老茶客們免不了怨氣沖天，那種可以「沖鳥」的茶館沒有了，老虎灶也沒有了，連老虎灶前臨時擺起的八仙桌也沒有了。

八年前，有一個老茶客欣喜地向我透露，「最後一個」老茶館還頑強地生存著！我按他的指點，在黃浦區境內的牯嶺路上找到了那家老虎灶兼茶館。這條躲在高樓大廈後面的小路，狹窄而潮濕，那個老虎灶也由一對老夫妻承包著，設備——請允許我在此引用一下公文語言——是相當簡陋的，但泡水的人已經很少了。那個茶館是利用半間屋子搭出來的，從早到晚擠滿了老茶客。天晴的日子，門外也可擺一張桌子。茶客中，年齡最大的一位已有九十高齡了，而住得最遠的一位，家在龍柏新村，趕到此處來喝一壺茶，路上就要消耗一個多小時。這老人喝著茶，有一搭沒一搭地閒聊，輕鬆自在，無拘無束，臉上的表情是安詳的，知足的，偶爾也會談起不愉快的話題，比如家庭矛盾和社會醜惡現象，不過也是通脫的，帶著一點自我嘲解。

然而過了才幾個月，推土機開進了這塊黃金寶地，上海茶館業的「比薩斜塔」終於傾圮了。一種濃郁的風情終於化為泛黃的影像，並必將風化成記憶的碎片。

曼生壺（編注：陳曼生（鴻壽），西冷八大家之一，清中期書法家與篆刻家。是他將詩文、書法、篆刻的藝術融入於紫砂壺之上，將紫砂壺從一般賞玩之物提升到文人雅士創作的藝術品。曼生壺，曼生銘等詞彙也因他而生。）上有一句話我還記得很清楚：「煮白石，泛綠雲，一瓢細酌邀桐君。」可是在人人夢想一夜暴富的今天，誰還有這份閒心呢？誰還在煽旺紅泥小火爐呢？又有誰在烹煮新茶呢？還有桐君，桐君又在哪裡呢？

上海人吃相
小吃或許是一種心理按摩
人散後，一鉤新月天如水

三

那杯清咖有點微苦

物資短缺的年代，
在上海的飲食店裡居然能喝到一角一分一杯的清咖，
那種苦中作樂的場景可以用罕見來形容。
憑票供應副食品的經歷，
想必如今人到中年的上海人都有銘心刻骨的體會，
都能講出幾個含淚的故事。
但是，上海人從來沒有放棄對生活品位的苦心維持。

從「有啥吃啥」到「吃啥有啥」

在改革開放三十年後的今天，站在歷史高度回顧上海餐飲市場發展，會發現重要的一點：告別短缺經濟時代，餐飲業才有保障。公平競爭，有序競爭，餐飲業才會健康發展。而在競爭中的餐飲市場上，最直接的受益者就是消費者。

春秋時期的政治家管仲說過：「王者以民為天，民以食為天，能知天之天者，斯可矣。」中國是一個人口大國，解決老百姓的溫飽問題一直是執政者的首要大事。改革開放三十年來，最讓老百姓感覺真切的也就是菜籃子、米袋子的變化。

一九七二年，中美兩國關係朝著「正常化」方向實現了重大突破，這一歷史性劇變，不僅在世界上引起「核彈爆炸」般的轟動，就連中國老百姓也沒有足夠的心理準備。於是，在美國總統尼克森訪華前後這段時日裡，有些傳說頗具「中國特色」。

時任美國國家安全事務助理的季辛吉博士帶著一幫助手來到上海，因為中美公報的難點剛剛在杭州破解，他就擲出一萬元，請國際飯店燒一桌菜來慶賀一下。當時，上海社會飯店的筵席規格大致水準為二十五至三十五元一桌。二十元一桌的也有，十條漢子團團坐下，肯定能讓你吃到大肚圓圓。一萬元整一桌，不啻對上海廚師消化原材料的水準是極大的挑戰。但是，聰明的廚師硬是讓他們吃到了一萬元一桌的中國菜。博士飯後問：這一桌菜真的需要一萬元嗎？廚師出來應答，他指著其中的一道綠豆芽炒龍鬚回答：「每根綠豆芽裡面嵌了肉絲，你算算那需要多少人工啊？還有這龍鬚，每隻龍蝦只有兩根，炒這樣一盆菜需要消耗多少龍蝦呢？」廚師怕美國客人不相信，就從廚房裡搬出十幾箱剪掉鬚的龍蝦請博士驗證，美國人終於心服口服。

還有一個傳說比較靠譜，一個美國參議員代表團（八九個人）為尼克森訪華打前站，一行人來到廣州飯店（新雅飯店在那時改名為廣州飯店）就餐，其中有一道看家菜水晶蝦仁，因為量比較大，又是品質超優，飯店狠了心開價九十元。上海的老百姓聽到這個價碼眼睛都瞪圓了，那個時候大家還處於「三十六元萬歲」的階段啊！

最近有關部門揭密的材料，對另外一個「民間傳說」進行了驗證。跟隨尼克森一起訪華的九十多位美國記者，從杭州來到上海，按官方安排參觀了巨鹿路菜場。記者們看到那裡供應非常充足，剛從屠宰場裡運來的鮮肉擺在攤檔上，活雞、活鴨在籠子裡撲騰，活魚在池子裡吐泡沫，蔬菜品種之豐富就更不用說了。更讓他們吃驚的是，有個攤檔（編注：路邊攤、小販的意思。）的鐵橫桿上掛著好幾對熊掌！但是他們並不知道，真正放進來的居民多半是很識相地買些蔬菜和豆製品，買鮮肉鮮魚的是里委幹部，等這幫記者走後，他們還得完璧歸趙。

若干年後，中國進入改革開放試水階段。極大部分西方國家已與中國建立外交關係，來中國採訪的西方記者明顯增多。有些記者不要中國官方的安排，自己拿著一張地圖到街頭跑跑，希望看到中國老百姓原生態的一面。考察飲食市場也是他們的一項內容，或許是更有趣的內容。但是他們要在飯店吃飯，會遇到一個問題：大多數飯店不願接待他們，因為企業負責人不知道這樣做符合不符合政策。有些飯店雖然接待了，但按規定向他們索要糧票。中國外交部又沒有給外國記者發糧票一說，他們只有兑匯券。所以雙方要結結巴巴費很大的勁才能將此事弄明白。結果只有兩種：一種是開票的服務員自己掏腰包拿糧票墊上；另一種就比較慘了，外國記者只得餓著肚子繼續他的「發現之旅」。

直到後來，餐飲行業為避免外賓和外地來滬人員沒有糧票吃不成飯的尷尬，有限地推行議價糧政策，進飯店吃飯，如果沒有糧票，一小碗白飯就多收你幾分錢。

這個時候，雖然已經到了短缺經濟時期的末尾階段，但制約餐飲行業的條條框框還遠不止此，企業的所有制性質就造成了競爭的不公平。舉個典型的例子，南京東路上的沈大成是著名的老字號，以經營上海風味點心著稱，它是屬於全民所有制的，春捲、餛飩和雙面黃等麵點就可以用精白粉製作。而一牆之隔的一家飲食店，因為是集體所有制，同樣的點心只能用標準粉——也就是上海人所說的黑麵粉製作。在售價上，上海市飲食公司和物價局也有嚴格規定，比如標準粉做的小餛飩只能賣一角一碗，而精白粉做的小餛飩就可以賣到一角兩分。其他點心以此類推。有一度，為了提高上海市民早餐的品質，有些點心店推出了雞蛋油條，看上去又粗又白，很受市民歡迎，但很快遭到物價局的查處。

我有一個朋友，是一家中等規模飯店的經理，從業三十多年，他對我回憶起那個時候的原材料供應大為感慨。「油、糖、麵粉、大米、豆類都是憑計畫供應的，連老鹼、明礬、小蘇打也要到指定供應站購買。豬肉和家禽也是憑計畫供應的，我當時是採購員，跟菜場裡的人混熟了，可以多採購一點豬油、魚蝦，不少飯店因為原材料供應不足，只能勉強維持到月底。煤也是有計劃的，往往燒到月底就不夠了，得想辦法到鋼鐵廠弄幾卡車煤渣來，撿出煤核救救急。啤酒更是緊銷商品，哪家飯店啤酒供應充足，生意就好，冷菜也賣得出去。當時家家飯店都有一兩隻『坦克』(鮮啤酒冷藏罐)，運輸鮮啤酒的車子來了，像爺一樣哄駕駛員，陪笑臉，遞香煙，有時還要包點燻魚、紅腸塞過去，請他們多放一點。瓶裝啤酒當然也有，但你到啤酒廠進貨，幾十箱啤酒有時要你排隊一整天。鮮橘水也是憑計畫供應的，色素很重，一喝嘴唇就紅了，現在根本就沒人喝。」

進入八〇年代後，為了適應國門日益開放的形勢，在為數不多的沿海大城市，國家旅遊局和省一級的旅遊局決定對一些有條件接待外國旅遊者的社會飯店實行定點接待制，凡是掛了銅牌的飯店就可以名正言順地接待外賓了。這些飯店的硬體條件要好，衛生狀況更加重要，而且要能體現幫派特色。在軟體上，主要是服務方面，至少要配備三四個會講簡單外語的服務員。掛了銅牌的涉外旅遊定點飯店不僅在裝修上檔次明顯提高，服務員的著裝在行業內也率先更新，從此，白色工作服（滑稽戲《滿園春色》裡的典型形象）不再一統天下，服務員穿上絳紅色的工作服後看上去跟空姐沒什麼兩樣。這些涉外定點飯店可以免收外國旅遊者的糧票，堂而皇之地收取兌匯券並單列帳目。

過了不久，上海的餐飲行業形勢開始大變。背景是，市場經濟開始啟動，在雙軌制、三產、鄉鎮企業、三資企業等專有名詞所構成的種種經濟現象中，來上海經商的外來人員劇增。伴隨著經濟活動的全面提升，公關活動與日俱增，請客吃飯就成了最平常的節目，這種內在需要與餐飲企業體制改革的現實要求一起，大大刺激了餐飲業的發展。所有制的界限被突破，商品價格的定價不再受到太大的干擾，企業間的競爭趨向公平。但很快，隨著個體戶的崛起，餐飲市場的平衡被打破了。

餐飲業是一個門檻比較低、對從業人員勞動技能相對要求不太高、啟動資金所需不多的業態，在國有企業中分流的下崗職工，首選這個行當實現再就業，並豪邁地書寫發家致富的藍圖。最先形成聚集效應的是乍浦路美食街和黃河路美食街，這兩條街都處於商業中心的邊緣地帶，所受輻射很直接，可以大量地吸引並消化消費對象。於是，個體戶利用沿街面房子，破牆開店，底樓挖地三尺，做成店堂。從後門穿出去，借一點弄堂裡的公用地盤砌個案台，洗洗碗筷切切菜。事先跟左鄰右舍打聲招呼，求得諒解。店堂上面呢，天可憐見的，搭一個直不起人的閣樓睡覺。今天不少財大氣粗的老闆，當初就是靠著這樣的盤算掘到第一桶金的。

黃河路來天華的老闆娘繆富珍跟我對說：「我跟先生原來都是百貨公司的職工，雙雙辭職後利用剛剛裝修的結婚新房開飯店，一點經驗也沒有。請來的廚師叫小寧波，想不到他也不會燒菜，第一天燒雞就燒成滿堂紅（肚膛也沒有剖開），我就只好手把手教小寧波燒家常菜，二十多年後的今天，這個小寧波在上海成家買房養孩子，是我們公司裡的技術總監。我們這條路上所有飯店的老闆都是半路出家的。」今天，來天華已經是一家擁有六家連鎖店和一個中央廚房的大型餐飲企業，連續多年躋身中國百強餐飲企業行列。

到九〇年代初，在長約一公里的乍浦路上，大大小小的飯店酒樓發展到一百多家。而不足五百公尺的黃河路匯集的飯店也有三十多家。店多成市，市成客多。靈活經營機制，特色菜餚，良好服務和低廉售價，吸引了旅遊者和本市市民前來就餐。到乍浦路和黃河路吃飯，成了上海的消費時尚。

行文至此，有必要回顧一下風尚的演變，這對餐飲這個開放的業態來說，是很有必要的。

改革開放之初，上海的餐飲市場春江水暖，反應不謂不快，一九七八年百亂待理之時，上海市飲食公司就舉辦了全市範圍的餐飲企業名特菜點評比，有點清點家底的意思。這一招為各幫派飯店正了名，使名特飯店的看家菜點得到了整理和發展。也及時地適應了市場的需要——世道太平，有了錢，上海人就會在餐飲消費上很快反映出來。從一九七七年到一九八二年，這五年是上海餐飲市場的復甦年，飯店裡吃飯的客人多如過江之鯽，什麼燕雲樓、新雅、同泰祥、甬江狀元樓、老正興、老半齋、杏花樓，過去叫四舊，現在統統恢復老名字。上海人對它們有感情，去吃飯，就像去會老朋友一樣，生意好得不得了，天天排隊。老一輩廚師還在啊，出手還是相當過硬的（編注：經得起考驗與磨練的意思。）。

接著，上海派出的廚師頻頻參加國際奧林匹克烹飪大賽，摘金奪銀，天下無敵。更直接的變化發生在企業分配制度改革後，從業人員的積極性得到極大的激發，企業的利潤立竿見影地體現在員工收入上。於是各飯店要在特色上做足文章，恨不得將天下食客都拉到自己門下。

在餐飲發展的態勢中，個體戶和民營企業的迅速崛起起到了積極作用，經過二十多年的苦心經營，已經佔據了上海餐飲業大半江山。在老百姓的口碑裡，比較好的有王朝、梅園村、上海人家、豐收日、唐朝、小南國、鷺鷺、來天華、張生記、沈記靚湯、席家花園等。

「正規軍」也坐不住了，以黃浦區為例，這個中心城區即使在三年困難時期（編注：在一九五九至一九六一這三年之間，中國大陸經歷了由大躍進造成的嚴重糧食短缺與飢荒，死亡數千萬人。）和「文革」中，也頑強保持著十六幫派齊全的格局，但隨著黃河路、乍浦路及後來的雲南南路三條美食街的崛起，數百家個體戶飯店在這個區域內的星羅棋佈，形成「農村包圍城市」之勢，客源嚴重分流。短短數年內，像知味觀、大三元、美味齋、閩江飯店、四川飯店、梁園致美樓、岳陽樓、逍遙樓等一批老字號相繼調整或退出，不少中小規模的網點得到調整，這與國有企業退出競爭性行業的政策也許有關，但更多的因素是因為企業經營成本提高、人才外流、機制落後等。

從風味上考察，則是國有企業要坐正幫派，為傳承有序而不敢越雷池一步。相反，個體戶和民營企業則沒有那麼多的包袱，他們推出所謂的海派菜或新派本幫菜，很受新一代消費者的歡迎。實在靠不上譜的，就標榜為「模子菜」（編注：指不拘章法，沒有出處，更沒有嚴格流派背景的菜，只要顧客愛吃，就能上菜譜。應驗了中國飲食文化中的一條原則：「食無定法，適口者珍」。），這種派別在餐飲詞典裡肯定找不到注釋，它沒有嚴格流派背景，只要顧客愛吃，就叫廚師燒出來，過幾天菜譜上就有。

二〇〇六年，上海旅遊節有一項內容，有關部門調動了全市有聲望的飯店酒家，拿出自家的看家菜，不拘幫派，不拘原料，也就是不拘「禮法」和規矩，搞了個新派上海菜的評比活動，不少揚幫菜、川幫菜都收進了新派上海菜的菜譜，而這些入選的菜點，有不少就打著「模子菜」的烙印。這也體現了上海「海納百川，相容並收」的襟懷和城市精神。

在改革開放三十年後的今天，站在歷史的高度回顧上海餐飲市場發展，會發現重要的一點：告別短缺經濟時代，餐飲業才有保障。公平競爭，有序競爭，餐飲業才會健康發展。而在競爭中的餐飲市場上，最直接受益者就是消費者。

據有關方面統計，從改革開放至今，上海餐飲市場經歷了三次飛躍。第一次為上世紀八〇年代中期，其原因上面已經分析過了，一九八五年至一九八八年的三年間實現了銷售額翻番。第二次為上世紀九〇年代，城市富裕階層將家庭聚會和假日用餐放在社會餐館，促使這一時期餐飲業每年保持兩位數的增長。第三次則以中國加入ＷＴＯ為標誌，餐飲服務的供應發生了較大變化，大批外資和外省市經營者爭相進入上海，餐飲方式和流派推陳出新，形成了各地各國風情格調競相輝映的局面。

有一種說法：上海每天有兩百家飯店開張，也有兩百家飯店關門。這形象地說明了這個市場的競爭激烈程度。據內業人士估計，目前上海餐飲企業至少在三萬家以上。

最能說明問題的也許還是乍浦路和黃河路兩條美食街。最近六七年來，這兩條美食街上的飯店酒樓數，僅為鼎盛時期的三分一。十幾家經營業績還算不錯的企業只是將旗艦店保留在此，有點守望家園的意思，在外則有更大更多的分店在支撐繁榮局面。酒樓飯店改換門庭後或者出租或者轉營其他生意。便利店、藥店、花店、水果店、足浴、髮廊、棋牌室等這些「新元素」夾雜在美食街中。難怪有人說，美食街已經名存實亡了。

美食街的示範效應影響到周邊地區，吳江路、仙霞路、打浦橋、衡山路、雁蕩路、新天地、吳中路、黃樺路等餐飲街的崛起，多中心、多元化的格局使顧客得到了分流。最近幾年來，隨著上海樓宇經濟的發展，在商務樓裡也開出了許多餐飲企業，優美的環境和異域風味，以及面向白領的定位，很受青年群體的歡迎。所以顧客的選擇餘地空前擴大，就沒有必要擠向美食街找吃的了。

改革開放三十年來，上海餐飲市場上，國有企業佔有率從以前的百分之百下降為百分之五，現在是民營企業和外資企業唱主角了。同時餐飲業作為上海的主要服務業，對全市經濟發展的拉動作用越來越明顯，並體現了越來越明顯的細分特徵。首先，商務消費占餐飲市場的比重在持續提升。一方面隨著高檔餐館在上海的發展，越來越多的商務消費從高檔的五星級賓館向高檔餐館轉移；另一方面，上海整體商圈的檔次提升，為高檔餐館的發展提供了更廣闊的口岸資源，如淮海路、虹橋、新天地等。

其次，白領的社交消費出現強勁勢頭。這種消費與商務消費不同，白領的社交消費主要在於滿足白領們的社交、溝通、交流的需要。由於世界五百強中相當比例的企業將亞洲或中國的總部設在上海，也由於上海集中了一批國內優秀企業的總部，上海白領階層已經成為社會的一個主流消費群體。圍繞白領社交消費相關的餐飲企業目前在上海的發展狀況一片大好。

其三，隨著市民消費水準的不斷提高，市民家庭消費也成為上海餐飲消費的主流之一。從上海每年餐館年夜飯的供不應求和週末餐館消費一片火爆的情景分析，市民家庭消費正在引導餐飲市場向社區化、特色化方向發展。

二〇〇七年下半年以來，由於原材料、人力成本、物業成本上漲的原因，上海餐飲市場持續高速增長的勢頭有所放緩，上海有不少餐飲企業特別是人均消費在三百至五百元的高檔酒店，被迫歇業或調整，但總體上還是取得五五六億兩千萬元的銷售業績，絕大多數餐飲企業對行業前景還是相當看好的。

六〇年代，提倡「有啥吃啥」，強人以一律，巴金先生寫了一篇文章，說是應該「吃啥有啥」，結果招致討伐。今日當不致如斯也。——這是已故歷史學家、《文匯報》老報人唐振常在《鄉味何在》一文中的結尾，借來當作本文的結尾，並在此向新聞界老前輩致敬！

票證時代的飲食生活

我國是使用票證最早最多的國家，其範圍之廣、地域之寬、品種之多、時間之長、數量之多，在世界上極為少見。改革開放三十年來，給老百姓最大的感受之一就是從此擺脫票證對日常生活的堅硬控制了。

不說太遠，就以最近十年為考察範圍，每年春節前夜，上海的各大飯店總是爆滿，有的飯店還要翻檯子。酒足飯飽之後，不少人順便將明年的年夜飯一併預定。二〇〇八年春節前夕，正是市民採辦年貨的高峰，上海展覽中心、光大會展中心、農展館等大型展館，接連推出年貨大展銷，來自全國各省市的土特產賣得很火。一個南京來的小老闆掩不住喜悅告訴我：「實話說吧，上海人的購買力就是比南京強，這一批板鴨、風鵝賣得我數錢數到手抽筋。」東北黑木耳、福建桂圓、象山海蜇頭、廣東香腸、寧波年糕、金華鹹蟹，都成了搶手貨。一個被擠得滿臉通紅的老頭抱怨他的老伴：「你就喜歡軋鬧猛，這些年貨在食品一店裡都有的嘛。」

但是，他肯定沒去過食品一店，此時的食品一店，據一位西餅櫃檯的營業員估計：每平方公尺營業面積上瞬間滯留的人數肯定超過七人。

超市也是一樣，我與太太去浦東龍陽路麥德龍超市採辦年貨，付款時間超過四十五分鐘。收銀機前這條長隊估計有二十公尺。身邊一位老太太如此嘀咕：「老早點是有啥吃啥，現在是吃啥有啥，麥德龍還有外國食品專櫃，義大利紅酒醋都有，我就來買一點燒西餐的原料等女兒和洋女婿從美國回來過年。只是排隊辰光太長，吃不消。」

國家統計局公佈的資料表明，二〇〇七年我國居民消費價格指數（CPI）上漲百分之四點八，漲幅比上年提高三點三個百分點，為近十年最高。而讓居民感到上漲速度明顯過快的十二月，CPI上漲百分之六點五。春年前半個月，美國經濟受次貸危機影響，出現令人恐慌的衰退跡象，蝴蝶效應波及整個歐洲和亞洲，世界各大股市應聲暴跌，中國股市反應更加強烈，股民帳面資金在一周內平均縮水百分之二十左右。即使在這個情況下，上海市民採辦年貨的單子並沒有刪減。這不僅是因為整個中國經濟有GDP同比增長百分之十一點四的強力支撐，更有居民工資性和財產性收入持續提升的支撐。大賣場裡的不少市民回憶起九〇年代初物價上漲的情景，流言四起和有關方面應對措施不及時，導致市民大量搶購生活物資，在許多地方，大米、食油、白糖、肥皂、草紙、火柴以及煤球出現休克性缺貨。但這種情況大約不會重現，老百姓的心理承受能力比過去強多了。

老上海回憶起三十年前，最讓人們銘心刻骨的大約就是票證吧。

中國的票證是在三年困難時候實行的，目的是為了保障供應，控制銷售。所謂的保障就是在計畫下讓大家都能相對公平地分到最基本的生活必要品，控制才是最根本的目的。據原上海市商業二局透露的一份資料統計，僅以一九六二年為例，上海憑票供應的商品從此前的八種增加到六十二種。包括糧票、餅乾票、糕點票、糖票、油票、魚票、肉票、大豆票、鹽票、醬油票、抹布巾票、手帕票、肥皂票、火柴票、衛生紙票等。老百姓的生活必需品大概都要憑票。隨著糧食的進一步短缺，最最困難的時期上海還發放過就餐糧券，這個特殊票證又分特約就餐券、就餐證、飲食專用糧券、就餐券、臨時就餐券等五種。

政府為照顧有名望的作家和藝術家，發放了一種就餐卡，持卡者可以帶家屬到政協的聯誼會俱樂部裡吃飯，吃點心。這個制度一直沿伸到八〇年代初，雖然這張卡沒有了，但過去的持卡者還能享受優惠服務，聯誼俱樂部的菜點和咖啡都比外面便宜。

即使我們將時間界定在改革開放的最初十年，糧食供應的局面雖然已大為改善（大米還是限量供應的，每人每月四公斤），但副食品還是相當緊缺，憑票供應還是市場通用的「規則」。上海市民平時過日子還得靠牢牢攥住三張卡：購糧證、煤球卡、豆製品卡。

再以過年為例，上海家庭可領到比平時稍多一些的副食品票證，包括肉票、蛋票（可買鮮蛋和冰蛋）、魚票（有大戶與小戶之分，五人以上為大戶，四人以下為小戶）、糖票、豆製品票、南貨票、年糕票、香煙票、火柴票、食油票等，一大張，橫拼豎排「套裁」，標識怪誕，半文盲的老太太根本搞不清楚，得靠里弄幹部反覆解釋。這樣一來，上海家庭的年貨採辦「風格」大致相同，大家都買了鹹肉、凍鴨、冰凍大黃魚、冰蛋、黑木耳、金針菜、粉絲、桂圓、花生米、小核桃和黃豆芽等，走親戚或親戚回訪，會發現冷盆熱炒基本都是一隻路子。文藝理論家說：性格決定命運。而在上海人年貨這檔事上，則是原料決定菜單。

雖然大多數副食品是憑票供應的，但春節前幾天菜場裡依然是人山人海，一看到有人排隊，大家會蜂擁而上，先別管他賣什麼，跟上就是。等輪到自己了，才看清是凍成半透明的白蘿蔔。來吧，稱一支。

上海的油票比較人性化，每人每月半市斤，分隔為四兩、一兩。這一張指甲大小的「一兩」票證對上海人而言是相當重要的，它是用來購買麻油的，艱難地維護了上海人追求精緻生活的面子。如果你到外地出差，必須到糧油管理所換成全國糧票，這個月的麻油就沒有吃了。

知青回滬探親，在春節前形成高潮，對父母而言卻是又喜又愁，喜的是又見孩子壯實了，愁的是又得向親戚朋友討些糧票、油票來渡過難關。有些知青是在江蘇、浙江相對富裕一些地區插隊落戶的，那麼可以帶些活雞鮮魚之類農副產品回來，足以羨煞眾鄰居們。

有些大齡知青回上海結婚，如果為節省幾個銅子自己辦婚宴的話，那動靜就大了。父母得先跟大家打招呼，鄰居們就會贊助一些票證，比如油票、糧票、肉票、魚票、香煙票等。豆製品卡也整張奉上，當時每人每旬可購豆製品四分錢，也就是一塊豆腐吧。這個時候糧食已經不怎麼緊張了，每家每戶的糧票都有積餘，為什麼還要送給辦婚事的人家呢？這就顯出上海的精明了。城市居民的糧食夠吃了，但外省和郊區的農民還沒吃飽，國家定糧是不夠的。他們需要糧票，城市居民就用糧票跟他們換取副食品。最典型的場景發生在十六鋪東門路一帶，靠近菜場的路邊一溜排開五六十個包著紅頭巾的農村姑娘，每人面前滿滿一籃雞蛋，雞蛋就是跟城市人換糧票的籌碼。她們為此得到了一個特殊的雅號：「蛋妹」。所以，多給辦婚事的人家百十斤糧票就可以換不少雞蛋呢。後來城市居民用糧票還可以跟她們換塑膠臉盆、塑膠桶之類的日用品。

直到一九九三年，謝天謝地！糧票、油票和副食品票完成了歷史使命，不再發行使用了。全國人民大大地鬆了一口氣，這標誌著中國人民基本解決了溫飽問題。與糧票、油票、副食品票差不多同時退出歷史舞臺的還有布票、棉花票、紡織品專用券，自行車券、縫紉機券、兑匯券等票證家族其他成員則在早幾年就悄然淡出江湖了。

困擾中國老百姓已久的證票時代總算結束了！

二〇〇七年底，以糧、油、肉等食品為主導的居民消費價格大幅上漲，給低收入群體生產生活帶來了較大影響。二〇〇八年廣東省「兩會」上，有人大代表建議：政府在物價顯著上漲時期恢復使用糧票、油票、肉票供給制度。一語既出，天下大嘩。先不說這個建議的技術性和操作性如何，光是在老百姓的心理層面就會造成大面積恐慌，因此遭到專家和輿情的強烈反對。專家認為：糧票、肉票本身並不能提高供應，對於抑制物價上漲並沒有什麼幫助。由於商品票證一般都是比照本地的商品供應量，針對具有本地戶籍的居民發放的，在流動人口大量存在的情況下，票證的發放與實際人口存在著非常嚴重的脱節，那些流動人口占比較高的城市實際所需的票證數量要遠遠超過市場可供應商品的總量。還有專家認為：糧票、肉票等只是計劃經濟時代的產物，隨著市場經濟的深化，商品票證的載體已經不復存在。所謂皮之不存，毛將焉附？在市場經濟進程逐漸加快的今天，以計劃經濟的思維來解決供需問題不僅毫無用處，而且非常危險。

糧票、肉票就讓它們成為不再重現的歷史吧。這些票證的唯一價值也許就在收藏市場上。有一些民間收藏家在糧票取消後著手收集，經過多年尋訪和梳理，編成一部中國票證史，為後人認識中國計劃經濟時期政府的調控手段和商品供應情況及民間生存狀態提供了可貴的資料。

我國是使用票證最早最多的國家，其範圍之廣、地域之寬、品種之多、時間之長、數量之多，在世界上極為少見。改革開放三十年來，給老百姓最大的感受之一就是從此擺脱票證對日常生活的堅硬控制了。

風乾的雞鴨，風乾的故事

古老的風乾方法，雖然讓有限的魚肉脫水，卻使生命在風乾的故事裡飽滿起來。今天我仍然愛吃風乾的魚肉，因為細細咀嚼時，常常會咀嚼出別樣的滋味。

因為歷史上災荒和戰亂頻繁的緣故，忍饑挨餓對中國人來說，就成了經常的遭遇和難以磨滅的記憶，所以，一旦得到食物，吃著鍋裡的，還要留一點儲存起來，以防不測。這種盤算，就像一個個基因密碼，已經根植於中國人的生命中了。

現在，物質匱乏的年代已經一去不復返了，但「淘米時抓一把留著」的習慣仍然被固執地保留著，就像人類保留著他的尾骨。當然，對於年輕一代來說，這顯得有些可笑，畢竟他們不會因為家無隔宿糧而犯愁，而他們的父母——比如我吧，如果發現冰箱裡的牛奶斷檔，就會急匆匆地衝到超市裡抱幾盒回來。其實第二天並不一定會喝，但冰箱塞得脹鼓鼓的，心裡就踏實了。這番心思，與我的父親母親是一脈相承的。

當家家戶戶採辦年貨的時候，我想起了這個話題。希望把生活過得滋滋潤潤的人，不妨聽我說說那串風乾的故事，是關於風乾與醃漬食物的往事。

臘味飯終於在二十年後吃到了

那時候，西北風一起，有條件的家庭就會醃制一些雞鴨和豬肉，這種操作得有一系列前提：首先得有錢，其次得有路——也就是能通過後門買得到這些緊俏商品。當時，一般家庭只能憑票在蕭條無比的菜場裡買些冷凍的雞鴨魚肉，還得排隊！因此，誰家的廚房要是傳出雞叫聲，可真羨煞了眾芳鄰。最後，還得有閒情。

我在這裡說的風乾，並不是真正烹飪學意義上的風乾，比如風雞——活殺之後，掏空肚子，保留雞毛，然後吊在風口吹乾。而是醃制的魚肉，讓它們在西北風吹拂下散發出誘人的光彩。

自已暴鹽的鹹肉、醬油裡浸得已經變成暗紅色的肋條肉、成串的香腸、醃制的板鴨，還有掛在牆頭但尾巴可以拖到地上的鰻魚，肚皮用竹籤撐開，都是一道道佐酒美味。

我家做過少量的醬肉，母親將鮮肉抹乾，放在醬油裡浸幾天，這種醬油已經放了少量的糖和花椒，還有黃酒，取出後用線繩串起，掛在屋簷下。經過一個月的風吹，醬肉已經像一段紅木了，細嗅之下，有一股濃郁的醬香味，如果遇到天氣轉熱，它又會散發一種酸溜溜的味道。

醬肉用大火蒸後切片，是待客的佳餚，如果是自己改善伙食，則割一小塊下來，切片，與青菜一起炒，也是很香的，彌足珍貴。我們有個廣東籍鄰居，他們用醬肉燒臘味煲飯，當那股香味轟轟然地躥出來時，我真的是垂涎三尺。我也曾跟母親表示過想吃臘味煲飯的意思，但被理所當然地否決了，因為這需要很多的臘肉，而且看上去太奢侈了。後來——整整二十年後，有一次我路經福州路，瞥見杏花樓在供應廣式臘味煲飯，就不假思索地衝進去要了一份。那一頓午飯吃得真香。

風乾的雞鴨飛了

那種情景彷彿就在眼前：一隻隻風乾的雞鴨魚肉掛在屋簷下，與剛洗過的、正在滴水的衣服一起，構成了頗具風俗感的一景。它們是精打細算的象徵，也是寒素生活的安慰。

但是悲劇總是悄悄發生的。比如有家人家，來客人了，相談甚歡，要留飯，女主人想割塊肉來與別的東西一起炒爆蒸煮，走到屋簷下抬頭一看，腳也軟了：昨天還好好的雞鴨魚肉，突然在一夜之間不翼而飛了。

後來才發現，有些頑劣的中學生，因為要抽煙，要賭錢，要在女朋友面前擺闊，就動起了風乾雞鴨的腦筋。他們在一根足夠長的竹竿頂端綁一把剪刀，剪刀的另一端接一根繩子，拖至下面。趁著夜色四合之時，這幫小毛賊上街了，四下裡張望，北風緊吹著，街面冷落，於是一聲口令，將竹竿伸到風乾雞鴨上方的繩子頭，剪刀張開，再用力一拉，那些寶貝就應聲而下，正好掉進同夥張開的麵粉口袋裡。

這些戰利品，他們是不會自己吃的，而是換錢。後來，這些小毛賊被抓到幾個，一頓毒打。但偷去的風乾雞鴨是飛不回來了。

鹹黃魚成了野貓的點心

我二哥在一九六五年去新疆生產建設兵團，那裡除了哈密瓜似乎沒別的可吃，一到冬天就慘了，鹽湯就窩窩頭，能吃上一頓葫蘆瓜就相當不錯了。每次，母親看到二哥寄回來的照片，總要偷偷地抹淚：「又瘦了，又瘦了。」

有一年，母親托人買來幾條中黃魚，這種黃魚的規格比小黃魚大些，但與大黃魚相比，更像羽量級的選手。母親捨不得吃，就用鹽醃一下，用竹籤撐開肚子，擱在一張竹匾裡，拿到曬臺上去曬乾。同時，叮囑我照看好這些魚乾，並講清楚這些魚乾的去向，是為二哥準備的。我使勁地點點頭。那時候，我讀二年級了，在窮人家裡成長，已經懂點事了。

開春的陽光是燦爛的，西北風失去了往日的淫威，不再勁吹，我坐在小板凳上，翻看小人書，不時抬頭看一眼擱在瓦片上的魚們，還時時回憶著二哥臨行前對我作出的承諾，「等我哪天回上海，一定帶一隻老大老大的哈密瓜給你吃」。

但過了不久，我咂著嘴就打起了瞌睡，小人書落在了地上。當我的腦袋磕著膝蓋上時，猛抬頭，啊，竹匾裡的中黃魚沒有了！

我驚得一身冷汗，左找右找，魚的影子也沒看到，爬到屋頂上一看，不遠處趴著一隻虎皮紋野貓，它正一臉滿足地舐著前爪子洗臉呢。看到我，它懶洋洋地弓起身子，似乎並不在乎我的憤怒表情。我抓起一塊瓦片扔過去，它才大叫一聲逃竄了。

寶貴的中黃魚被貓偷吃了，向母親一坦白，她怔怔地看了我一眼，沒說什麼。這叫我更加不安和痛苦，倒不如採取老辦法將我一頓痛打，或許會好受些。我訥訥地說了些自己也聽不見的話，似乎要母親寬恕，但她還是一語不發。等她淘米時，我發現她故意背著我，在流淚呢。

後來，我一見這隻野貓就用瓦片痛擊它，它也認識我，直到春仲，一見我還是未路狂奔。有一次被我看到這畜牲在曬臺屋簷下與另一隻野貓尋歡作樂，忘乎所以到了極底，就抓了一隻煤球，躡手躡腳地摸上去，大叫一聲將煤球擊中它的頭部。這次偷襲擊成功後，這隻可惡的饞貓再也沒出現過。

與歡樂相比，痛苦更讓人記住。古老的風乾方法，雖然讓有限的魚肉脫水，卻使生命在風乾的故事裡飽滿起來。今天我仍然愛吃風乾的魚肉，因為細細咀嚼時，常常會咀嚼出別樣的滋味。它的香味，是中國人熟悉的，它的彈性，也是中國人熟悉的，在冰箱號稱能夠最大限度保鮮的今天，我們仍然不嫌棄它的脫水形態，就是因為一種經過千百年解讀和鞏固的生命基因，是誰也無法修改的。

茁壯成長的豆芽

豆芽被譽為中國飲食的「四大發明」之一，另外三樣是豆腐、麵筋和醬。四兄弟中，惟醬的年齡最長，其次大概是豆腐，豆芽應該排老三。

豆芽菜是平易近人的香蔬，是尷尬時刻的救命稻草。想當初——原諒我又在回想往事了，在「階級鬥爭一抓就靈」的年代，菜籃子工程卻沒人抓，颱風一刮，大雨一落，菜場裡的綠葉菜就斷檔了。要不在三九天，霜打過的青菜也萬眾矚目，但那真叫是緊俏商品，天未亮，得頂著啾啾直吹的西北風排長隊。眼看著鼻子凍得通紅的母親挎著大半籃子青菜回來，全家人是又喜又悲。

當吃菜徹底成為一種夢想後，母親就從一口粗陶罐裡抓一把綠豆出來，在茶缸裡浸一夜，然後灑在竹淘籮裡，上面蓋一塊舊毛巾或紗布，下面有一隻缽頭承接。鄭重吩咐我：每天澆半杯水。

竹淘籮擱在門背後，那是家裡陰暗潮濕之所在，我每天按時澆水，水透過毛巾流到缽頭裡，叮咚作響，很是悅耳。忍不住要掀開毛巾看一眼，綠豆們如小人國的精靈，呼呼大睡著。過兩日，綠豆們的小小腦袋頂破綠色的小帽，又像是長了鼻子一般，長長地拖著躺倒算數，一派無賴。又兩日，鵝黃色的嫩芽從豆瓣裡鑽出來了，那種黃是非常純粹的，沒有一點雜色，俯視的時刻非常激動人心。又兩日，毛巾被頂高了，掀開一看，小精靈們齊刷刷地站了起來，鵝黃的芽葉朝一方向吐露，如千萬條小蛇聽到了印度人的笛聲，舞蹈起來，並吐出信子。再看淘籮底下呢，密密麻麻的根須就像關老爺的鬍子！再兩日，母親就將淘籮倒在桌子上，說：摘綠豆芽了。

切點榨菜絲、香乾絲，再來點豬肉絲，旺火炒炒，好鮮一盆菜。

因為每天澆過水，咀嚼時，我體味到豆芽特別清鮮爽脆。

當時有歌唱道：大海航行靠舵手，萬物生長靠太陽。而綠豆芽的生長並不需要太陽，相反，要是見光了，小豆芽就會變紅，吃口就不好了。但這個被我在生產實踐中「發現」的道理，不敢對人家說，那是很反動的噢。

美國兵是很「老爺」的，海灣戰爭時我看到過一篇介紹美軍裝備的文章，說是美軍一個師開到沙漠，就需要一〇五輛裝備車在大兵屁股後面跟著，長長的車隊裡有活動澡堂，活動錄影廳，活動理髮店，還有孵豆芽的專車——沙漠裡不長蔬菜，而美國大兵沒有蔬菜似乎也不能活——真是武裝到牙齒了。只是我至今還不知道美軍的炊事員是怎麼做豆芽菜的。後來，我的一個朋友就購買了兩輛孵豆芽的車子，打算以後工業時代概念孵豆芽，為上海的菜籃子工程作貢獻，據說他買的就是海灣戰爭的剩餘物資——鬼知道他是從哪裡倒來的。但後來他也沒有發財，道理很簡單，用美國軍車孵豆芽成本太高。

除了綠豆芽，母親還孵過黃豆芽，道理與綠豆芽相同，只是時間長些。

袁枚在《隨園食單》裡專門寫到了豆芽：「豆芽柔脆，余頗愛之。炒須熟爛，作料之味，才能融洽。可配燕窩，以柔配柔，以白配白故也。然以極賤而陪極貴，人多嗤之。不知惟巢、由正可陪堯、舜耳。」隨園老人會吃，故而並不輕視豆芽。他所說的豆芽配燕窩，當時可能流行一時，如今不少館子以綠豆芽配魚翅，可能就是從他那裡化出來的。

其實，豆芽被譽為中國飲食的「四大發明」之一，另外三樣是豆腐、麵筋和醬。四兄弟中，惟醬的年齡最長，其次大概是豆腐，豆芽應該排老三。而且醬和麵筋是小麥做的，豆芽和豆腐的原料是大豆，這也足可證明我國以農業立國的傳統有多深遠。在東漢《神農本草》中，稱豆芽為「大豆黃捲」。如此算來已有一千八百年歷史了。豆芽發明之初可能是用於療疾的，《本草》裡說豆芽主要治療風濕和膝痛。李時珍在此基礎上稱豆芽為「豆黃」，並介紹了做法：「用黑豆一升，蒸熟，鋪席上，以蒿覆之如醬法。待上黃，取出曬乾，搗末收用。」這是一帖中藥，主治「濕痹膝痛，五臟不足，脾胃氣結積」。還可以「壯氣力，潤肌膚，益顏色，填骨髓，補虛損」。因為有「益顏色，補虛損」的功效，後來道家就用豆芽養生。豆芽作為素菜食用，大概是在宋代。《東京夢華錄》裡稱豆芽為「種生」：「又以綠豆、小豆、小麥於瓷器內，以水浸之，生芽數寸，以紅藍草縷束之，謂之『種生』，皆於街心彩幕帳設出絡貨賣。」可見當時賣豆芽已經成為一種職業。而且，豆芽與筍、菌並列為素食鮮味三霸。從烹飪方法上看，宋元時的豆芽以涼拌為主，明清之後，有做羹和油炸的，也有用雞湯和豬肘子湯燙而食之的。現在用湯燙而食之的也有，如雲南米線的配料中就有豆芽，將豆芽投入滾燙的雞湯中一拌，立馬就熟了，不失其脆。

現在超市裡也有黑豆芽出售，太太買過一回，炒後味道不如黃豆芽，稍嫌老韌。

清代，中國的瓷器外銷到東南亞和歐洲，瓷器在船上運輸時最怕因碰撞而破碎，聰明的船員就在裝瓷器的木箱裡大把地撒綠豆。機靈的綠豆無孔不入地鑽進瓷器的縫隙裡，吃了船員每天噴淋的水後，開始發芽，躥長，然後就將精美的瓷器纏繞個嚴嚴實實。這樣，細皮肉嫩的瓷器就不怕碰碎了。我想，在海上漂泊途中，船員們還可以揪幾把綠豆芽炒來吃，以補充維生素的不足。

黃豆芽是很鮮的，這大概與豆芽裡沉澱著的什麼「素」有關。黃豆芽配開洋與香乾絲共煮，是我家招牌菜，每次有親友到訪，常以此菜饗客，幾分鐘內必定一掃而光。黃豆芽炒油豆腐，少放一點醬油，為正宗的本幫菜。以前過年時，家裡總要燒一大鍋，裝在缽頭裡，因豆芽形同一柄玉如意，民間美稱如意菜。每天盛一碗回鍋吃，人人頗愛之。

週末清晨，我常與幾個朋友去上海老街藏寶樓覓寶，然後去城隍廟吃早點，有一回在松月樓吃素澆麵，在麵湯裡吃到幾根黃豆芽，心裡一熱。因為我知道素菜館裡有用黃豆芽和冬筍頭吊湯的傳統，看來這個傳統現在還沒丟。只是聽說如今孵豆芽都用激素了，莖粗而根鬚短就是一個證明，故而味道也大不如前了。

失眠時，我聽到了牛奶瓶的碰撞

上海石庫門房子都有兩扇笨重的大門，塗了黑漆，掛著好幾隻大大小小的木箱，有信報箱，也有牛奶箱，每只箱子上寫著醒目的姓氏。這是上海人家的生活印記，更是上海人的不滅記憶。

小時候，上海石庫門人家的孩子都喝豆漿。一大早，提著籃子去買小菜的老人們在弄堂裡見面，一般是這樣問候的：「豆腐漿喝了嗎？」若是誰家喝牛奶，鄰居必定刮目相看：這戶人家真有錢哪。黑漆的大門上釘一隻白漆牛奶箱，差不多就成了身份的標誌。那時候，牛奶不僅比豆漿貴許多，還不是隨隨便便就能訂的。

直至上世紀八〇年代，牛奶供應的情況還沒有徹底改觀。我妻子分娩後從產院回家，是我用奶粉調了一小瓶奶餵兒子的，那算是老子的見面禮了。有一天母親很激動地告訴我：可以訂一瓶牛奶了，快去付錢吧。那是一位鄰居讓出來的額度。憑一張卡，我就每天到濕漉漉的菜場裡取一瓶奶。一大早，我一手扶自行車把，一手提著一隻籃子，出弄堂了。回家時，籃子裡就晃動著一瓶牛奶。七〇年代，我在《參考消息》上看到過一篇文章，其中有個細節：蘇聯那個名噪一時的持不同政見者、寫《古拉格群島》的索忍尼辛，每天一早到取奶站為兒子取一瓶牛奶。美聯社記者描述這個細節，用意在於透露他的生存環境還比較安全。

我家沒有牛奶箱，只有信箱。那時候，黑漆石庫門大門上往往掛著好幾個信箱和牛奶箱，那是私人空間的延伸，有點像美國的「飛地」阿拉斯加（編注：某國家擁有一塊與本國分離開來的領土，該領土被其他國家包圍，則該領土稱為某國的外飛地。）。那時候牛奶瓶口很大，扣緊了一張棕色的牛皮紙，上面除了生產廠家，還標明出廠日期。揭開蓋子，背面積著一層很厚的油脂，北方人稱之為奶皮。我喜歡用舌頭舔掉它，很粘稠的感覺。

我有一個哥哥，讀中學時得了肺結核，家裡訂不起牛奶。班主任——一個慈祥的老太太——知道了，就將自己訂的一瓶牛奶無償讓給他喝，喝了一整年，直到他畢業。最後一天，哥哥要將瓶子還給老師，母親就在大口牛奶瓶裡塞了一瓶鹹菜。母親每年要醃一些鹹菜，從菜場裡買來雪裡蕻，曝曬幾天，切成一寸長的段，然後撒大把鹽，揉勻，緊緊地塞進一口甏裡，上面壓一塊石頭。幾天後，甏口出水了，一股微辛的香味脹滿廚房。取出新鹹菜，炒筍絲，拌香乾，加河蚌肉燒，或與豆腐共煮，極具農家風味。母親說：我們雖然窮，但不能將空瓶子還給人家。

後來，牛奶瓶升級換代，新包裝採用國際標準，上端收縮後瓶口用極薄的鋁皮封住。我看過一部很有趣的電視片，歐洲某國的烏鴉很聰明，大清早在屋頂上等待送奶人的到來，等送奶車一走就飛到訂戶家門口，將瓶子推倒，啄破鋁皮，牛奶噴湧而出，烏鴉們就喝到新鮮的牛奶了。

我還懷念光明牌奶粉，裝在肩部壓花的玻璃瓶裡，奶黃色的，開水一沖，有特別的奶香，不像後來的奶粉，沖泡後常常會結塊。我還乾吃過這種奶粉，在嘴裡攪拌，像嚼一粒奶糖。現在這種含糖的奶粉不生產了，據說那是全脂奶粉，現在都生產脫脂奶粉。我寧可喝全脂奶粉，脂肪多一點又算得了什麼？

人到中年後，經常失眠。夜色深沉，萬籟俱寂，我在床上輾轉反側，妻子發出輕微而均勻的鼾聲，我默想著自己走過的路和一不小心搞砸了的事。突然聽到了樓下傳來一陣陣玻璃器皿的碰撞聲，齊整而細碎，我知道那是送牛奶的三輪車進社區了。送奶員要乘電梯一層層地將牛奶放到訂戶的牛奶箱裡，比過去跑弄堂煩多啦。現在的牛奶箱都是鋁合金材料做的，美觀而有企業的明顯標識。我睜開眼睛，一線淺灰色的光從窗簾的縫隙鑽進來，新的一天就這樣來臨了。

我的心靜下來，昏昏沉沉地睡過去了。

想當年，急死人的年夜飯

在計劃經濟時期，上海人採辦年貨的故事說來令人心酸，今天偶爾憶起，倒不由得令人發笑——這是苦惱人的笑。

快過年了，超市和大賣場裡真是人山人海，拎籃頭的，推小車的，到處是人擠人，收銀台前，更是一條條長隊只見龍首難見龍尾，每個人的臉上，都寫著幸福與知足。這年頭，物資供應是大大的豐富，要啥有啥，不怕買不到，就怕想不到。放在四十年前，過個革命化的春節的口號喊得震天響，其實是想掩蓋物質短缺的窘困。哪怕是三十年前，改革開放剛剛起步，不少東西還要憑票，能開個後門抱幾樣吃食回家，就成了家裡最大的功臣。

按上海的口味與習慣，當初過年，有幾樣吃食是不能缺少的。但採辦這些年貨的故事，說來令人心酸啊。

春捲皮子

上海人愛吃春捲。過年的餐桌上，如果有春捲應景，似乎是很有面子的事，也有討口彩的用意。

大多數飲食店早在春節前就開始做春捲皮子了，一口鑄鐵的平底鍋擱在爐子上烘著，師傅手裡托著一團濕麵漿，輕輕地甩動，不能讓它掉下來。瞅準了往鍋中央一按，順時鐘一抹，一張薄薄的麵餅就粘在鍋底了。稍頃，邊緣自然起翹，用手指一揭，薄如蟬翼的皮子就起來了。一張張疊好，到時候稱分量出售。一斤糧票可買一斤半分量的春捲皮子，因為它是濕的。人民幣四角錢。

攤春捲皮子是個手藝活，又極具可看性，所以在小店的窗前常常圍著看熱鬧的人。每當此時，師傅頗為得意，性子好的時候還表演幾招，眼看著手裡的麵團快著地了，手腕一抖，像今天的蹦極那樣，又起來了，引起一陣喝彩。

快過年了，春捲皮子就不好買了，得排隊。最後，排隊也沒用，店裡的師傅拉長著臉說：沒貨。那你就得開後門了。

沒貨可能是真的，師傅們緊趕慢趕地幹，還是跟不上形勢。就像羅馬城不是一天建成的一樣，這春捲麵子也要一張張攤成的，心一急，鍋底的麵餅就跟著麵團一起上來，俗話管這叫「撐降落傘」。而且時間一緊，皮子沒烘透，一疊，就粘成一大塊了，買回家一張張撕開，就像揭洗爛了的人民幣一樣小心。

春捲皮子包薺菜肉絲或黃芽菜肉絲餡，包成一隻隻小枕頭的模樣，入鍋油炸至金黃色，跟醋上桌，吃得吱溜吱溜，真是幸福極了。

奶油蛋糕

奶油蛋糕的存在價值是作為禮品流通，自己一般捨不得吃。平時在食品店裡有賣，但一到過年就成了緊銷商品。蛋糕坯子烘好，按規格割成一個個圓形，兩塊中間抹一層奶油，一合，粘住了。周邊再抹一層奶油，極盡粉飾之能事。上面裱些粗疏的花紋，「春節快樂」之類的字，真像張天師畫符，龍飛鳳舞。

不過，看師傅在蛋糕上面裱花，確實是一件賞心悅目的美事。我從小就愛站在食品店的櫥窗前，看頭戴高高白帽的師傅將一團奶油裹在一個布袋裡，通過各種形狀的銅模頭子擠出來，一眨眼，紅花綠葉從他手中變出來，妙不可言。

當時的蛋糕分鮮奶油、麥琪琳（編注：即人造奶油。）和奶白三種。前者最好吃，但一般食品店不常供貨，價錢也最貴。麥琪琳是奶白中摻了少許麥乳精，看上去有點淡淡的咖啡色。後者最次，味道差，但價錢便宜。這三種品種，在老百姓口中統稱為奶油蛋糕，上海的老克勒卻是分得煞清。也許是原料供應比較緊張的緣故，有些奶白蛋糕的坯子看上去金燦燦，其實雞蛋放得不多，摻了許多玉米粉，吃口粗糙。但白花花的奶白一抹，誰也不知道這是升級版窩窩頭。

奶油蛋糕要數喜來臨、哈爾濱、老大昌等最佳，新雅、杏花樓等廣幫飯店也不差，退而求其次，是冠生園、利男居、高橋等專做糕餅的廠家。搶購奶油蛋糕的情景也頗可觀，人民群眾一手高舉鈔票和糧票，一手搶奪蛋糕。我親眼看見一個女士搶了一大盒蛋糕出來，春風得意之時，因繩子沒紮緊，蛋糕啪的一聲掉地上，而且驗證了西方一句諺語：蛋糕落地，總是有奶油的一面朝下。

毛腳女婿第一次上門叩見未來的岳父岳母，倘若不拎一隻超大規格的奶油蛋糕，老人家臉色馬上難看起來，左鄰右舍也會竊竊私語：這個小夥子一沒路道，二沒錢票，三不懂道理。

因為是禮品，你家送我家，我家送你家，幾個圈子兜下來，蛋糕就發黴了。

八寶飯和黑洋酥

上海人還喜歡吃八寶飯。八寶飯在「文革」時被革過一回命，禁止用「八寶」二字，只許叫甜飯。甜飯管甜飯，豆沙餡是少不了的，本質上仍然又甜又糯。

八寶飯以喬家柵、王家沙兩家點心店出品最佳。臨近春節，供應也緊張了。八寶飯可自食，也可招待客人，一桌筵席，最後一道點心就靠它壓陣了。一人一勺，大致可以應付過去。由於八寶飯在冬天可擱置一段時間，不少人就買幾個放著應急，所以供應量也頗為壯觀。

實在買不到，就自己做。我做過幾回，從食品店裡買來現成的豆沙，糯米飯煮軟爛些，用熟豬油拌和待用，取一大碗，碗底撒紅綠絲等蜜餞，鋪一層飯，中間墊入豆沙，上面再以一層飯封頂。食前，入鍋蒸透就行了。取出，合撲在盤子裡，掀掉碗，也有形有款了。

上海人還愛吃湯糰，這似乎是很有民間基礎的風俗。在一段很長的時間裡，我家裡是自己磨水磨粉的。糯米淘淨，浸一夜，在石磨上磨成漿水，再灌進布袋裡，吊起滴水，一夜天功夫，米粉就變得像大理石一般白而細了。揉軟，摘成一隻隻鍵子，裹了黑洋酥餡（編注：即黑芝麻醬。）做成寧波湯糰。我一口氣可以吃二十幾個，那時候的小孩子胃口都非常好。

黑洋酥在冠生園、老大房、三陽盛等店裡有買，但也不容易買到，得排隊。買不到怎麼辦？也可自力更生。買來板油，撕去絲絲縷縷的筋，與綿白糖一起揉緊，醃幾天，成了。但在憑票供應的年代，做黑洋酥顯然是不合算的，要用去若干肉票和糖票。

年糕

春節吃年糕，大約是取年年高升的意思，也有高高興興的祈願在裡頭，反正，上海人在春節是一定要吃年糕的。這也是江南稻米文化因數的遺傳，跟處於小麥文化背景的北方人過年吃餃子是一個理。

年糕由食品廠生產，用當年的大米做。當時每個上海人一個月的定糧中，只有八斤大米，剩下的定量只能吃秈米（編注：即在來米。）。光從這層意義上說，吃年糕就是一種口福了。

買年糕也要排隊，且有限量，憑戶口薄，小戶多少，大戶多少，還像煞有介事地蓋個章，防止壞人多買。有些窮苦人家連年糕也買不起，戶口薄上的額度就讓給鄰居，鄰居燒了湯年糕，盛一碗相贈，也是溫暖人心的。

門檻精（編注：精明的意思。）的上海人不買剛新出爐的年糕，因為此時的年糕含水量大，稱分量顯然吃虧。過一夜，甚至等年糕開裂，分量就輕了。此時花同樣的糧票鈔票，年糕就能多出一兩條來。

青菜湯年糕，青白相間，加一勺熟豬油，又香又鮮。黃芽菜肉絲炒年糕也相當不錯。再上一個檔次就是韭黃肉絲炒年糕了，炒的時候香飄整個灶披間，是絕對的體面人家噢。

我喜歡偷吃年糕，整條年糕擱在煤爐上烘烤，烤至兩面焦黃，香極了，咬勁也相當足。上海人還吃糖年糕，油炸，哄孩子最好。

小紹興白斬雞

小紹興白斬雞是十年動亂結束後恢復特色的，在「文革」中，雲南南路那家店裡是悄悄供應的，但只能叫白斬雞，小紹興是過去老闆的綽號，豈可亂叫？

我就說上世紀八〇年代初吧，小紹興最最興旺的時候，平時吃小紹興白斬雞的人就人頭攢動，滿世界找位子，到了春節白斬雞就更成了緊俏貨。此時的小紹興不再供應堂吃（編注：即餐廳內用的意思。），將桌子凳子翻在一角，集中兵力專攻白斬雞，保證門市供應。

上海人喜歡吃白斬雞，特別是皮脆肉嫩的小紹興白斬雞，年夜飯的圓桌上豈能少這位主角？所以一到小年夜，買雞的隊伍就與小紹興對面買火車票的隊伍相映成趣，是雲南南路上兩條蜿蜒的巨龍。

那個時候還沒有「非典」（編注：即嚴重急性呼吸道症候群，又稱SARS。）一說，小紹興白斬雞都是活殺加工的，就在店門口斬立決，圍觀的群眾非常多。屠宰場就成了民間口頭廣告的發源地。

到了大年三十，隊伍更加壯觀，為了保證道路暢通，金陵東路派出所還派了二十個員警來維持秩序，其實店方只要十個足矣，但員警們也有家小，也想在關門時買一隻回家吃團圓飯。

在買雞的人群裡，有不少是從老遠的地方趕來的，有一個從江灣五角場趕來的顧客，因為沒買到白斬雞，當場就在店門口大哭起來。這對一個五尺漢子來說，是非常難得的。後來店經理一問，原來是他的一位親戚從美國回祖國探親，在美國已經聽說小紹興白斬雞的美名了，很想一嘗，此番空手而回，叫他怎麼交差？店經理得知此事關乎海外華人對祖國的印象，破例滿足了他的要求。還有一個小姐更逗，她提出用兩張大年初一上海音樂廳的票子換一隻雞。

像這樣的好玩故事，在八〇年代初到九〇年代末的每年春節前都會發生。

是非之地

上海人家的廚房，是認識上海人的窗口。

有了石庫門房子，就有了上海人的城市化廚房。但自從石庫門搬進了七十二家房客，廚房就成了一個是非之地。從我懂事那天起，廚房裡的肥皂劇一直高潮迭起，精彩紛呈。油煙小廚房，社會大課堂。我在這裡學習上海方言，學習虛與委蛇、虛情假意、虛張聲勢、旁敲側擊、指著禿賊罵和尚，當然也學習廚藝，雖然一直沒能學到海派文化的精髓。

石庫門房子裡陰森森、潮嘰嘰的灶披間，拉著橫七豎八的電線，上面織滿了蛛網，八九平方公尺要擠五六隻煤球爐，外加牆上搖搖欲墜的櫃子，裡面除了醬油瓶還有蟑螂，還要在巴掌寬的空隙裡塞進一張小桌子，切菜剁肉。按照心理學的原理，人與人之間的距離一近，就會產生不安，發展到後來就構為威脅，擦槍走火就不可避免了。為爭奪地盤而引發的戰爭在油鍋升騰之時爆發。你今天占我一寸，我明天奪回半尺，你扔我的鋼精鍋，我踢你的煤球爐，然後大打出手。最終，娘舅閃亮登場了。娘舅者，居委會（編注：居民委員會，最基層的群眾自治組織。）阿姨也。中國最低層的芝麻綠豆官對轄區內的人員知根知底，善於做群眾工作，一語即中對方死穴。來了，她們咋咋呼呼地來了，拿了竹尺和粉筆來丈量地皮，劃分邊界，計算精確到公分。還有什麼意見嗎？沒有，那就這樣辦吧。再吵，我就要叫戶籍警來了。於是，風停雨歇，雲開日出。如果娘舅主持公道的話，一般能換來三五年的和平，雙方也會舔乾傷口相互擁抱。從本質上說，上海人還是能遵守豪豬法則的。後來我在七〇年代看《參考消息》上以色列跟周邊國家爭奪土地，忍不住哈哈大笑。從廚房角度縱覽國際形勢，實如老子所言：治大國若烹小鮮啊。

上海人的廚房還是一個資訊源，多少小道消息從這裡散播：十二號亭子間裡的阿蹺打了他晚爺（編注：即繼父。）的一記耳光，他的晚爺送進醫院就一腳去了；十四號前客堂的阿玲跟她的廠長軋姘頭，在人民公園被工糾隊活捉；二十三號前廂房的好婆在弄堂口撿到一隻皮包，裡面有十多萬元假鈔……還有國際新聞：尼克森訪問上海，國際飯店請他吃了一盆綠豆芽塞肉絲；海爾塞拉西皇帝（編注：Haile Selassie I，依索比亞皇帝。）來到上海，那條狗價值十萬元；西哈努克在城隍廟吃了一碗雞鴨血湯，飯店為此殺了一〇八隻雞……

當然，溫馨的一幕也時時在廚房裡上演：李家阿嫂包薺菜肉餛飩，送大家一碗；張家姆媽攤了草頭餅，分給大家嚐嚐；張老伯伯孤老頭一個，躺在床上兩天沒吃東西了，大家也會熬了粥餵他吃；劉家的飯焦了！快點相幫端端開。上海人，都是一根藤上的瓜，涸轍之鮒，相濡以沫。也當然，不妨礙大家暗裡將對方的家底打量，過年吃點什麼？或者女兒回娘家燒哪幾隻菜？

等到煤球爐消滅，用上了液化氣，居然也會將放鋼瓶的小櫃子鎖上。那有什麼？水籠頭不早就上鎖了？

後來，上海人有了獨家廚房，從三平方公尺開始逐年升級，到今天，七八平方公尺不稀奇，有人還學外國人的腔調，開放式，結果油煙亂竄，弄得電視機、DVD加速氧化。富人家的廚房裡裝了電視機和音響還有酒吧，在廚房裡吃早餐似乎很有情調。比富人更富的人家還有中餐、西餐廚房，大得可以跳倫巴。上海人的廚房，海威（編注：「海威」是上海俚語，特指神氣活現的樣子，有時也指八面風光。）！

但不管多大的廚房，我發現極少有人在窗臺上放一瓶鮮花，鹹魚鹹肉倒是掛了不少。請了小保姆的主婦還時不時地瞄上一眼，養媳婦偷吃熱豆腐，這句老話從來就不是空穴來風。

上海人家的廚房，是認識上海人的窗口。

上海人吃相
那杯清咖有點微苦
是非之地

四

石庫門內的家常風味

母親燒的菜是最好吃的。
老外婆包的湯糰是最甜的。
翹課在外吃的那碗小餛飩是最鮮的。
當我們進入IT時代後，當我們像煞有介事地吃起牛排時，心裡其實還是明白一件事：什麼時候胃納不佳了，最有效的藥方還是一碗泡飯。

哪一天，我們重歸故園，再訪桑梓，過幾天「千里鶯啼綠映紅，水村山郭酒旗風」的日子？

共與農家樂，把酒話桑麻

城中桃李愁風雨，春在溪頭薺菜花。今天，歷經千年而不變色香的田園景色越來越為城市人所嚮往，它時時在夢中撫慰著被瑣事俗務揉皺了的心瓣。河邊垂釣、灘頭趕鴨、園中挖筍、荷塘聽蛙、灶房蒸糕甚至燈下説鬼，都是一幅幅至今還感動著我們的圖畫。黃雞曉啼、白鵝暮吟，以及柳樹下臥牛的那一聲溫順的「哞」，還有星空下紡織娘不倦的歌唱，都成了鄉思的背景音樂。哪一天，我們重歸故園，再訪桑梓，過幾天「千里鶯啼綠映紅，水村山郭酒旗風」的日子？

機會來了，國慶長假日，與朋友相約一船渡江，到崇明前衛生態旅遊區放鬆幾天，它的妙處不在下榻賓館將自己關進千篇一律的客房，而是深入前衛村，住進一戶村民家，與他們同吃同睡，還有同勞作——如果家務也算勞作的話。

前衛村處於崇明島的東端，三十年前，這裡還是一片候鳥涉禽覓食棲息的海塗，通過不停的圍海，一個個年輕的村落形成了。近年來，前衛村進行多元化開發，「農家樂」就是旅遊資源的成功開發。

改革開放以來，崇明島上的農民也富裕起來，新蓋的樓房漂亮而且寬敞，一般都有三層，十來間，一家人即使發虎跳（編注：上海方言中對小孩歡呼雀躍之行狀的形容。）也住不完。於是一個有趣的想法形成了：利用農民多餘的住房辦成家庭旅館。具體是這樣操作的：遊客可以事先電話預訂，也可以「臨時抱佛腳」，在南門港碼頭下船後坐上前來接客的專車，進村後在有關接待辦公室的安排下，根據自己的度假計畫和「預算」住進農民家裡。這裡的客房按A、B、C三級，每晚標準分別為七〇元、六〇元和五〇元。如果一家三口住一間房，加鋪也不另收錢。與村民同吃，便宜得想不到：每餐三菜一湯才五元錢，雪白的大米飯盡吃。

好了，我們幾個朋友住進了一戶姓趙的村民家，B級標準。這戶人家的樓房是三年前造的，共有八間，主人自己住三間，五間做了客房。為提高接待能力，還特地投資一萬多元改造了衛生設施。我們住下後，馬上又有兩個家庭住了進來，生意還不錯啊。當天晚上，我們與趙家同吃，紅燒羊肉、清炒白扁豆、清蒸白鮚魚加一大碗蕃茄蛋湯。次日一早，我們去釣魚，還遊玩了村裡一個複製的明代古村，崇明的老宅有一個名稱：「四廳頭宅溝」，草屋四周有一圈一人多深的溝渠，白天鋪上木板做橋，入夜後抽去木板就成了小小護城河。我想這種設計大概是為防止倭寇的襲擾。十幾間屋子裡，以忠於歷史的原則擺設著石磨、紡車和織布機等，屋外還有水車和戲臺，崇明人的婚喪嫁娶全有了。

午餐是趙家主婦為我們特地操辦的。我們開了菜單，請她到集市裡去採辦，魚蟹是極便宜的，蔬瓜則由我們到園子裡割摘，滿滿一桌菜才三十幾元，再開兩瓶老白酒，微醺之時，我們又學起了崇明方言，鬧得樂不可支，人仰馬翻。

趁著酒興，我們又訪了幾戶人家，家家貴客盈門，笑聲歡語。在一戶鎮幹部家裡，我們還得知，主人為了接待城裡客人，投資十幾萬元，騰出七間房，客房裡的傢俱都是新打的，散發著好聞的杉木香，連價值一萬多元的按摩浴缸也搬進來了。正與主人聊著，一對正在度蜜月的新人要求晚上睡主人的雕花架子床，女主人面有難色，因為根據當地民俗，主人的床一般不讓陌生人看，更遑論讓人度蜜月了。而男主人到底是鎮幹部，思想開放，關照妻子在樓梯上下口、臥室門口點上三支高大紅燭，意為迎新人進洞房，這樣一來，陌生人就變成自己的兒子媳婦了，於是皆大歡喜，古老的風俗得到了昇華。

天下通食是餛飩

餛飩離了高湯，猶如少婦春困懶起，來不及梳洗畫眉。

上海人對餛飩向來偏愛，珍藏於兒時的記憶裡，餛飩至今還是熱湯熱水的。在物質匱乏的年代，它是老百姓的盛宴，偶爾一天包餛飩了，孩子得著消息，高興得如小狗奔進躥出，幫著擇菜也成了自覺行動。而母親剁肉餡的聲音，乾脆利索帶著欣喜，將左鄰右舍的收音機聲音也鎮壓下去了。買餛飩皮子還要預定，母親早早地到米店付了錢和糧票，捏著一塊油滋滋的紙牌回來，吃餛飩的計畫方始得到落實。到時候可以領貨了，再差孩子跑一趟，又得排隊。這樣一來，吃一頓餛飩怎麼不是盛宴？

第一鍋餛飩煮好了，孩子照理是不能吃的，家中若有高堂，則先敬老的，再送鄰居張家姆媽、李家好婆。一幢樓裡，因為有一戶人家吃餛飩，會顯得比平常更熱鬧，更有生氣，人情味濃濃的。孩子面對難得的美食，吃得很貪心，一碗不夠，再來一碗，直是吃著碗裡的，盯著鍋裡的。這副饞相叫父母陡然生出許多傷感，於是決定讓孩子們放開肚子吃，直到大肚圓圓，坐在那裡飽嗝連連，站也站不起來。

南方人之於餛飩，就如北方人之於餃子，一樣的隆重，一樣的情懷。在四川話裡，餛飩被叫做抄手，在廣東話裡，又被稱為雲吞。正如南方也有餃子一樣，在北方也有餛飩。我曾在青島吃過北方餛飩，那是三鮮餡的，個頭大，鮮味野，很有海邊城市的個性。張岱在《夜航船》裡說，餛飩是西晉大富豪石崇發明的，這個人富得流油，好精舍、美婢、鮮衣，也好美食。但事實上，餛飩的出現不遲於漢代。唐代僧人玄應在他的《一切經音義》中也說：「餛飩，餅也。」再早些時候，三國時張輯已這麼說了。那時的餛飩，據章證就是餅中夾餡入湯煮的，故而也叫「湯餅」或「煮餅」，後來人稱餛飩為湯餅，是有出典的。到了北齊，顏之推又描寫了餛飩的形狀：「今之餛飩，形如餃，天下通食也。」在江西波陽，那裡的人把餛飩叫做清湯。當地叫叫是一種習俗，到了外地難免鬧出笑話。有個波陽人到上海，在一家飯店裡坐下，開口就要喝一碗清湯，服務小姐很快把清湯端來了。波陽人用湯匙一攪，真是清湯寡水嘛，就火了，認為上海人欺侮他。服務小姐也很委屈，你自己點的就是清湯嘛。這時，一個老師傅來了，一聽客人的口音，馬上進廚房端了一碗餛飩出來：「這是不是你要的清湯？」波陽人這才轉怒為喜。這是發生在以服務優良著稱的人民飯店的故事。

清末民初滬上竹枝詞裡專有一段說餛飩的：「大梆餛飩卜蔔敲，碼頭擔子肩上挑，一文一隻價不貴，肉餡新鮮滋味高。餛飩皮子最要薄，贏得縐紗餛飩名蹊蹺。若使縐紗真好裹餛飩，緞子寧綢好做團子糕。」這段曲子簡略地描繪出當年上海灘上餛飩擔子的生意狀態：手敲梆子，肩挑擔子。深秋的夜晚，星斗滿天，年輕的販子穿了一件青布短衫，精神抖擻地串街走巷是一種風情。別小看了這副餛飩擔噢，它真是一件工藝品！有竹子做的，也有木頭做的，後者常常在關鍵部位雕一些粗花，髹紅漆描金粉，很討人歡喜的。形狀呢，如一座石拱橋，一頭是鍋灶，永遠燃著炭火，另一頭是放餛飩皮子和肉餡及佐料的小抽屜，賽過百寶箱。梆子聲裡，有人喚住，就卸下擔子，一手往爐子裡扔塊柴，一手忙將抽屜打開包起餛飩，一眨眼工夫，紫銅鍋裡的水也沸滾了，馬上下鍋。碗是現成的，加了湯，加佐料，餛飩用竹笊籬撈起，再撒些碧綠的蔥花在碗裡，客人站在街頭巷尾的風頭裡吃，非但不覺得冷，一碗下肚，額頭還會沁出不少汗珠呢，因為湯裡加了不少胡椒粉。這樣的餛飩擔子，在陸文夫的《小巷人物志》裡有詳盡描寫。前幾天我在虹橋地區一個專門整理舊傢俱的工廠裡就見過一副，不知老闆是從哪個角落收來的，以餛飩饗客的百年老店真應該買來供在店堂裡做懷舊的廣告。

這段曲子還有點小幽默，似乎對縐紗餛飩不買帳。縐紗二字是美麗的形容，也是小販們或市民對美食的感情寄託。如果非要頂真，縐紗餛飩似乎專指肉餡的小餛飩。

老上海告訴我，過去湖北人開的餛飩店，皮子是手工推的，極薄呈半透明狀，覆在報紙上可以看清楚下面的鉛字，劃一根火柴可以將皮子點燃。以這樣的皮子裹了肉餡，裡面留了一點虛空，可以看到淡紅色的餡心，煞是可愛。入鍋後立刻撈起，盛在湯碗裡，再撒上些許蛋皮絲和蔥花，紅的綠的黃的都有了。而這碗湯是大有講究的，用肉骨頭吊得清清爽爽，看不出肉渣骨屑，一口喝了，得摸摸額頭，眉毛是否還在。在我的印象裡，老西門喬家柵的縐紗小餛飩最好吃，一碗湯清澈見底，小餛飩在碗裡就如一條條小金魚，散開的尾巴都在動，真捨不得吃它們。這是我三十年前品味的記憶，現在是吃不到這樣考究的小餛飩了。如果哪家店裡還在賣小餛飩，忍不住進去吃了，那只能吃到一團極鹹的麵疙瘩。

事實上現在小餛飩很難吃到了，店裡有供應餛飩的，一般都是大餛飩，餡心也越來越高檔，什麼蝦啊，雞肉啊，鮮貝啊，甚至有羼入甲魚的，論起來味道並不怎樣，價格倒嚇煞人。到了夏天還常有冷拌餛飩應景，用意不惡，但餛飩離了高湯，猶如少婦春困懶起，來不及梳洗畫眉。超市裡也有各種速凍餛飩可供挑選，但凍過的總不如現裹的好吃。善持中饋的上海少婦，餛飩餡心必然用薺菜，再摻少許青菜，豬肉也要七分精三分肥的，這樣的餛飩吃口就鮮香滋潤。

小餛飩哪裡還有得吃？入夜後，在一些十字路口可以看到外來人員推出一輛小車，擱起一張桌子，賣起小餛飩。因為燒的是柴爿，上海人就叫這種餛飩為柴爿餛飩。馬路攤頭的衛生條件總是差，一桶水從開始用到結束，不知要洗多少只碗，這樣的碗上海人是不敢將嘴唇湊上去的。走南闖北的外鄉人少些顧忌，所以端起碗來就吃的人大都是來滬打工的民工。其實上海人不要輕看了他們，幾十年前，小吃就是這樣進入大上海的。不過，這樣的餛飩攤也不是隨便可以擺的，在哪個地步擺，擺多長時間，得聽一個人的，這個人就有點像舊社會的黑老大。我聽說在南市區一個地方，就有一個外鄉人初來乍到不懂規矩，自行擺了攤子，當天就被人砸了鍋。這個問題，包括食品衛生，應該引起有關部門的重視。

有一個關於餛飩的故事是美麗而傷感的，說的是有一對剛完婚的小夫妻輾轉到上海，開始了新生活。但不久太太不幸一病難起。每天晚上，先生陪她說話、讀書以解憂悶。半夜時分。餛飩擔子隨著梆子聲由遠而近。先生就用一隻絲襪繫著一隻小竹籃吊到窗下，買一碗小餛飩餵太太吃。終於有一天，太太永遠離他而去。他沉浸於戀情不能自拔，每天半夜還是用一隻絲襪繫著小竹籃，從二樓窗口吊下去買一碗小餛飩。

我以為，在這個故事裡，小餛飩是一個不可缺少的道具，但不是最重要的道具，最重要的道具應該是一隻絲襪。這就是上海人在這種布爾喬亞情調很濃的故事裡所表現出來的聰明才智，絲襪實際上是一個有關性的隱喻。在這個故事裡飲食男女都有了，一部電影的材料備齊了，接下來就由聽故事的人自己去想像了。如果繫小竹籃的不是絲襪而是一根尋常人家必備的麻繩，那該是如何地煞風景啊！同樣道理，三毛用一雙絲襪結束了自己的生命，而不是更具殺傷力的尼龍繩。三毛懂得如何死得淒美，並給人留下很大一塊想像空間。由此我猜想，三毛是喜歡吃小餛飩的。

甜食

大塊糯米團擱在木盆裡，面對面站兩個阿媽妮，木榔頭你一下我一下地打，直至又糯又韌，揪下一小塊襯著碧綠的粽箬吃，團子裡摻了白糖，口感極佳。

如果你跟鄰居家的老太太談得來，她就會告訴你：「我喜歡吃甜食的。」喜歡吃甜食的不光是老太太，還有鬍子一翹一翹的老頭。只是他們一般不好意思跟小輩說罷了。新文化運動的小說和電影裡，革命者似乎都是愛吃甜食的，這種屬於小資後遺症的嗜好，沖淡了滿腔殺伐氣。民國初年被人們享受的甜食，我研究了一下，大概包括豬油湯糰、桂花甜酒釀、蘇式糕點，還有糖果。

受家庭口味的影響，我從小愛吃甜食。除了糖果，還吃蘇式糕點。八仙橋有一家糕團點，每天上午下午兩市供應蘇式糕點。這些糕團以糯米、粳米為主料，比如雙釀團、粢毛團、松花團、玫瑰方糕、條頭糕（編注：條頭糕是上海人最喜歡的點心之一，由糯米粉糅合細沙做成，上灑桂花末，內包豆沙餡。口味甜甜糯糯，老少咸宜。）、壽桃、定勝糕（編注：類似台灣的狀元糕，只是口味略有不同。取名定勝，一說是預祝出征的將士凱旋歸來，一說是預祝趕考的書生金榜題名。）等。松花團表面金黃，是因為裹了一層松花粉，毛茸茸的十分可愛。現在很少有松花團供應了，老師傅告訴我：松花粉常常斷檔。壽桃和定勝糕是禮儀性相當強的糕點，它承擔了民俗學層面的任務。現在還是這樣，喬遷、壽慶，買上一些分送親朋好友。我最喜歡吃雙釀團，一口咬下，露出一層淺褐色的豆沙，再咬一口，就會噴出黑洋酥來。雙釀團是帶有懸念的點心，有更上一層樓的詩意。玫瑰方糕有壽山印石中桃花凍的效果，還有一股直沁腦門的薄荷味。

長大了，還知道金陵東路上有一家天香齋，小籠做得好，糕團也常年不斷。南京東路的沈大成也是老字號，一直到今天還是糕團供應的大戶。到了蘇州，知道黃天源是蘇式糕點的大本營，那裡的品種更多，原料更講究，吃口當然更好了。我每次去蘇州，滿街尋找黃天源的門市部，買一些帶回上海，一家人解饞。

蘇州人做甜食是有天賦的。糕點如此，糖果也是如此，蘇州的棗泥麻餅、粽子糖、牛皮糖都是聞名遐邇的土特產。前不久去蘇州博物館參觀，特別到觀前街買一些甜食帶回上海。有一種玫瑰粽子糖，在我小時候視為性命。它通體玫瑰紅，皮脆質酥，一嚼就化。我對它既愛又怕，常常一粒入口，馬上蹲下去，一手捂住腮幫子痛得直叫。它太甜了，將蛀牙都甜痛了。我小時候比較笨，總以為蛀牙裡有一條蛀蟲盤踞著，以牙縫裡的食物為生，也愛吃玫瑰粽子糖，我之所以牙痛，就是因為蛀蟲奮不顧身地爬出來搶食了。

蘇州糕點是甜的，菜餚也偏甜。有一年我帶一個北方朋友遊訪蘇州，在飯店裡吃飯，他一臉痛苦表情。後來到朱鴻興吃燜蹄加爆鱔雙澆麵，他喝了一口就噴出來：「怎麼麵湯都是甜的？」這次再去蘇州，在王四飯店點了幾道看家菜，卻發現甜度大幅降低，蘇州菜的特色為此被沖淡不少。服務員說，這是為了適應旅遊人口龐大的市場。

那麼黃天源的糕團又如何呢？似乎也不及過去好吃了。老師傅告訴我說，現在種稻都要施化肥，成熟期縮短，所以不及過去的糯米又香又糯，做出來的糕團吃口也差遠哉！怪不得阿拉手藝人。

但是，我在韓國濟州島看到當地民眾打糯米糕，方法與江南民俗相仿，大塊糯米團擱在木盆裡，面對面站兩個阿媽妮，木榔頭你一下我一下地打，直至又糯又韌，揪下一小塊襯著碧綠的粽箬吃，團子裡摻了白糖，口感極佳。韓國人已經將端午粽子成功申報為他們的文化遺產了，接下來又有企業瞄準了豆漿，是不是還要將我們的蘇州糕點也一併包攬過去啊？

糯米團家族

河邊的墳地裡，野草在略帶寒意的風中顫抖，蠶豆花在河對岸開著，油菜花則在遠處抹出一大片金黃色，墳前菜也上齊了，酒也斟滿了，紙錢也燒了，紙灰旋轉而飛舞著，最後落在供盤裡的青團上，不再飛走了，就像一隻黑蝴蝶。鄉間的風柔軟如綢，小心撣去白幡上的浮塵，又裹挾著植物生長的清新氣息給祭祖的人們一點安慰。放眼望去，四周一派蓬勃生機。

盡信書不如無書。這句話是有道理的，特別看秀才寫的書，不能太當真。封建社會的秀才不像今天ＩＴ時代的網路寫手，秀才住在比較閉塞的鄉村，頂多趁會考的機會到縣城裡小住幾日，與同為秀才的朋友們喝喝酒、聊聊天，順便將自以為有趣的人與事記下，編書刻版，文采斐然的幾種也會傳諸後代，一不小心成為經典。而現代人呢，讀書少，對書店裡上榜單的書比較迷信，於是從網上剝下幾段來看，大驚小怪，就難免上當。比如袁枚的《隨園食單》，裡面確實記錄了乾隆盛世的種種坊間吃食，也顯示了他的生活品位，但這是一本屬於硯池餘墨的秀才隨筆集，寫起來比較隨意。加之隨園老人交遊甚廣，平時接待客人較多，花在考證上的時間也被壓縮了。再說，書房與廚房的心理距離也有一段路吧。故而書中有許多食物被他一路寫來，只有三言兩語的眉批式點評，沒有介紹配方，更沒有操作過程。袁枚是屬於那種坐在餐桌邊的評委，而非演員。那麼，錯誤也就難免了。比如談到青團，隨園老人是這麼說的：「搗青草為汁，和粉作粉團，色如碧玉。」

青草，在約定俗成的概念裡就是牛羊們嚼食的植物，它的汁有很重的苦澀味，人不能咽食。在三年自然災害時，人們也沒有吃青草，頂多剝張樹皮嚼嚼。所以這裡說的青草汁是以訛傳訛的。

今天，一到清明前後，小報記者們也會拉出青團來大肆渲染一番，但青團的青是如何來的，往往語焉不詳。其實，青團用的青，過去是從艾葉而來，而今是從麥青來的。

艾葉在江浙一帶也叫黃花艾，草本植物，葉片毛茸茸的，呈淡綠色，如菊花一樣一葉分五叉。揪斷了葉片，可聞到一種辛辣的清香，因為葉片裡含有揮發油的緣故。據醫生介紹，黃花艾對非感染性潰瘍有明顯療效，還有祛痰、止咳的作用。過去農村裡的人在採摘菖蒲時也會順手摘一些艾葉回家，掛在家門口用於驅除邪氣。

用艾葉汁做青團，具體做法是這樣的：艾葉在石臼裡搗成汁，稍加一點石灰水，使之更加鮮綠，與糯米粉拌和後裹上細沙餡，做成青團，再上籠蒸透，表面上刷一層麻油以防相互粘連。咬一口，甜軟適口，色彩的效果恰似一塊琥珀鑲嵌在碧玉中。

有一次與朋友同遊同里，在一家鄉土味甚濃的飯店裡的小酌，時值初夏，我點了一道麥芽塌餅，端上來一看，居然堆得小山樣高。麥青葉與糯米粉一起做成直徑六七公分的厚餅，蒸熟後用蜂蜜一澆，黃中閃青，吃口軟糯但不粘牙，口舌間還繚繞著一股來自田頭阡陌的清香，但數量過多，怎麼也消滅不了。

在上海，青團以喬家柵出品的最佳。喬家柵青團就有一股淡淡的石灰味，色澤翠綠鮮亮，吃口軟糯，餡心細膩。有時候吃著吃著，牙齒就會帶出一根細細的草來。但現在那種標誌性的石灰味沒有了，據說是有關方面不允許，也有一種說法是上海郊區再也找不到艾葉了。一年一度的商機是不能錯過的，於是有些店家用青菜擠出的汁水來代替，有的乾脆用色素，賣相也好。如果是這樣的話，我拜託師傅用麥青的汁水來做。

麥青就是尚未抽穗的麥子，上海郊區有農民專門根據商家訂貨單種植的，用麥青做青團色澤稍淡，但香氣也是濃郁的。

在川沙，清明時節農民還會做一種艾麥果，與青團相仿，只是實心無餡。還有一種加了麥青汁的糯米粉印糕，脫了模後再上籠蒸，形狀有方有圓及異形的，上面的圖案或是一隻蝴蝶、一條魚，或是一隻碩大的壽桃，桃中還有字「福壽安康」，充滿了民間意趣。一般是上墳時疊成三層祭一下祖，然後分給孩子吃。這樣的場面，我是印象深刻的，河邊的墳地裡，野草在略帶寒意的風中顫抖，蠶豆花在河對岸開著，油菜花則在遠處抹出一大片金黃色，墳前菜也上齊了，酒也斟滿了，紙錢也燒了，紙灰旋轉而飛舞著，最後落在供盤裡的青團上，不再飛走了，就像一隻黑蝴蝶。鄉間的風柔軟如綢，小心撣去白幡上的浮塵，又裹挾著植物生長的清新氣息給祭祖的人們一點安慰。放眼望去，四周一派蓬勃生機。

上海人到蘇州、杭州等地掃墓，一定要帶上青團。前不久看池莉（編注：知名女作家。湖北人，熱愛描寫武漢當地的風土民情，得過魯迅文學獎、紅河文學獎等寫作大獎，著有《生活秀》、《小姐你早》等小說。）寫上海人的一篇文章，裡面說上海人務實，祭祖上供的青團是從超市裡買的便宜貨，自己吃才買價貴的一種。那是她看問題太表面了，上海人不可能這樣薄情寡義。

過去還有一種青餅，糯米與大米相摻，吃口略硬，裹黃豆沙餡，賣得最便宜。十年動亂（編注：指文化大革命。）時，掃墓的風俗受到壓抑，活人也如泥菩薩過江，死人只好委屈一下了，但吃青團的習俗倒沒有改變。一到清明那天，糕團店門口照樣排隊，不少人端著鋼精鍋子，一買就是十幾二十隻。不知哪個極左文人在報上寫文章說：警惕迷信活動回潮。放屁一樣，上海人照樣吃青團。

有一老畫家，「文革」時家被抄，顏料也沒了，他就從食品店裡討來一些艾葉汁，又從桑葚裡擠些胭脂紅的汁水，有紅有綠畫了一幅佳果圖，紅菱綠瓜，生動喜人，可惜此種植物的汁液雖然環保，卻容易褪色。三十年後再從箱底下翻出來看，已經黯淡了。

一隻螺螄逼死英雄漢

上海人若要整治一下瞧不起上海男人的北方漢子，就請他吃炒螺螄，面對小小螺螄，最愛啃雞腿的北方漢子手忙腳亂，就是吃不到殼裡的那一小團肉，氣得他兩眼通紅。

首先我要說的是，「吃螺螄」三字，是電視節目主持人的恥辱。播音時突然犯個暈，舌頭轉不過來，或者在嘴邊打個咯噔，行話叫做「吃螺螄」。老資格的主持人也難免吃一回螺螄，不過他們善於遮掩過失，螺螄在口，面不改色心不跳，觀眾一般感覺不大。

生活中的吃螺螄，卻是一種享受。特別是對上海市民而言，一隻小小螺螄，構成了寒素生活的溫暖背景。江南民間有句俗語：「清明螺，頂隻鵝。」意思到了清明時節，螺螄就長得很肥碩了。不過螺螄再肥碩，也不能與鵝有一拼啊，這就是民間口頭文學的誇張手法了，很讓草根階層知足。我老家紹興還有一個說法：螺螄篤篤，道台不做。有一盤炒螺螄吮吮，連市長也不想做了，可見阿Q的同鄉以前是何等的豪邁！

小時候在鄉下住過一段時日，看年齡比我大不了幾歲的頑童脱光了身子從石板橋上猛一跳紮進河裡摸螺螄，那真是激動人心的遊戲啊。不一會，他們吐著水浮上岸來，手裡舉著兩大把青殼螺螄。再一個扎猛子下去，又是兩大把。如此者三，晚上爹爹吃老酒的菜和全家人的下飯有著落了。螺螄附吸在河底岸邊的石頭上，摸起來並不難，所以小孩子都把它當作玩兒。

晚霞如火，紹興的阿公阿叔坐在橋頭，雙腳懸在橋欄板下，一隻手托一碗糙米白飯，另一隻手托一碗炒螺螄，吮一隻螺螄，吐一隻螺殼，河面就回上來「噗」的一聲。此番鄉情，真是濃郁得緊啊。

螺螄以青殼為上品，肉嫩殼薄味鮮，黃殼褐殼的就差多了。青魚就是吃青殼螺螄長大的。陽澄湖裡的養蟹人會在湖裡放養一些螺螄，這是給蟹補充營養的活肉。吃蟹的季節一到，食客也會叫老闆娘炒一盤螺螄來吮吮，這是最會吃的方法。母親告訴我一個經驗，小江螺螄為妙。所謂的小江螺螄，我想大約是生長在小河裡的吧，或者在稻田裡。現在的螺螄味道總不如過去的鮮美，我想這與河道污染日益嚴重有關。

螺螄經過一個冬季的滋養，在清明前後是長得最肥碩的時候，吮出來的螺頭肉極其飽滿，有韌勁，外加一股鮮湯噴射而出，下飯最佳。螺螄尾巴是一團活肉，微苦，卻糯軟爽滑，也可同吃。再過一段時日，它的尾巴就附滿了乳白色半透明的子，肉就變得瘦而緊，風味大遜於前。

上海人喜歡吃炒螺螄，放蔥薑、黃酒、醬油和白糖，火頭要急，爆炒幾下上鍋蓋，待螺殼脱了衣，就可盛起，多炒後肉頭會緊實，可能塞牙。一碗炒螺螄，在物質匱乏的時代，也算一道葷菜了。所以在上世紀八〇年代，夜排檔盛行的日子裡，炒螺螄是小攤頭裡的必備下酒菜，吮螺螄的聲音在燈光下是很熱鬧的喧嘩，在鄰居們的耳裡卻煩人得很哪。

除了蔥薑炒，上海人還有一道醬爆螺螄，在前者的基礎上加點麵醬，主要是增味。我家還有一道蒸螺螄，螺螄殼用刀尾磕一個口子，放碗裡加少許醬油蒸熟，淋幾滴麻油就可以上桌了，在買食油要憑票的日子裡，這也算一種吃法。再說，蒸螺螄最能保持原汁原味。

我從小愛吃螺螄，開始本領不高，用牙籤挑，遭姐姐譏笑，於是下決心苦練舌尖工夫。到小學畢業，我已經能當眾表演了，一湯匙螺螄送進嘴裡，在嘴裡盤一會，吐出來就是一湯匙空殼。因為愛吃螺螄，剪螺螄理所當然成了我的任務。

清明過後，春韭初裁，挑了螺肉與闊葉韭菜一起炒，是一道時令菜。或與嫩豆腐一起煮羹，也極具風味。

上海人吃螺螄的絕技，外地人目為異秉。後來我發覺，上海人若要整治一下瞧不起上海男人的北方漢子，就請他吃炒螺螄，面對小小螺螄，最愛啃雞腿的北方漢子手忙腳亂，就是吃不到殼裡的那一小團肉，氣得他兩眼通紅。俗話説，一錢逼死英雄漢，移植到螺螄上面也是行得通的，那叫「憋死」。

前不久，我在松江吃到一款農家菜，螺螄與河鯽魚、蛤蜊、毛蟹一鍋煮，味道鮮到家了。小毛蟹兩隻大螯高舉，八腳朝天，一副神氣活現的腔調，而螺螄沉在最下面一聲不吭。一幫畫畫的中年男人都是很會吃的，滿世界找鍋底的螺螄，因為此時它吸足了魚蟹蛤蜊的湯汁，肉質肥腴，味道最佳。

大團圓的炒三鮮

我認為炒三鮮是最具農家樂風格的菜。為何？因為它熱鬧啊，大雜燴、大團圓、大團結、大豐收、大串聯，像一部七大姨八大姑拼命搶鏡頭的肥皂劇。三鮮湯的思路也一樣，突出一個「雜」字，主料輔料相仿，不同之處要加線粉和菠菜等，一鍋煮，熱氣可以頂到天花板上，食客吃了這樣吃那樣，還有什麼不滿足的？

這幾年本幫菜越發受到食客的青睞，私心以為，倒並非本幫菜有何起色，而是「上海寧」意識到問題的嚴重性。你看中華大地上的各幫各派菜餚都紛紛搶灘大上海，連過去聞所未聞的傣家菜都來紮一腳，菜不咋的，但一群傣家姑娘載歌載舞逗你一樂，生意居然也火得不行。「外國寧」從來是紅眼睛綠眉毛，改革開放三十年，就是西餐大舉進入的黃金歲月，最後連墨西哥菜、巴西烤肉以及語焉不詳的尼泊爾菜也悄悄地進城。本幫菜再不伸拳踢腿，以後就沒有插錐之地啦！

本幫菜飯店，除了一些老字號堅守城門外，「新開豆腐店」高舉本幫大旗的也如過江之鯽，有的力推蝦子大烏參、八寶鴨、蟹粉魚翅，規模小點的則祭出「老八樣」。「老八樣」指八寶飯、扣走油肉、炒三鮮、三鮮湯、白斬雞、家鄉鹹肉、紅燒河魚、蛋捲等，它的底子就是上海川沙、南匯等「鄉下頭」紅白喜事筵席的基本模式，但依我的經驗，這「老八樣」是沒有定規的，有時候小蔥肉皮也頗受歡迎。但列位食客看清楚了，炒三鮮與三鮮湯佔據老八樣席位的四分之一，可見三鮮是本幫菜中非常重要的角色。

在我小時候，跟著大人去飯店打牙祭，炒三鮮或三鮮湯是少不了的。炒三鮮天生是雜牌軍出身，內容豐富，有魷魚、小排、爆魚、肉圓、豬腳、肚片、水發肉皮、以及為龍套的蔬菜，鬧哄哄地炒作一大盤，大家吃得相當開心。我認為炒三鮮是最具農家樂風格的菜。為何？因為它熱鬧啊，大雜燴、大團圓、大團結、大豐收、大串聯，像一部七大姨八大姑拼命搶鏡頭的肥皂劇。三鮮湯的思路也一樣，突出一個「雜」字，主料輔料相仿，不同之處要加線粉和菠菜等，一鍋煮，熱氣可以頂到天花板上，食客吃了這樣吃那樣，還有什麼不滿足的？

過去有些飯店做三鮮湯，材料不夠了，就到冷菜間裡隨便斬點滷鴨或白斬雞等湊數，所以上海人說一件事情辦得差強人意，就叫「爛糊三鮮湯」。

我老家弄堂裡有一個煤球店小開，他上館子從來不點炒三鮮和三鮮湯。為何？他說在舊上海，這路菜都是給黃包車夫吃的。我們是窮人家，不忌諱這種臭規矩，家裡來了客人，老爸就差我去淮海路上的一家小飯店買一隻三鮮湯，只需五角錢，主客一桌吃得其樂融融。

除了炒與湯，浦東還有蒸三鮮：魚圓肉圓蛋餃爆魚豬腳肉皮一起排列在大碗裡，碗中心塞大白菜，上籠蒸，蒸得白菜酥爛，覆扣在大盤子裡，碗裡的濃湯兜頭一澆上桌，巨無霸風格讓浦東人民眉開眼笑。

前不久與禮暘、予佳、琦華諸兄到浦東吃飯，在嶗山路近浦電路處有一家飯店名叫「三兩春」，似乎是老字號，其實是新開張。嶗山路在二十年前是浦東新區著力打造的商業街，現在人氣很旺。「三兩春」的店堂佈置「很本幫」，八仙桌，骨牌凳，牆上貼著月份牌，其中一張是謝之光的手跡。更讓人親切的是，青花瓷的筷筒裡插著久違的天竺筷！

這裡供應「老八樣」，還有鹹肉菜飯，粒粒分明，油光鋥亮，味道交關斬（編注：味道十分好的意思。）！我們點了炒三鮮、紅燒魚頭螺螄、蒸蛋捲、清蒸鱖魚加鹹肉菜飯，再開一甏黃酒，一直吃到半夜一一點鐘，所費不過一百出頭點。

夜色濃重，涼風習習，店堂內外依然食客盈門。又一鍋生煎饅頭出鍋了，一股香氣撲鼻而來，忍不住每人來一客，黑白芝麻灑得慷慨，底板煎得焦黃鬆脆，豬肉餡心加了點生抽，味道真鮮！這裡還有陽春麵，肉骨湯、蔥花、豬油一樣不少，只賣三元一碗！可見老闆不以小善而不為，陽春麵的利潤，在今天物價高漲的背景下，能有多少呢？但他為周邊的老百姓考慮，還是堅持賣到現在，而且允許客人自帶酒水。怪不得店名就叫「三兩春」：三兩陽春麵或三兩鹹肉菜飯，吃飽了，打著嗝推門而出，滿面春風上班去，回頭一看，老式石庫門的門頭豎在那裡，恍惚回到了童年。

偉大的臭豆腐

臭豆腐是遍及全中國各個角落的旅遊名品，青山綠水，鳥語花香，紅男綠女，談情說愛，冷不防有一股氣味款款飄來，那是一股讓老外詫異而讓國人鼻翼大幅扇動的美妙氣味。於是，這個景點就陡然充滿了世俗的人情味。

豆腐是可以緊跟在中國古代四大發明之後的另一項偉大發明。關於它的故事大家都能倒背如流了，我要說的是，臭豆腐作為豆腐的搞笑版，民間傳說一直認定它是歪打正著的產物。其實，以中國飲食行業江湖之遠，高手如雲，整它一兩個臭東西還不是小菜一碟？君不見，除了豆腐，還有肉、魚、蔬菜等，都可以臭氣熏天而令人趨之若鶩的！

到如今，吃什麼都講究衛生了，但臭豆腐上桌，食客還是唯恐不臭。九斤老太

（編注：九斤老太是魯迅小説《風波》中的人物，她的口頭禪是「一代不如一代」。）則常常跺箸歎息：現如今啊，臭豆腐也不臭了啊……

臭豆腐是遍及全中國各個角落的旅遊名品，青山綠水，鳥語花香，紅男綠女，談情説愛，冷不防有一股氣味款款飄來，那是一股讓老外詫異而讓國人鼻翼大幅扇動的美妙氣味。於是，這個景點就陡然充滿了世俗的人情味。

前些日子去長沙，事先打開地圖找到火宮殿的位置才肯動身。湖南的臭豆腐與我家鄉紹興的臭豆腐齊名，而在我的思鄉感情裡，總是把紹興的臭豆腐放在第一位。我們上海人平時吃的臭豆腐，也以浙江一帶的臭豆腐為藍本，外形比較厚實而內芯比較水嫩的那種，油煎至金黃色，外脆裡嫩，蘸辣伙（編注：辣伙醬是一種極辣的辣椒醬。），連吞五六塊還不過癮。

到了長沙，在酒店拿了房間鑰匙後打的直奔火宮殿。司機側過臉問：去吃臭豆腐？我點頭，他猛轟油門，一臉自豪。

一路上司機告訴我，火宮殿在舊時是敬火神的地方，又叫火神廟。每年火神生日，這裡就有趕廟會，唱大戲的，賣小吃的，賣雜貨的，加上如雲的遊客，熱鬧得不得了。遊客在看戲買年畫之餘，就想往裡塞點什麼，這也是人之常情。廟會上沿街設攤的各式小吃就滿足了這種需要，有順口溜為證：「火宮殿樣樣有，飯菜小吃熱甜酒，油炸豆腐香噴噴，姐妹團子數二董，撒子麻花蹦蹦脆，豬血蹄花味道美，各式小吃嘗不完，樂得食客笑呵呵。」

長沙市旅遊局應該給這個司機頒一個獎。

很快，火宮殿到了，與全國大多數景點一樣，建築整舊如新。人，則是如潮水湧動。而且每張笑臉都像臭豆腐一樣，皮色的金黃加辣夥的大紅，還有點黑。

黑，這是長沙的臭豆腐的風格。比我們平時吃的薄，也較為緊實，油煎過後，賽過在煤灰堆裡打了個滾，墨黑一團。我不怕，經驗告訴我，這是原汁原味的痕跡。趁燙咬一口，裡面白如羊脂玉，香鮮至極，怎一個爽字了得！環顧四周，似乎所有的湖南人都向我投來「天下一家親」的微笑。

一九五四年，毛主席他老人家回老家視察，就到長沙火宮殿吃了一頓臭豆腐，並說了一句大白話：「長沙火宮殿的臭豆腐乾子，聞起臭，吃起來是香的。」如今這條最高指示被刷在牆上，成了火宮殿的超猛廣告。

吃至半盆，一樓面經理跑來跟我說，湖南人做臭豆腐與別處不同，先用黃豆加工的水豆腐，經過專用滷水浸泡半個月，再以茶油炸至外脆裡酥，佐以麻油、辣醬吃，風味當然別具一格。至於它的黑臉膛，也是特色，所謂「黑如墨，香如醇，嫩如酥，軟如絨」是也。黑，是因為滷水之故。這滷水做起來也大有講究，裡面有鮮冬筍、瀏陽豆豉、香菇、上等白酒等多種調料，讓它發酵至黑，就可以投入豆腐了。可以說，滷水是做臭豆腐的關鍵。「我們店裡大師傅在做臭豆腐時，一個人躲在地下室裡不讓外人看見。他做的滷水是活的，一直在冒氣泡，不然死水一缸，就做不好臭豆腐了。」

柴灶一把火，鹹酸菜飯香

寡淡地等了一個冬季，自然希望親近鄉野的香蔬，於是割來水淋淋的青菜，略炒一下，下大米旺火煮成一鍋菜飯，白的飯粒，綠的菜葉，黃澄澄的菜籽油滲透了米粒與菜葉，香氣撲鼻而來，若是加些隔年的鹹肉丁，味道更好。

上海雖然是一座移民城市，但在飲食這檔事上，受本地居民影響無遠弗屆。所謂本地居民，一般指從川沙、南匯、松江一帶出來的原住民，而一水之隔的崇明就略顯疏隔。融入喧囂的城市後，他們的口語中已經聽不到多少本地方言了，但飲食習慣還頑強地保留著農村生活的經驗。比如我太太祖籍在川沙，炒個青菜吧，有時也會莫名其妙地放醬油，等我驚叫時，她好像又突然明白過來。過去她家裡炒青菜就是這樣的，習慣了，覺得青菜天然地要放一點醬油。再比如百頁包肉，俗稱鋪蓋，一般是白燒，但她習慣紅燒，改刀後上桌。真拿她沒辦法。我跟她說過不止一次：魚肉紅燒無妨，蔬菜若放醬油，何以獲得碧綠生青的色相？

我太太還將菜飯說成鹹酸飯，還說川沙人一直是這麼叫的。我也覺得怪誕。

菜飯在江南一帶城鄉，應該是家常的。春雨初晴燕雙飛，菜畦新綠筍出泥。寡淡地等了一個冬季，自然希望親近鄉野的香蔬，於是割來水淋淋的青菜，略炒一下，下大米旺火煮成一鍋菜飯，白的飯粒，綠的菜葉，黃澄澄的菜籽油滲透了米粒與菜葉，香氣撲鼻而來，若是加些隔年的鹹肉丁，味道更好。用藍邊大碗堆得山高，可以連盡三碗。再過幾天，菜莧（編注：即油菜。）新割，就可用菜莧做菜飯。此菜汁液充盈，幫子少而薄，菜葉就格外軟糯，還有一股俊朗的香味。再過幾天，蠶豆成熟了。天啊，蠶豆是我的性命，但此時的蠶莢裡的小豆豆們還水嫩著，宜旺火急炒，加蔥花，圖的是豆香。等到差不多落市了，豆莢生出點點黑斑，就剝成新豆板（編注：指蠶豆上市後剝去蠶豆殼後得到的豆肉。），加少許青菜和鹹肉丁燒成豆板菜飯，那個滋味等於為溫暖的春天做一次圓美的小結。秋天芋艿上市時，小顆芋艿籽去皮後與青菜一起煸炒，燒成菜飯也有另一種香軟味，窩在飯裡的芋艿稍有彈牙，食之有清香。冬天萵筍時鮮，可以摘了萵筍葉，略加鹽而去青澀，燒成的菜飯有一絲絲不令人討厭的苦味，其味不俗。

一年四季，菜飯都是受歡迎的。所以在有些飯店裡，菜飯長銷不衰，慢慢形成了專賣店。比如雲南南路上曾經有一家，環境簡陋，生意卻一直興旺，一個市頭要燒兩三大鍋，還有排骨、辣醬、老滷蛋等澆頭。福州路上的美味齋是老字號，就以菜飯立身揚名，米粒清晰、菜香濃郁，澆頭品種豐富，紅燒排骨、紅燒豬腳、八寶辣醬最為經典。滿滿一碗菜飯，兩大塊豬腳一蓋，兜頭一勺肉滷，色香味都有了，再配一碗肉骨黃豆湯，吃完摸摸肚皮，相當結實。平民的生活是容易滿足的。

菜飯要燒好其實不容易，大米要選漲性不大的那種，以獲得嚼勁。青菜要保持碧綠生青，最好還能有一點點脆性，蔬菜的香氣就能在鼻尖縈繞。鹹肉肥瘦兼顧，能帶薄皮更佳。有人喜歡加香腸，我也不反對，但廣式香腸有甜味，川式香腸有麻辣味，都會攪亂菜飯的清新感。還有人放胡蘿蔔，也可能衝突本味。過去青菜供應緊張，有些飯店用捲心菜濫竽充數，味道就不對，因為捲心菜有老熟的甜味。

那麼菜飯為何叫鹹酸飯呢？事實上它並不酸啊。這個問題我太太一直回答不出來。

對了，本地的老阿奶還會用粗鹽擦過的草頭做一種菜飯，香得有一點點野性。有時還會用醃過的金花菜做。這樣的話，金花菜帶了一點暗黃色，賣相不好味道特別，金花菜帶一點點沉鬱的酸味，很開胃。這也許是鹹酸飯的由來吧。還有一次我吃到了用馬蘭頭乾燒的菜飯，帶了幾塊又脆又香的飯糍（編注：即鍋巴），味道絕對鄉土。

還有一點須強調，燒菜飯最好用農村的柴灶，灶膛裡塞一塊硬柴，火頭旺，力道大，一會就開鍋了，收火時改用小火燜，讓鍋底結成一大塊薄薄的鑊焦，那麼這鍋飯不香也難。現在大家都用上了電飯煲，燒菜飯只能「神與貌，略相似」了。

前不久在前兩章提到的「三兩春」裡吃飯，意外吃到了正宗的浦東菜飯，米粒清晰，富有彈性，鹹肉與菜的香味恰到好處，配一碗熬得濃濃的肚肺湯，頂饑解饞，經濟實惠。據老闆介紹，他們燒菜飯自有一套，秘訣在於青菜之外，再加鮮肉與鹹肉。鮮肉丁中的肥肉丁先入鍋煸炒使之走油結殼（編注：結殼是指肉的表面形成一層未焦的硬皮。），再加瘦肉丁和青菜，煸透後加事先浸泡兩小時的大米，大米選用江蘇射陽出產的那種，最後加入鹹肉丁一起旺火燒，飯燜透後澆一勺香噴噴的豬油拌勻，致米粒溫潤如玉。一大碗菜飯才賣九元，誠為溫老具貧的惠民措施。昨天我與太太去浦東麥德龍購物，午飯時間到了，就繞了個不小的圈子到「三兩春」吃飯，想不到鹹肉菜飯賣完了，生煎饅頭也賣完了，只好叫兩碗辣醬麵，也算聊勝於無吧。

補充一句，菜飯一頓吃不完，第二天一早加水燒成菜泡飯，也是上海人的至愛。如果帶了一點半透明的飯糍，燒軟後味道更香，大家搶來吃。

排骨年糕

我親眼看到有些女工，買了面拖排骨後剛一大口咬下，突然想到家裡豆芽般的孩子，於是就挾到飯盒裡，自己吃排骨底下的炒青菜。面拖排骨要趁熱吃，帶回家後必定遜色不少，但可以想像的是，即使冷了軟皮塌裡的面拖排骨，在家裡還是會引發一陣歡笑的。

相比紅燒肉，上海人對排骨的感情似乎更深一層。特別是面拖排骨（編注：面拖即裹粉的意思。），從滾燙的油鍋裡撈起，碼在砧板上，改幾刀，鬆脆而滑嫩的斷面馬上出現在眼前，那是一塊豬排應該呈現的粉紅顏色。而表面緊緊包裹的一層麵醬，經過油炸後又是淺淺的麵醬色，保持著一定的堅硬與鬆脆。蘸了辣醬油，大塊送入嘴中咀嚼，一股豬肉的腴香頓時彌漫在口腔內。外脆裡嫩的感覺，是粘度很高的紅燒肉所不具備的，也是上海人對豬身脊背部位肌肉的高度肯定。

面拖排骨是工廠、機關及學校食堂裡的當家品種，面拖排骨一開鍋，食堂裡就飄起了令人垂涎三尺的香味，吃飯的人就會在一個窗口前自覺地排起長隊，交頭接耳，興奮異常。面拖排骨在供應匱乏的年代，給了我們多少安慰啊！我親眼看到有些女工，買了面拖排骨後剛一大口咬下，突然想到家裡豆芽般的孩子，於是就挾到飯盒裡，自己吃排骨底下的炒青菜。面拖排骨要趁熱吃，帶回家後必定遜色不少，但可以想像的是，即使冷了軟皮塌裡的面拖排骨，在家裡還是會引發一陣歡笑的。

面拖排骨是家常的，家庭主婦幾乎都會做，只是麵粉的厚薄問題，只是油溫高低問題，只是脆與軟的問題。但辣醬油上蘸，狂熱的歡呼聲中，什麼問題都可以忽略不計。

比面拖排骨更勝一籌的是排骨年糕，這是獨具上海風情的小吃，尤以鮮得來最最著名。據說早在一九二一年，有個名叫何世德的廣東人，在中法學堂（今光明中學）旁邊的一條弄堂口，上海人稱之為過街樓的下面，擺了三隻半八仙桌（一隻靠牆，故稱半隻），起了一個灶頭，架起一隻鐵鍋，小吃店就這樣開張了。一開始，僅賣些牛奶、麵包、吐司，西風東漸哦！因為吃客多為近鄰中法學堂的師生，他們在美好想像中撲向西式早餐。但師生畢竟不是主流啊，而且天天吃吐司，誰都可能也吐啊。要做大生意，還得面對廣大群眾。而這老百姓又認為吐司這種東東不頂餓，味道也不對路，容易翻胃。於是何老闆迫於形勢，調整品種，賣起了五香排骨年糕和烘魷魚。

五香排骨的燒煮其實很簡單：醬油紅湯內加入五香粉、胡椒粉及糖、鹽等，將排骨一塊一塊滑入鍋內，用長柄鏟子微微攪動，不使排骨粘底。不一會，紅湯鍋內飄出出好聞的五香氣息，排骨就熟了。關鍵是不能久煮，久煮必老，如木屑一樣難以下嚥。另一口鍋也是紅湯，裡面有排骨原滷，煮的是小年糕。但要防止它們過於親熱，粘作一團，不分你我。

一塊排骨配兩條小年糕，是排骨年糕的基本配置。不夠？那再來一客。

再後來，何老闆發現油氽排骨更加吸引人。就改煮為炸，香氣更為誘人，果然一炮打響。客人吃了之後連呼：「鮮得來！」這聲尖叫後來竟成了店名。

再後來，由於排骨年糕的生意太好了，烘魷魚就不做了。做好專業，就是成功。

後來我與何老闆的兒子——舊時稱小開——認識了，他也是一個廚師，曾經教我如何做奶油菜心和潮州魚麵，這兩個秘訣我一直記得，過年時露一手，屢試不爽。也因此，我得知了排骨年糕的秘密。一斤排骨斬十塊，大骨斬斷，再稍微拍鬆，留一點肥肉，否則不腴。麵粉與生粉（編注：生粉即玉米粉或太白粉，以增加食物滑嫩感。）按比例投放，裡面加入雞蛋、醬油、糖、胡椒粉等，打成漿後，將排骨投入拌勻待用。油鍋升至五成，將排骨投入，斷生後撈出瀝油，等油溫升至八成時將排骨再炸一次，此時排骨的顏色就更深一層了。這兩次入鍋，保證了排骨的外脆裡嫩。裝盆後淋辣醬油，我試過，以梅林黃牌最佳。再加兩條年糕，年糕表面塗自製的醬料，這也是商家秘密，我在此透露一下：甜麵醬稀釋一下，加入果醬（最好是山楂醬）提味。

怎麼樣？這剛出鍋的排骨年糕，肯定誘人啦。我在家做過無數次，我太太也是個中好手，兒子讀書時，考試出好成績，就做一次獎賞他。如果不攔著他，這傻小子可以一口氣吃四塊！

在上世紀八〇年代，五香排骨在別處還有供應，比如外灘四川北路的曙光飲食店、西藏中路一條弄堂口就有，現在都不見蹤影了。按照鮮得來的路數油炸的排骨，可以說是遍地開花了。對了，在改革開放後，鮮得來為了應付顧客日益膨脹的局面，借了防空洞做店堂，我也在下面大快朵頤過，一客排骨年糕配一杯散裝啤酒，是當時草根階層的美好享受。但鼓風機聲音實在太吵，一直在你耳邊轟轟作響，室內的空氣也都要爆炸了。後來鮮得來搬到雲南南路上去了，排骨還是香脆鮮嫩的，年糕還是軟糯爽滑的。

獅子頭揀軟的吃

春風沉醉的晚上，五六知己的小酌，最好有一兩位豔而不俗、妖而不怪的美女作陪，獅子頭總在一片歡呼聲中上來。

俗話說：柿子揀軟的捏。在處理人事關係方面，這是對待弱勢群體的錯誤態度。但倘若來到擅烹揚州菜的飯店，那麼不妨作一小改動：「獅子頭揀軟的吃。」

上海的大小食客都懂得，獅子頭是淮揚幫飯店的招牌菜，平時在單位食堂裡吃飯，菜盆裡沾了一點肉屑屑都會尖叫起來的美眉，在揚州大廚親自操刀製作的獅子頭面前，一重重防線土崩瓦解，操起湯勺就是一勺子。吃了再稱體重，多出來的這圈贅肉，趕明兒到健身房裡去燒掉。

淮揚菜是中國四大菜系之一，是長江中下游、淮河中下游的代表風味。揚州是淮揚菜的中心和發源地，揚州因地處海上絲綢之路北上赴京的咽喉重地，至唐代發展為東南經濟中心。「萬商日落船交尾，一市春風酒並壚」，揚州飲食市場被快速發展的商貿刺激得嚴重火爆。中外商賈紛紛「腰纏十萬貫，騎鶴下揚州」，做生意免不了公關消費，酒仙李白在他的詩中早已揭發了：「玉瓶沽美酒，銜杯大道間。」不少文人也喜歡羈旅煙花三月的揚州，比如清代的袁枚，與一幫鹽商廝混在一起，居然鼓搗出一部《隨園食單》來。這一切因素，醞釀出能夠適應四面八方的「清鮮平和，濃淳兼備，鹹甜適度，南北皆宜」的淮揚風味。

上海人對淮揚風味也是不陌生的，過去南京東路上的揚州飯店，堪稱首屈一指，它是從莫有財廚房發展而來，早先靠著為無錫榮家烹調家宴而獲得的口碑立身揚名。還有一家老半齋，每年清明前供應刀魚麵，是老吃客一年一度的美食約會，其真誠程度不亞於與舊情人相約於人面桃花相映紅的浪漫時節。

揚州飯店的清燉蟹粉獅子頭曾經令無數食客競折腰。說起來這道菜歷史長遠了，它創始於隋代。隋煬帝楊廣到揚州觀賞瓊花，對揚州的萬松山、金錢墩、象牙林、葵花崗四大名景十分留戀，回到行宮後，吩咐御廚以上述四景為題材製作四道菜。隋煬帝品嘗後讚賞不已，於是賜賞群臣。從此四菜便傳遍江南，成為標誌性淮揚佳餚。到了唐代，封地在今天淮揚一帶的郇國公大宴賓客，府中名廚便將「葵花」改稱為「獅子頭」，討得口彩，並從此流行於鎮江、揚州地區。獅子頭可紅燒，亦可清蒸，因清蒸的嫩而肥鮮，比紅燒更勝一籌，所以鎮揚地區盛行「清燉蟹粉獅子頭」。

在正宗的淮揚幫飯店裡，這道名菜在做法應該是：選上等五花肋條洗淨，出骨去皮，將肥瘦肉分別切細粗斬成細粒狀，再用黃酒、鹽、蔥花、薑末、蟹肉等調味料品及輔料拌勻後做成直徑約五公分的肉圓，將成塊的蟹黃鑲在肉圓之上，放在湯碗裡上籠蒸五十分鐘，使肉質中的油脂析出。然後再配以小菜心，分放在小瓷盅內上桌，每人一份。我吃過超級獅子頭，是盛在一個大砂鍋內的，足有籃球那般大，駭人至極，但湯勺一直進入核心，一碰即酥。

現在不少本幫飯店也推出蟹粉獅子頭應市，秉承了濃油赤醬風格，但味道不是很重，拳頭大小的砂鍋裡襯了菜心尖尖，賞心悅目的效果是很討人歡喜的。有些店家的獅子頭做得相當鬆軟，裡面摻了不少地力、菌菇，筷子輕輕一碰就碎了。店家是識時務的，知道每個客人只是筷頭戳戳而已。

春風沉醉的晚上，五六知已的小酌，最好有一兩位豔而不俗、妖而不怪的美女作陪，獅子頭總在一片歡呼聲中上來。它形美而不散，吃口非常鮮嫩，入口即化，肥而不膩，予人的味覺相當豐富。但是你一不小心碰到大興的淮揚幫或本幫飯店，那麼獅子頭就以它碩大的形體給你留下無比恐怖的印象，肉緊而味鹹，跟單位食堂裡的貨色一樣叫大家大倒胃口。要不，鬆軟是鬆軟了，但碗面上浮著厚厚一層油脂，筷子伸下去，就跟鑽井打入接近枯竭的油田，老半天碰不到實質性的內容。

草頭攤粞和金花菜

一個人不妨吃點不乾不淨的吃食，否則做人就一點味道也沒有了。

上海人對草頭是有著深厚感情的。一夜春雨，草頭上市，總要炒一盆嚐嚐鮮。不少煮婦視生煸草頭為畏途，油鍋一旺，手忙腳亂，一轉眼嫩葉尖就成了老菜皮。依我的執爨經驗，生煸草頭何必緊張！一淘籮草頭瀝乾水後待用，草頭上面事先撒適量的鹽、糖、雞精。一隻碗內倒入兩湯匙白酒，白酒最好是汾酒、五糧液，瀘州老窖以下棄用。起油鍋，待油溫升至七八成熱時將草頭並調味一起投入，快速翻炒幾下後潑入白酒，緊接著熄火，讓鍋內的餘溫將草頭催熟。裝入淺盆內，將草頭中間稍稍撥開，防止焐老。整個過程只需十幾秒鐘。有人認為生煸草頭一定要多放油，這倒不是關鍵。

草頭的學名叫苜蓿，在上海鄉間又叫金花菜，因為草頭開花時為金黃色。更具古意的叫法是「盤歧頭」，苜蓿的葉子多歧生。

苜蓿有紫苜蓿和南苜蓿兩種，紫苜蓿生於曠野和田間，是家畜的主要飼料，據說馬吃了特別長膘。南苜蓿生長於長江以南，是一味時鮮菜，清明後摘其嫩頭而食之。本幫菜中的生煸草頭、草頭圈子都很出名。上海川沙農家的生煸草頭還要放一點醬油，別有風味。

一個老中醫告訴我，苜蓿味苦、性平，有健脾益胃、利大小便、下膀胱結石、舒筋活絡的功效。《本草綱目》中也說了：多吃草頭「利五臟、輕身健人」。現代醫學研究也證明苜蓿有降脂、抗動脈粥樣硬化，增強免疫功能，抗氧化、抗癌和雌激素作用。因此，春天多吃些生煸草頭有益健康。

美國安麗公司出品的紐崔萊中含有多種維生素礦物質，其中就有從苜蓿中提煉出來的營養成分。

《淞南樂府》：「淞南好，鬥酒餞春殘。玉箸魚鮮和韭者，金花菜好入粞攤，蠶豆不登盤。」

舊時上海城內外的老百姓在夏日將收割的新麥挑進城裡，供奉在城隍像前表示感謝。立夏的中午要懸秤稱孩子的體重，還流行吃草頭攤粞、「麥蠶」、酒釀、櫻桃等。草頭攤粞是用剛摘下來的草頭摻入大米粉、糯米粉做餅油煎而成，外脆裡軟，鄉土氣極濃。但做草頭攤粞並不容易，要先將草頭揉過。有一位南匯的老太太告訴我，草頭放在木盆裡用手抄底輕揉幾下，不可過重也不可太輕，揉過的草頭拌入麥粉後才沒有青澀氣。這個過程有點像加工烏龍茶時的「搖青」，不能相差一兩圈。

在農村我吃過幾次草頭攤粞，外觀金黃間隔玉白，那是草頭與麥粉相拌的效果。也有用糯米粉做的攤粞，一口咬下，清香撲鼻，吃口軟糯，回味極香。前不久與太太一起去嘉善西塘遊玩，發現小巷裡有一老太太在賣草頭攤粞，形狀略近青團，滋味是甜的，還包了豆沙餡，才賣一元一個。我們吃了一個，沒走幾步又回頭去買了一個。

過去上海人家還會醃金花菜。先將金花菜洗乾淨，攤開晾乾水分後放入乾淨的壇內，撒上鹽拌勻，醃四五天後撈出，在太陽下曬至微乾。取一隻小壇，洗淨擦乾。在小壇內鋪一層金花菜，撒一些炒香的花椒和茴香，再鋪一層金花菜，撒一些花椒、茴香，直至將金花菜裝完。最後將壇中的金花菜壓實，然後用乾淨的稻草或麥秸塞住壇口。接下來的步驟是蠻有趣的，須將小罎子倒立於一口大一圈的瓦缸內。缸中加一些清水實行水封，約二十天後即可取食。用筷子夾出來時要當心，不能讓水進入壇中，否則金花菜就會變質。

醃透的金花菜呈現誘人的金黃色，有一股幽幽的清香。空口吃，回甘悠長。做冷盆，佐村酒最佳。有一次我在一家裝潢很豪華的酒店裡看到將金花菜當作開胃小碟，但同桌有許多白領小姐不知金花菜為何物。

小時候，最饞街頭小吃攤的零食。有一老頭，鼻尖架一副黑框眼鏡，鏡片厚似啤酒瓶底，每天下午放學時分背一口木框玻璃箱來了，在路邊支起X形架子，擱好箱子。將各種吃食一一展覽，左盼右顧，像魔術師那樣故作神秘，此時一群孩子已得著消息，像小鳥一樣奔出弄堂，轟地一下子圍上去，仰著小腦袋聽他拉長了聲調吆喝：「甜咪咪、鹹咪咪，椒鹽咪咪……」

椒鹽咪咪的吃食中就有金花菜。烏漆墨黑的小手遞上珍貴的一分錢，他就取出一張手心大小的紙，鄭重其事地夾一筷金花菜，然後依次操起架子上的小瓶子一陣猛灑，裡面有糖水、醋、辣油、花椒水等，反正是紅紅綠綠的，想必色素嚴重超標，好在擠出來的液體比頑童假哭時的眼淚還少，純粹是「擺花板」。小孩子看在眼裡，心花怒放，手指撮起來就往嘴裡送，甜鹹酸辣百般滋味一起湧上心頭，所謂的椒鹽大約就是對舌尖的狂轟濫炸吧。吃完了，很知足地環顧街景，等著大人來揪耳朵。

孩子都是饞的。我也吃過這種百味雜陳的街頭零食，那口滋味，那幕場景，那聲吆喝，一輩子也忘不了。一個人不妨吃點不乾不淨的吃食，否則做人就一點味道也沒有了。

江南鮮筍趁鰣魚

美食家們都愛吃春筍，鄭板橋的詩句表達了傳統文人的美食情感：「江南鮮筍趁鰣魚，爛煮春風三月初。」

中國人與大熊貓有如此深厚的感情，很大程度上得益於一個共同的愛好：吃竹子。區別只是大熊貓愛吃「刺生」，也不蘸綠芥末，再堅硬的竹子，連葉子一把抓塞進嘴裡津津有味地嚼咬，牙口極好。而中國人吃竹子，專挑嫩頭。往往一場春雨潤物細無聲後的黎明，農人便潛入山中，挖掘剛剛破土而出的春筍，帶黃泥而入市場待沽。黃泥筍是好品種，於是用不了多久，輾轉地來到城裡人的餐桌上，油燜筍、竹筍炒肉絲、竹筍炒鱔絲……都是上海人的家常小菜。

我的故鄉在紹興，老家柴房外有一個小竹園，童年的我跟著母親去掘過筍。一夜春雨突至，母親就會喜滋滋地說：明天我們去掘筍。為什麼一定要趕在雨後而不是晴天去掘筍呢？滑嘰嘰的竹園裡可能有蛇啊。母親說，吃了雨水，春筍才會躥出地面。果然，雨後的竹園裡有不少春筍躥高了，頂著鵝黃色的芽尖在招呼我去採摘。於是，我就知道雨後春筍的意思了。

有一次，老屋裡的架子床出現了異樣，棕繃中間被一樣硬物頂起來，人在上面睡著很不舒服。我奉命趴到床底下察看，意外地看到了一支粗壯的已經長成駝背的毛筍。原來它從牆下穿過潛入屋內，又在床底下破土而出。因為不見陽光，又因為是意外的收穫，這支毛筍與鹹菜一起煮後特別鮮嫩。

鄉下戴氊帽老頭子還告訴我一樁奇事，一男子到竹園裡蹲著大便，結果被躥出的竹筍頂破肛門死了。此事放在今天，肯定被渲染成人與竹子的「斷背」。

吃竹筍要趕在清明前，長度在九寸之內的黃泥筍最佳，天目山、莫干山的竹筍是公認的上品。過了清明，竹筍會發瘋樣地躥高，長到一尺半高後纖維就日漸粗老，吃起來就要塞牙並吐渣了。一眨眼，它長成半人高了，你即使有大熊貓那樣的牙口，也沒有它強壯的胃袋啊。竹筍長到五六米只消一年，砍下來去掉枝杈就是晾衣服的竹竿。那麼毛竹呢，能長到十幾米高，有風吹來，山中毛竹林一片嘩嘩聲，非常雄偉，予人的激動不亞於傾聽松濤。毛竹砍下來，就運到工地上搭腳手架（編注：即鷹架。）。它為社會主義新中國的建設立下了汗馬功勞。現在造高樓都用鋼管搭腳手架，毛竹就派別的用場了，比如做地板，做一次性筷子，做蒸籠，做「老頭樂」，文人案頭清供的臂擱（編注：古代文人用來擱放手臂的文案用具。除了能夠防止墨蹟沾在衣袖上外，墊著臂擱書寫的時候，也會使腕部感到較舒服。也稱腕枕。）也是用毛竹刻的。「文革」時有一部科教片《毛竹》拍得很不錯，沒有令人討厭的八股腔和說教味。

美食家們都愛吃春筍，鄭板橋的詩句表達了傳統文人的美食情感：「江南鮮筍趁鰣魚，爛煮春風三月初。」也就是說，當時的知識份子如鄭板橋，雖然不是大富大貴，甚至靠賣文為生，但也吃得起竹筍煮鰣魚。李漁等人還用春筍配刀魚，也是食筍的至高境界。這兩樣江鮮，如今非暴發戶不能食了。我這個粗人也愛吃油燜春筍，最好加一點蝦子，不過倒更偏愛毛筍。二十多年前菜場裡都有賣毛筍，堆得像小山樣，母親從菜場裡抱一支毛筍回家，像抱著一個嬰兒，累得她老人家氣喘吁吁的。毛筍劈開，剝殼斬大塊，在鐵鍋裡加鹽炒至出水，再加鹹菜燜透，起鍋前加一勺素油，香氣奪人，盛幾大碗，可以放開吃。讓牙齒和牙床充分體驗咀嚼食物的快感，在物資匱乏的年代裡，這種體驗多麼難得！但母親總是警告我：毛筍刮油水，多吃胃裡要潮。所謂潮，就是一種不良反應。但為了大快朵頤的幸福，管他潮不潮的。

毛筍還能做成筍脯，切片加醬油、白糖煮透，曬乾後就成了。若加黃豆共煮，就是筍脯豆。紹興人醃霉乾菜，喜歡加入一些毛筍片，日後與豬肉共煮，味道更佳。看紹興人切毛筍片真是有趣，他們是騎在長凳子上切的，下面墊一隻腳盆，一會兒工夫就是滿滿一腳盆！

毛筍曬成乾後由鄉下人挑著擔銷往城裡，過年前拿出來在淘米水裡浸泡幾天，使之發軟，並有一股酸嘰嘰的味道，並不好聞。幾天後，就會有人肩荷長凳串街走巷地吆喝：切水筍呵……切水筍是頗有看頭的，手藝人用安裝在凳子頂端的小鍘刀飛快地將水筍片切成極細的筍絲。手段高明的藝人才能切得細，切得細才能攬到更多的活。弄堂裡的娘兒們是很會傳閒話的。

這種筍絲與五花肉一起煮，豬肉不再油膩，筍絲則吃進了肉味，兩者互相滲透，味道非常好。我家逢年必定要煮幾大缽頭年菜，它們是水筍燒肉、黃魚鯗燒肉、黃豆芽燒油條子、黃豆燉豬腳，可以吃到元宵節。

毛筍的殼，曬乾後存起來，端午時包粽子，這是寧波人的專利。淡黃色的毛筍殼上有深褐色的斑點，體現著豹皮斑紋的野性之美，說它性感則更加合時。寧波老太太用它包鹼水粽，緊實而泛一點黃綠色，吃起來別有風味。現在鹼水粽吃不到了。

寧波人還會將一下子吃不了的毛筍醃起來，壓緊在甏裡，入夏時再慢慢享用。鹽煮筍吃起來也相當夠味，帶一絲清酸味更佳，如今在豐收日一類的寧波酒家當作冷碟供人下酒。寧波人是天生的後勤部長，他們一直充滿憂患意識，什麼東西都要醃起來，曬乾，然後細水長流。

浙江人稱之為扁尖的筍乾，是用竹筍加工而成的，表面結一層鹽花，極鹹，煮湯前最好在水裡泡一夜。前一陣老鴨湯盛行，物廉物美，其實吃人工飼料長大的鴨子已沒有多少鮮味，全靠扁尖幫襯。扁尖冬瓜湯是夏天的消食妙品，也是寒素生活的寫照。

前不久讀到朱偉（編注：朱偉，上海人，曾任《三聯生活週刊》主編。）一篇文章《雨後春筍》，行文流暢，風韻清逸，知識性也強，是典型的才子文章。其中說到筍鞭：「在凍土下緩緩爬行的極嫩之芽稱之為『行鞭』。此種鞭若在冬日掘出，會損毀竹根，由此一盤菜可能要毀掉一片竹林。昔日徽商中有將它挖出置於甕中，蓋上蓋，讓它不見風日地瘋長。等除夕前開蓋，雪白一片蜷曲盤繞滿甕，用以燉肉，能成一道好菜，但清新氣息仍然沒有。」

一條筍鞭挖斷後在甕中還能生長？這似乎沒有道理，當時又沒有克隆術，再說只在一口暗無天日、沒有營養液的甕中。

十幾年前我在福佑路古玩市場上看到一老者手持數條竹根兜售，每根長約一米。我嚅嚅詢價，老者開價十元一根。我猶豫了一下沒有買。現在想起就後悔，因為竹根是另類印材，橢圓形的截面中心緊密堅致，可以刻閒章，玩久了也會起包漿（編注：指古董經過長期的把玩或保養之後，表面泛起一層自然溫潤、怡然可人的光澤。）。

毛蚶祭

二十年過去了，啟東的毛蚶還沒能回到上海人的餐桌上來，這似乎不應該。咱們中國人不能少了這道美味，就跟法國人不能沒有生蠔一樣。

我這個人好吃，但好吃並不等於吃好的，寧波人所嗜的臭冬瓜、醃菜梗、臭豆腐等，都是我從小視作性命的美味。但所有的食物中，我最愛吃的就是毛蚶。與小個子銀蚶相比，毛蚶肉質厚，彈性足，汁液豐富，吃起來確實過癮。毛蚶洗淨後用沸水一燙，殼如睡美人的眼睛，微微開啟，剝開後盈盈血水在殼內含著，蘸醋後迅速送入嘴中，吐殼細嚼，立即有一股海鮮湯汁在口中噴射，美味將味蕾刺激得極為敏感，此時再呷一口酒，真是南面王而不易也。但在一九八八年初，美味的毛蚶把我的肝狠狠地撞了一下。（編注：鄰近上海的江蘇啟東是甲肝高發區，在一九八三年，上海市居民曾有四萬餘人在食用毛蚶後患上甲肝。此後，政府下禁令禁止啟東毛蚶入市。但一九八七年年底，啟東毛蚶大豐收，大量進入上海市場，政府當局未能適時阻攔。隔年初春，甲肝爆發大流行，整整持續了兩個月，甲肝感染者超過三十五萬人，死亡三十一人。上海人吃毛蚶並未真正煮熟，只是用開水泡一下，在半生不熟的毛蚶肉上加點調料就可以吃了。這種生食的方法就讓毛蚶腮上所吸附的大量細菌和甲肝病毒輕易地侵入人體，導致疾病。甲肝，即台灣說的A型肝炎）

起初我並不在意，只聽說本單位已有人患了甲肝，據說是因為吃而得病的。稍感不服的是為什麼不是吃豬肉得的病，偏拿毛蚶做反面教員？照吃，燙一大碗，一個人享受，但後來毛蚶買不到了，菜場裡要是買，逮著就罰錢。報上還登了照片，某道口攔下從啟東運來的毛蚶，堆得小山樣。

那幾天我還到患病職工家裡慰問，送水果，送慰問金，捎帶著幾句寬慰的話語。我是工會幹部，這事歸我管。寬慰的話裡還包括逞能：「這毛蚶我也吃過，怎就沒病？多休息，少煩心，沒事的。」幾天裡跑了幾家。那幾天到澡堂裡洗澡，浴客稀少，再也用不著在大池裡插蠟燭了，不過得帶上自己的毛巾。在飯店裡吃飯，客人也是小貓三四隻。這情景跟二〇〇三年的非典相似，不過那會沒人戴口罩。

後來不成了，半夜裡發高燒，太太一摸我額頭，賽過籠屜裡蒸著的饅頭。起床小便，一低頭就嘔吐，洶湧澎湃。回想從報上看到的文章，我這症狀跟甲肝一樣，心裡有點慌了。第二天上醫院看病，化驗的隊伍排得老長，還有兩條，我不知道哪條是抽血的，問了隊伍前面的人，他一句話都不說。再看那張臉，跟黃金瓜一樣。

第二天再去看「審判」結果，肝功能不正常病人的姓名都寫在黑板上，那會還沒有個人隱私一說，似乎得甲肝是很時髦的事。我在自己的姓名後面看到了一串數字，指標挺嚇人的。見了醫生，醫生不說話，連眼皮也懶得抬一抬，刷刷刷開出藥方。吊滴還沒床位，醫院裡早爆滿了，醫生是上門服務的，大老遠地趕來，挺讓我感動。那會我還住老家，石庫門房子，走廊又暗又窄，有一回醫生來了，踩到一塊香蕉皮上，朝天一跤，藥瓶都摔了。我很不好意思，就說今天就不用吊滴了，但那位女醫生很敬業，回去拿了藥再來。

甲肝其實是沒特效藥的，這一點上跟非典是難兄難弟。打吊滴純粹是心理按摩。但就有人信它，比如肌苷（編注：一種治療肝炎的藥品。），最緊張的時候，據說一小盒能換張電視機票（那時候是電視機行業的黃金歲月，憑票供應）。一個人在家整天躺著，看電視，看書，這日子過得好清閒啊。

一個月後，指標有所下降，但還沒有完全正常，我就躺不住了，起來寫小說，還特來勁，半個月劃拉了六萬字。其間出版社的朋友不知哪裡翻出一本泛黃的小說，是還珠樓主寫的，讓我給它標點，後來也不知道再版了沒有，稿費倒是拿了一些。但這樣的忙碌不值得，從此我的心肝寶貝常常不舒服，累了，忙了，它就跟我鬧意見。唉，早知今天，何必當初。

打那以後，毛蚶不敢再吃了。有一回，朋友請吃，上來一大盤毛蚶，看得我眼睛都綠了，鼻子湊上去聞聞那味也舒心。飯店老闆說他的毛蚶是從寧波來的，絕對沒有污染，遲疑再三，終於不敢吃。

還有一回到大連、秦皇島旅遊，夜間幾個朋友拉我外出吃宵夜，路邊食檔裡有毛蚶賣，個個如小孩子拳頭大，但放鍋裡一煮，肉質發暗，我死也不吃。革命還得有本錢是不是？我要與全國人民一起奔小康呢。

後來聽人說當初運輸毛蚶的木船曾經裝過大糞，大糞裡帶了病毒，污染到毛蚶，毛蚶也是受害者，並非罪魁禍首。但元兇是誰呢，查了半天就沒下文了。

甲肝風波後，上海人談蚶色變。衛生管理部門也一刀切，不問毛蚶出身，一律嚴禁進飯店，上海人嗜愛的這味小海鮮從此拜拜了。

二十年過去了，啟東的毛蚶還沒能回到上海人的餐桌上來，這似乎不應該。上海人不能少了這道美味，就跟法國人不能沒有生蠔一樣。

前不久參加《東方劍》雜誌社組織的筆會，在象山開會後，又到石浦鎮參觀，晚餐時大家推舉我點菜。我在飯店裡看到有毛蚶和銀蚶，知道這裡的蚶類未經污染，浙東人一直在吃，就放開膽子點了幾斤。當毛蚶、銀蚶一上桌後，大家一陣大呼小叫，筷頭紛紛落下。

象山人懂得燙毛蚶，用硬幣撬開後，蚶肉飽含一泡極具誘惑力的鮮紅汁液，在醬醋碟裡一滾，入口後輕輕一咬，頓時汁液四射，給舌尖久別重逢的喜悅。有點滑粘，有點鹹鮮，而最最突出的是那種與生俱來的生鮮感，將人類茹毛飲血的基因啟動了。再猛灌一口白酒，南面王而不易也！

五

餐桌上的表情很重要

上海人很講究吃相，吃相關乎一個人的修養，關乎門風和家教，關乎一個小姑娘能不能嫁到一戶好人家，所以萬萬不可大意。

上海人還一直說：三代學會吃飯。

今天的上海人是否已經懂得如何優雅地使用筷子了呢？

一次事先張揚的打包

這些年來，上海的大多數飯店能表現出可愛的人性化服務，鼓勵打包是顯著成績。

現在，雖然以豬肉為標誌的居民消費指數一路上揚，但老百姓下個館子已比較平常了，打包一事也比較平常了。放在二十年前，將飯店裡吃剩的一塊排骨半條魚打個包帶回家去，不僅飯店不能提供那個「包」，而且服務員的態度也弄得你面子掛不住。再說啦，小青年在戀愛的季節，飯桌上剩多少，似乎與感情的投入成正比的——現在想來真是莫名其妙。上海在發展，上海人也變得更務實啦。

不過話說回來，打包一事，在上海成為公眾自覺堅持的良好習慣，這一路走來殊為不易。雖然上海人一直被外界認為是精於算計而且務實的，但也是最最要面子的，所謂「不怕家裡天火燒，只怕路上跌一跤」，是舊時外省人對上海人追求虛榮的誇張指認。那麼請客吃飯，主人多點幾道菜，也是怕盆子朝天被客人譏諷為小氣。但殘羹剩飯如何處理，一直讓人遲疑不決。想起十多年前，有一次上海作家協會宴請外地作家，我忝列末座，飯後剩了幾塊小排骨，一祖母級女作家從提包裡拿出一只塑膠袋說：帶回去給我家的寶寶吃。所謂寶寶，是一隻小京巴的昵稱。但後來我聽作家圈子裡的一朋友說，她從來不養狗的。

後來，隨著環保和節約意識的增強，上海人開始從容不迫地實行打包策略，公務宴請也不例外。有一次我提著幾包湯汁淋漓的剩菜回家，被太太堵在門外。我解釋說，菜是我這個所謂的美食家點的，大家吃不完我負有責任。再說一桌子都是領導，我級別最低，他們坐車，我騎自行車，這幾包剩菜理所當然地歸我處置。太太聽我笨嘴拙舌地說了一通，搶過袋子就扔垃圾筒裡。我腦子裡蹦出一句被體育記者寫濫了的話：「劃過一道美麗的弧線。」

還有一次，我在衡山路上一家叫什麼亭的飯店裡請一外地作家吃飯，服務小姐向我竭力推薦龍蝦刺身。一頭龍蝦數斤重，價格昂貴，兩個人怎麼吃得掉？想不到那個小妞表情輕鬆地說，吃不掉可以打包嘛。進飯店點龍蝦，已經被北京人譏諷為「京城四大傻」之一，龍蝦打包不是超級大傻瓜了嗎？我婉拒之後，即遭來該小妞一聲冷笑。現在這家飯店關門了，這叫天數。

這些年來，上海的大多數飯店能表現出可愛的人性化服務，鼓勵打包是顯著成績。而且打包的盛器也越來越先進，充分考慮到客人方便。最早是透明的塑膠袋，拎著一袋紅汪汪油滋滋的殘剩菜再逛南京路，跟收泔腳的差不多。後來改進為泡沫盒子，隱蔽性是提高了，但增加了白色污染。現在，有了較為結實的防漏紙盒，上面還印有飯店的訂座電話等。比較高檔的飯店還提供密封性相當不錯的塑膠盒，最受主婦歡迎。我太太——她現在也變得更務實了——就是歡迎此舉的主婦之一，有好幾回她故意多點一些冷菜和小點心，當服務小姐提醒她可能吃不完時，她明確表示：吃不了我們就打包吧。果然吃不了，打包，這種密封性很好的盒子如願以償地拿回家了，盛剩菜存入冰箱相當衛生，還可反覆使用。

看到一份中國社會科學院發佈的統計資料，二〇〇七年《財經藍皮書》裡面說到，從二〇世紀末以來，中國餐飲服務業的營業額逐年上升，連續十五年實現兩位數增長，二〇〇五年達到百分之十七點七，二〇〇六年中國餐飲業繼續保持上揚趨勢，收入突破一兆大關。

然而，與高消費、高投入結伴而來的則是觸目驚心的餐飲浪費。有報導說，僅首都機場飛機上剩下的餐食，每年就在五千噸以上。僅上海一個城市，每天就產生一千兩百噸剩菜剩飯。二〇〇四年，上海市人均餐飲消費水準為全國三倍，達一千七百多元。而廣州市人均餐飲消費更高，達到四一四三元，是全國平均數的七倍。二〇〇五年上半年，北京人就花了一二五億元下館子。如果有五分之一的食物被浪費，那麼二〇〇六年中國餐飲業收入的一兆中，有兩千億元被當作垃圾倒掉。面對兩千億元的泔腳，中國人應該作何感想呢？至少，打包這個舉手之勞應該推廣吧。進一步說，餐飲消費應該更理性吧。如果我再說，想一想邊遠貧困地區的孩子們在吃什麼，也許就會有人指著我的鼻子說我矯情了。

昨天聽一剛從國外公幹回來的朋友說，在歐洲一些國家，即使是請客，也就三四道菜，主客雙方並不覺得寒酸。如果吃剩有餘，就放在飯店的花園後面，餵鳥、餵流浪狗。或者驅車幾公里之外，投到河裡餵魚，真正是取之於大自然，回歸於大自然。

刀俎間的動物

我們現在還將動物當作蛋白質和脂肪的重要來源，還將某些動物用於科學實驗，這是動物為人類更好地生存所做出的被動性奉獻，那麼我們應該珍惜這種機會，讓珍稀動物成為我們的朋友，讓觀賞動物尊嚴地活著，讓食用動物體面地死去。因為說到底，對待動物的態度，實際上就是人類對待自己的態度。

前幾年有一條新聞，讀者肯定記得：清華大學電機系四年級學生劉海洋為了驗證「笨狗熊」的說法是否成立，竟然先後兩次將摻有硫酸的飲料倒在北京動物園五隻狗熊的身上和嘴裡，造成狗熊嚴重受傷，有的無法正常進食，有的眼睛失明，有的四肢燒傷，無法行走，失去了生活能力。想必受傷很重的狗熊，對人類產生了極端仇恨。一次心理扭曲的惡作劇，使動物在應該活得更快樂的樂園裡，卻與人類再次拉開了距離。

據有關報導分析，劉海洋並不存在心理障礙，他在學校裡是屬於成績較好的那種，性格不算開朗，但也不算封閉。他這樣手段毒辣地給狗熊喝硫酸，據他自己說純粹是為了證實一個常識，那就是狗熊的嗅覺是否特別敏感，分辨東西的能力是否很強。

結果，這個應該說已經積累了相當多知識，有一定社會閱歷的大學生卻拋棄了人類對動物的愛心，或者說他根本就沒有這種愛心，動物在他眼裡，不過是一種類似試管或試劑的東西。

這五隻狗熊今後的日子變得非常痛苦，它們的形象不再憨態可掬。每個有愛心的人站在它們面前，都會感到人性的醜陋一面。

我認為劉海洋這種行為不是偶然的，更不是出於「學術性研究」，如果僅僅是為了證實一個常識，他做一次就可以了，為什麼會再一次更大程度地傷害狗熊呢？顯然，他想從這種摧殘中獲得一種畸形的心理滿足。

從劉海洋這起事件出發再往深裡想一想，我們會發現今天青少年所處的社會環境對他們人格形成也起著相當大的影響，比如說我們對動物的態度。就司空見慣的情況而言，我們至今還在所謂世界上「最發達」飲食文化方面保持著對動物的絕對支配權，實際上就是生殺大權，而且很少有人給動物以應有的尊嚴。

在飯店裡，我們常常可以看到將活蹦亂跳的動物很野蠻地殺死，比如為了證實水產品是鮮活的，往往當著顧客的面將魚摔死。菜譜中相當有名的菜餚嗆蝦和醉蝦，就是將河蝦醉得半死然後讓人大快朵頤。龍蝦刺身呢，則是當場將龍蝦活活殺死，上桌時龍蝦的觸鬚還在顫動呢。龍蝦的血，據說是大補之物，港粵一帶的食客非常相信。還有一種所謂的桑拿蝦，就是將活蝦倒在燒紅的石頭上，蒸汽撲面而來，食客紛紛叫好，筷頭如雨點般急下。

我們有著漫長的封建史，在封建社會裡施行酷刑的時間也不短，這些酷刑今天聽來也讓人毛骨悚然。那麼在烹飪動物時就移植了這種酷刑，以求最佳味道，而有時僅僅以求一時之新。比如唐朝武則天當政時，就有她的寵臣張易之、張昌宗兩兄弟發明了一道鵝鴨炙，將活鵝活鴨關進大鐵籠裡，籠內放一隻大炭盆，四周安放了醬醋等調味品盆子，當可憐的鵝鴨被烤得受不了時候，就會在籠內奔跑，再去飲這些調味品，等到它們羽毛脫盡，身體發紅，肚內灌足了醬醋時，這道奇特的菜就做好了。

上有所好，下必甚焉，一些封建官僚王府也紛紛在一個吃字上做足文章。有一道炙鵝掌，與鵝鴨炙同工異曲，將鵝置於燒熱的鐵板上，鵝受熱後只能不停地跑步，如此一來，鵝掌就會變得又肥又厚，據說這時的鵝掌特別好吃。還有人覺得死駱駝的駝峰不夠好吃，就想起活取駝峰。取一匹駱駝，活生生地割下它的雙峰或炒或蒸，結果這邊鬧哄哄地推杯換盞，那邊鮮血淋淋的駱駝在連聲哀號。而吃羊唇也是採取這種殘忍的方法。這種基於動物極大痛苦之上的烹飪方法，在那時已經被文化人所鄙視，斥之為「惡吃」。

但時到如今，惡吃之風並沒有絕跡，比如用黃河鯉魚做的一道菜，不知廚師用什麼方法使魚在上桌時還翕動著嘴巴。這個鏡頭我在電影裡看到過。上世紀七〇年代，西哈努克親王訪問中國來到河南，當地政府就在盛宴上隆重推出這道名菜。眼瞅著魚的嘴巴還在喘息般地翕動，作為虔誠的佛教徒，親王嚇得雙手合十，不敢動筷，此舉真是大大地開了國際玩笑。而前不久還有人在媒體上宣揚某廚師手段之高，從一隻活雞身上取一塊雞胸肉現炒，五分鐘之內，一盆炒雞丁就上桌了。而此時，那只雞還在廚房裡撲棱著翅膀呢。至於將兔子活活摔死，將狗吊起來亂棒打死的方法據說是祖傳的，現在仍被人採用。

去年我還看到一則報導，某地有人將活羊牽到市場上，活活地割下它的肉來現烤現賣，據說生意還不壞。這頭不會抗議也不會控訴的羊，就這樣鮮血淋漓地在屠夫的刀下屈辱地苟活三天，終於含冤死去。這不跟過去凌遲的酷刑如出一轍嗎？

還有一些愚昧而貪婪的商販，毫無憐憫之心，為了多賺取幾個錢，肆無忌憚地往活豬身上注水、通過鼻孔往待宰的牛腹腔和心臟內注水、給甲魚注水，往雞鴨的嗉子裡狂灌石膏漿……這些都造成了動物的極大痛苦，剝奪了它們最後一點尊嚴和體面。

我想，正是這種對待動物的環境，使我們青少年從小缺乏尊重他人生命、包括動物生命的人文薰陶。

奇怪的是，我們又講究所謂放生，買了魚鱉和小鳥放回河裡和天上，在讓它們重獲自由的同時，似乎自己的心靈得到了淨化，相信老天爺看在眼裡也會保佑自己和家人。實際上這種做法，說到底也不是對待動物的正確做法，而是相當自私的，是一種極虛偽的、將動物「道具化」的作秀。這也可以說明我們為什麼一邊將寵物寵成比自己父母孩子還重要，另一邊卻大啖狗肉火鍋。

過去，魯迅曾經大大地諷刺過英國嚴禁在馬路上倒提鴨子的法律，那是因為當時在國民黨統治下的中國人連一個人的尊嚴都得不到保障。而今天，我們中國人是國家的主體，人的生存權和尊嚴都有了保障，特別是改革開放後，在經濟上富起來了，那麼就應該將對人的愛泛化到動物身上。事實是，我們似乎溫飽足而知禮儀，但這個禮儀的文化含義還是相當淺薄的，不外是脆弱的自尊性的維護，強調個人尊嚴和隱私，看病求醫、上街購物都很講究自我尊重，連在死的問題上也將安樂死提上議事日程，但對動物的尊嚴並不重視。從劉海洋虐待殘害狗熊的事件中，我們應該反思一下對動物的一貫態度了，我們應該給人類的朋友——動物應有的尊嚴。

是的，我們現在還將動物當作蛋白質和脂肪的重要來源，還將某些動物用於科學實驗，這是動物為人類更好地生存所做出的被動性奉獻，那麼我們應該珍惜這種機會，讓珍稀動物成為我們的朋友，讓觀賞動物尊嚴地活著，讓食用動物體面地死去。

因為說到底，對待動物的態度，實際上就是人類對待自己的態度。

晚上看新聞聯播，華盛頓白宮前有一隻鴨子在孵蛋。鴨子的羽毛很美麗，不像一般的家鴨。它坐在厚厚的草堆中央，也沒人打擾它。不知道這堆草是如何聚集來的，也不知道它是如何來到白宮廣場臺階下的，只知道員警在它周圍設置了鐵欄杆，劃了一平方公尺的莊嚴國土做它的產房，所以它的神態很安詳。「再過幾天，人們就可以看到它的幾個孩子出生了。」主持人這麼解說。原來它的羽翼下藏掖著九枚蛋。中央台很少播發這類新聞，很值得記一筆。

餐桌邊的血崇拜

咱們中國飲食文化發達，其中血崇拜情結決定著對某一食物的價值判斷。最殘酷、最刺激、也最具象徵性的當數魯迅小說《藥》裡愚昧的民眾搶吃人血饅頭一場戲。

精血毛髮，受之父母，豈能損毀——讀過《三國演義》或其他武俠小說的人一定記得這句話，夏侯惇中箭後，大吼一聲，將鮮血淋漓的眼球拔出來一口吞下的情景驚心動魄地印在腦海裡。如果沒讀過《三國演義》也沒關係，在長大成人的過程中，父母或鄰居的老頭兒老太太也會不斷將這種觀念灌輸給他，使他最終融入中國人的血崇拜氛圍中。比如在外頭野，不小心割破了手，小孩子就將髒兮兮的手指放在嘴裡吮得吱吱響，好像什麼也沒損失。

咱們中國飲食文化發達，其中血崇拜情結決定著對某一食物的價值判斷。最殘酷、最刺激、也最具象徵性的當數魯迅小說《藥》裡愚昧的民眾搶吃人血饅頭一場戲。時間過去整整一個世紀，中國人的血崇拜熱情並未消滅，只不過是表現為一種拉動GDP的消費行為而已。這裡有個模糊學上的概念：凡顏色鮮紅的東西都可視為大補之物。比如中國人推崇的燕窩有三種形態，一是毛燕，二是白燕，三是血燕。毛燕是燕子第一次築的巢，裡面夾有羽毛，加工起來頗為麻煩，中國人就認為比較粗糙。白燕是燕子第二次築的巢，應該說品質最純正，但中國人更看重燕子第三次築的巢，因為此時燕子幾乎耗乾了唾液，努力輸送的「建築材料」中攜帶了喉管破裂後的血絲，被認為補中之補。其實已有專家對燕窩的滋補作用表示懷疑，那麼不管血燕中有多少「紅頭」，都不能從根本上遏止某些男士「站著理虧，躺著腎虧」的趨勢。喜蛋，也因為基本成形的鴨胎帶了血，被中國人認為是大補之物。同樣道理，受精後蛋黃裡有一點紅的雞蛋被認為比未受精的雞蛋更有滋補功效。

前一陣流行吃蛇。蛇活殺，放血在倒了一半白酒的小杯子裡，上桌。吃公款的人都比較識相，客氣一番，最後推到領導面前，因為據說蛇血大補，還有清熱解毒的功效。有一偏方，粗如擀麵杖的黃鱔活殺，放血，然後和著黃酒趁熱吞下，壯陽。喝了還不能坐而論道，得到戶外像華子良（編注：華子良為現代京劇《華子良》的主角，代表了老一輩共產黨員為了革命事業堅貞不屈的偉大精神。）似的不停跑步，否則鱔血在腸子裡凝結，反於身體有虧。雲南傣族有一道名菜：生雞血。大公雞活殺，放血在大缽頭內，加一撮鹽，等凝結成膠狀後，一勺勺地趁熱吃，據説補身子立竿見影。

紅棗、紅豆、血糯米，是老百姓的恩物，這三樣東西都是紅的，一鍋煮，喝一碗賽過富家的人參。帶「血」的水果或菜蔬也比較受歡迎，比如血橙，似乎更甜。上海人喜食的茭白中有一種帶紅點的，俗稱為「一點紅」，也是此類中的佼佼者，為浦東名產。家常菜中「血」字當頭的就更多了，川菜中的毛血旺，粗菜一道，但頗受歡迎，辣不是主要原因，食客關注的是一條條鴨血或豬血。川菜中還有一道血腸，將豬血塞進豬小腸，煮熟後切片做冷盆，據説也大補。在廣東菜裡，豬血乾脆就叫豬紅，早茶金牌，又因為被視作大吉大利，大年初一上茶樓必定是每人一碗。

毛蚶、銀蚶，以及標識性更明確的血蚶，古法是燙一下，用硬幣撬開，生食，得承認味道確實鮮美，但挑逗食慾的深層次原因是飽含帶有腥味的蚶血。甲肝之後，毛蚶被禁，但二十年後的今天還有老饕拿自己老肝賭一把，躲著衛檢部門解饞。還有白斬雞，執爨高手能使它達到最妙的臨界狀態，熟是熟了，但一刀將雞腿劈開，還有股股鮮血滲出，不僅肉質鮮嫩，也有大補的傾向。但奇怪的是中國人對牛排總不太放心。在西餐館裡，有服務生問：「先生，牛排要幾分熟？」我很少聽到要三分熟的，都像煞有介事地説：「七分熟吧。」而一個服務生私底下告訴我，有經驗的廚師看到國內客人點七分熟的牛排，總要煎到九分熟，否則客人要拍桌子：「還沒熟呢，吃出毛病誰負責？」

怎麼會這樣呢？我想了半天，估計中國人認為西餐是外來的，故而西餐中的牛排也被賦予了外來文化的符號意義。外來的食物，就不能跟它講什麼吃啥補啥了。還有，中國人為什麼到現在還比較相信中醫呢？中藥裡有枸杞、紅棗、黨參、熟地等，大補元氣，有它們配伍，藥湯都是深紅色的，就像濃縮的血，喝下去，健康明天燦爛無比。而西醫動不動開刀，一旦開膛破肚，精血就不可避免地流失，結果必定元氣大傷，對不起「生我養我的父母」。

也因此，義務獻血在中國推廣之難，叫從來不講究吃啥補啥的老外們怎麼也想不通。而勇士獻了血，得到的一張證書也是大紅的。中國的男人極其重視新娘處女膜的完整性，這當然是為了體驗「闖紅」的快感，但深層次原因是要享用紅色初夜權。

千萬不要和女人同桌

女人之所以在餐桌上表現出如此高漲的熱情，是因為她們都是賢妻良母，在家裡常吃殘羹剩菜，在單位食堂裡也以減肥的名義吃得極簡單，歸根結蒂就是要讓老公孩子吃多吃好。

在校讀書，與女同學同桌可以激發性成熟，將來長大成人後也有記憶的資源唱一唱《同桌的你》。但有了妻室後，在外吃飯，最好不要與女人同桌。這是我的經驗之談，絲毫沒有歧視女性的意思，相反，進飯店時我總是搶在別人前面給女性開門。

我要說的是，與女人同桌很可能使自己處於劣勢。

如果是這樣的情景，一張圓桌，兩三個男士夾在一群女人中間，或者是萬紅叢中一點綠，那位老兄又是其貌不揚、性格內向、在家怕老婆、在外怕領導、平時捨不得花錢、一開口就出洋相的那路人，那麼，他註定要成為餐桌上的下酒菜。各種吃老豆腐的笑話就兜頭而來。而他必須放開肚量——不是吃，而是聽，臉一拉長就枉為男人了，以後在這幫女人面前就別想抬起頭。

其次，就女人而言，一般不喝酒，喝酒不一般，不喝一般酒。也就是說，女人要麼滴酒不沾，一旦端起酒杯與你乾杯，你千萬不能豪情萬丈，更不能色迷迷地與她喝交杯酒，不管大交杯還是小交杯，一交杯你就徹底淪陷了。歷史的經驗值得注意，凡是能喝酒的女人，一定海量，喝酒抽煙左右開弓的女中豪傑，更加深不可測。這年頭，滑倒在桌子底下的男人不計其數，但誰看到女人喝醉過？而要是與女人同桌，又偏偏低調，捧著一杯椰奶果汁之類的軟飲料猛啜，那也會遭來一群女人的嘲笑。

三是女人的胃口奇大。平時——我說的是在單位食堂裡，她們確實賽過蜻蜓點水，挑食，吃姿也比較文雅。而一旦在酒店的餐桌前坐定，特別是以女性主導的餐桌，她們就放開了，小半年死命減肥減成的成果，也不怕一朝喪失。熱菜剛剛上桌，筷頭就賽過雨點般地落下，而且穩準狠。女人有個讓我百思不解的本事，一邊狼吞虎嚥，一邊不耽誤呱啦呱啦地製造出一連串高分貝。同時還時不時提出各種稀奇古怪的問題考考男士，你想一想，再說一說，一大盤清炒蝦仁就見底了。

有一回，我很不幸地與一群女人同桌，雖然抵擋住了百般慫恿，將一瓶百威牢牢守住，但另一個男士卻不爭氣，猛喝優酪乳，可就在他想喝第二盒時，發現備餐桌上的十幾盒優酪乳已經沒了蹤影，原來是幾個女人提前打包，準備帶回家犒勞她們的孩子。後來又上了一盆蒜香骨，天可憐見的，直到此時我基本沒撈到什麼吃，很想嚐嚐這每人一條炸成金黃色的豬肋條是什麼味。盆子轉到我面前時，只剩最後一塊了。我滿懷希望地將筷子伸過去，此時，一個可愛的女士突然尖叫起來：「老好吃的噢，我要帶一塊回去給我的阿咪嚐嚐。」阿咪是她養的一條京巴狗，既然她這麼開口了，我再嘴饞，也不好意思與一條狗爭食吃啊。

後來我琢磨了半天，才想明白，女人之所以在餐桌上表現出如此高漲的熱情，是因為她們都是賢妻良母，在家裡常吃殘羹剩菜，在單位食堂裡也以減肥的名義吃得極簡單，歸根結蒂就是要讓老公孩子吃多吃好。如此顧家的女人，一旦得了機會吃筵席，就會拼命惡補卡路里和蛋白質，這跟去年糧販子囤積秋糧道理差不多，所以，你不是她們的老公或情人，明擺著吃啞巴虧。

前幾天讀車前子（編注：車前子，原名顧盼。詩人、散文家、藝術批評家。作品有《明月前身》、《雲頭花朵》、《茶飯思》等等。）的《好吃》，在此抄錄其中一段話：飲食之道，色相與味道要能表裡如一並駕齊驅，幾乎是鳳毛麟角。生活中何嘗不是如此，漂亮女人常常缺乏風韻，風韻女人往往不夠漂亮。漂亮是色相，風韻是味道。

酸男辣女

新一代的男女青年，已經顯現出誓將酸辣進行到底的決心。而且有一句話說：酸男辣女。大概與上海人的集體性格有關吧。

酸和辣，在烹飪中的地位或作用，相當於戲劇中的大哭大笑，相當於繪畫中的大紅大綠，相當於小說中的巧合與轉折，相當於體育中的短跑和拳擊，相當股市中的漲停板或跌停板。總之，大開大闔，鮮蹦活跳，是一對愛恨分明、性格獨特的孿生兄弟。

在中國人的調味品中，酸味和辣味的運用要稍晚一些。據專家考證，大概在銅烹時代，也就是從夏商周開始吧，貴族們用上了以青銅為材料的鼎、鬲、釜、鑊，以及炒盤之類的金屬飲具。這個時期，鹽作為「百味之首」已經走進千家萬戶，除了海鹽，還有岩鹽、井鹽和池鹽。吃了鹽，渾身有勁，流失的鹽分得到了補充。而酸辣味是作為輔助滋味出現的，有開胃健脾，幫助消化等功能，進一步促進了人類的體質。

酸的滋味主要來自梅子。不是曬乾了的梅，剛從樹上摘下來的青梅是酸澀的，搗碎後取其汁，做成醬，作為甘甜之味入餚，蘸烤得微焦的野味吃，想來風味不壞。的羹，在概念上比較寬泛，它包括燒肉、帶汁的肉和純肉汁，也指葷素原料混合燒製《尚書．説命》中有一句名言透露了當時的烹飪水準：「若作和羹，爾惟鹽梅。」當時成的濃湯。直到今天，廣幫菜中的燒鵝、烤乳豬也是蘸著梅子醬吃的，當然現在的複合味梅子醬已經加配製得非常高級了。

除了梅子，另一種酸味的來源是「酢」。它是釀酒師一不小心將酒做壞後形成的酸味調料，但與後來的醋不同，它是一次偶然的收穫。也有人説它是醢汁、肉汁變化而成的酸味調料。這話我不太信，當時又沒有冰箱，天然空氣中的這一變，肉類食物很可能就腐敗變質了。王侯貴族們吃了拉肚子，專管酸味調味料製作的「醢人」的腦袋就要落地了，那是沒得商量的。

酸味的梅，在東漢末年已經大面積種植，而酢還不可能成為普羅大眾（此港臺語也）的調味料。否則，曹操在行軍途中不會舉鞭遙指前方説：那裡有一片梅林。而會説：「眾將官，前面有一座酒坊，到了那裡每人一大碗酢。」

辣味也出現在青銅時代，主要有花椒、生薑、桂皮、蔥、芥、薤、蓼、蘘、蕺、襄荷等。從薤開始的後幾種植物是什麼玩意兒，今天的國家特一級廚師也不一定說得上來。前幾種流行至今，中國廚房主流調味料的地位不可撼動。尤其是芥，不知當時是如何調製的，如果也做成一砣砣的芥末醬，那麼日本料理中的「薩西米」，德國芥末牛排的祖宗應該都在中國。北京菜中至今還有一款芥末墩。前兩年去北京，朋友在飯店請客，出於好奇，我就點了這道冷菜，上來一看，不就是幾個白菜墩嘛，一吃，芥末味直沖腦門，透心涼了，好吃。

進入鐵器時代，生產力大大發展，中國廚師也變得越來越聰明了，吃酸的喝辣的就成了人民群眾的迫切需要。這個時候，真正意義上的醋就上了老百姓的餐桌。古人發現小米飯也可製成酸漿，《禮記．內則》中記載：「熟炊粟飯，乘熱傾在冷水中，以缸浸五七日，酸便好用。如夏月，逐日看，才酸便用。」在製成酸漿的基礎上，又加上麴，做成苦酒，倒入缸底，用泥封住缸邊，上置木蓋，這就是利用麴來發酵的過程。實際上，已經是早期的醋了。《齊民要術》中稱：「酢，今醋也。」此書記載了二十餘種醋的做法。有時又稱「醯」。《說文》中說：「醯，酸也」。

到了北魏時，醋的做法已經比較成熟了，並有大麥酢法、燒餅酢法、糟糠酢法、酒糟酢法等多種方法。到了唐、宋、元、明，酒已大規模釀製，好酒像水一樣嘩嘩地流向神州大地，一代代大詩人、大畫家也因酒而在中國文化史上留下鴻篇巨制和不朽美名。同時，醋已做得非常地道了，唐有「桃花醋」，宋有「李子醋」，元有「杏花酸」、「脆棗醋」，明有「正陽伏陳醋」。東坡老人在鎮江焦山品嘗鰣魚後有詩一首：「芽薑紫醋炙銀魚，雪碗擎來二尺餘。」放翁老人也有詩寫到醋：「小著鹽醯助滋味，微加薑桂發精神。」

有清一代，根據原料不同，醋分米醋、糯米醋、粟料醋、小麥醋、大麥醋、餳醋、糟糠醋等，而且有一種觀點已經得到共識：「取其酸而香，陳者色紅，越陳越好。」隨園老人在他的《隨園食單》中也說了：「鎮江醋顏色雖佳，味不甚酸，失醋之本旨矣。以板浦醋為第一，浦口醋次之。」

板浦是江蘇灌雲縣北一市鎮，現在大概已經不產醋了。

唐代是中國經濟文化及對外貿易大發展的時期，這個時期，中國人的食譜大大豐富，醋大有用武之地。對於喜食肉的民族而言，其助消化的作用不言而喻。關於「吃醋」的民間故事也就誕生於此。唐朝宰相房玄齡的夫人好嫉妒，唐太宗有意賜房玄齡幾名美女作妾——封建社會從皇帝到縣令大都是色鬼，妻妾成群是一種時髦。偏偏房玄齡怕老婆是出了名的，有賊心沒有賊膽。唐太宗得知是房夫人從中作梗後，便召她進宮，生氣地說：「你這個女人這麼嫉妒，是不是敢為此而死？」一招手，小黃門立即拿來一壺毒酒。想不到房夫人英姿颯爽，面無懼色，端起酒壺一飲而盡。更想不到的是這匹雌老虎喝了之後沒口吐白沫，也沒蹬腿抽筋翻白眼，只酸得淚流滿襟。此時李世民在金鑾殿上哈哈大笑，原來跟宰相夫人開個玩笑，以醋代鴆。從此，「吃醋」

的典故在民間流行開來。在男權社會，男人總愛諷刺女人的忠貞，因為在心底他們是希望女人淫蕩的，以便多一點縱慾的機會。

再說辣味，上述的幾味辛香料，以今天的口味論，都不算刺激。直到辣椒閃亮登場，中國人才算跟辣對上勁了。但辣椒是舶來品，是明朝的商人由海路從美洲的秘魯、墨西哥傳入的，然後引種，很快普及。咖哩呢，也是差不多時候由鄭和下西洋時從東南亞一帶引進的。胡椒，一聽名字就知道是外來的，相傳是唐僧西天取經時帶回的。中國人吃到辣味，還得感謝早期的外交官、文化使者和民營企業家呢。

在很長時間內，作為地處大江南北之間的上海，由於氣溫、地理及物產等原因，老百姓很少吃酸喝辣。在正宗的本幫菜中，除了糖醋小排，似乎很難再找到甜酸味的菜。而八寶辣醬的尷尬在於，上海人不大願意吃，四川、湖南、江西及貴州一帶的人根本不承認它是一道以辣取勝的菜。有一回我請成都來的朋友在老飯店吃飯，特意點了一道八寶辣醬，他欣賞了盆子上面的那撮雪山似的清炒蝦仁後，吃了一筷，立馬叫服務員拿一小碗辣醬來，還嫌這道菜做得太甜。

以川揚幫立足上海數十年不倒的梅龍鎮酒家，似乎也找不出特別讓四川食客滿意的菜點，你說麻婆豆腐、家常豆腐吧，不辣，回鍋肉吧，也不辣。招牌菜乾燒富貴魚鑲麵，也不辣。相反，為了讓上海的食客吃得進，廚師不但下手時少擱了郫縣豆瓣（編注：郫縣豆瓣是四川較負盛名的豆瓣之一，產於中國四川省成都市郫縣，具有豆瓣酥脆化渣，醬脂香濃郁，辣而不燥，黏稠適中，回味醇厚悠長的特點。）和花椒，還加了麵條沖淡辣味。回鍋肉呢，居然參照北京烤鴨，夾了麵餅吃，也是這個用心。

相比之下，作為開門七件事之一的醋，倒是進入尋常百姓家。因為上海人喜食蟹，而蟹必定要在醋的佐助下才能突出生猛的鮮味。在上海人食醋的需求曲線表上，十月份肯定達到峰值。當然，碰到非典、禽流感突發，人們用食醋熏房間不算。

上海人吃酸，還在於小籠、湯包、生煎、鍋貼這類點心，因為有肉餡，蘸了醋後，肉膻味大為減輕，鮮味就突出了。但嚴格說來，這些都不能算作酸味菜餚。你只要吃過雲南的酸魚，就知道什麼是酸味菜了。

上海人吃辣，在三十年前不過是羽量級的，咖哩牛肉湯、辣醬麵、魚香肉絲、油炸臭豆腐乾抹點辣火，那已經是赴湯蹈火了。至於胡椒粉，在吃餛飩、雞鴨血湯時派上用場，但上海人灑起來，手總在不停地抖，賽過在做化學實驗。為了適應這種溫和的局面，上海農村廣泛栽種一種不甚辣的辣椒，叫做圓椒，也叫甜椒，色豔而分紅綠黃三種，皮光質厚而籽少。那細若遊絲的辣味，賽過做娘的用一根竹筷責打淘氣的兒子。那時候，我們弄堂裡來了一個四川人，休息天在廚房裡炒幾隻家常小菜殺殺淡出鳥來的喉嚨，抓一把曬得乾癟的朝天椒投入滋滋作響的油鍋裡，沖天而起的辣油星子直往左鄰右舍的鼻孔裡鑽，整條弄堂彌漫在不亞於原子彈爆炸的毀滅性氣氛中。正在吃西瓜談山海經的老媽媽西瓜皮一扔，屁顛屁顛地朝弄堂口逃。

現在，上海人能吃辣了，那得歸功於改革開放的大好局面，在重慶火鍋之後，是譚魚頭火鍋，是香辣蟹，是十三香小龍蝦，是瀨尿蝦，是剁椒大魚頭，以辣取勝的印度菜、泰國菜，連越南菜也來湊熱鬧了，齊齊將上海人的舌苔煉成三分厚，不怕火燒，只怕沒火燒。這也從一側面見證了上海這個開放的國際性大都市，真有「海納百味」的胸懷。當然，老一代的上海人食已定味，酸不酸，辣不辣的，沒治了。新一代的男女青年，已經顯現出誓將酸辣進行到底的決心。而且有一句話說：酸男辣女。什麼意思呢，就是說在陰盛陽衰的今天，上海男人，小白臉留長髮外加挑染，說話辦事，甚至調情都鶯語燕歌娘娘腔，給人酸溜溜的感覺。不如上海女人，從頭髮絲到腳趾頭一股辣勁，敢愛敢恨，敢穿很暴露的衣服，敢隆胸，敢紋身，敢抽脂，敢割眼皮，敢在耳朵、肚臍眼、舌苔上打洞穿珠子，敢鋸斷小腿後增高，敢在酒吧臺上劈腿跳舞，敢身體寫作，敢跟認識才二十分鐘的男人上床，敢在結婚一周內跟老公拜拜，敢跑性用品商店……凡是外國女人敢做的，上海女人也敢做，有時做得更絕更凶。貝克漢姆不是娶了辣妹嗎？上海多的是辣妹，而且肯定能辣得小貝熱淚漣漣。

上海女人如此能辣，上海男人能不酸嗎？

文質彬彬，然後自助

周作人有一句話還是蠻有道理的：中國生活的方式現在只是兩個極端，非禁慾即縱慾，二者互相反動，各益增長，而結果則是同樣的汙糟。

如今吃自助餐也算是一件挺時髦的事了。由於影視資料的豐富，我們經常能在歐美的電影電視裡領略雞尾酒會的場景：身穿夜禮服的紳士淑女各執一杯香檳酒在燈火輝煌的宴會廳裡走來走去，或三五成群地傳遞著大大走樣因而就無法證實的豔聞軼事，其間還有衣冠楚楚的樂師演奏著莫札特或海頓，這種浪漫的氣氛令富起來的城市人神往不已。因此一聽到吃自助餐，便會在激發唾液的同時產生一種進入奇妙新世界的興奮，即使只有一個夜晚，也是回味無窮的。事實上，雞尾酒會與自助餐是有區別的，但不少人還認為它們是一回事。

目前上海的自助餐基本上有兩種形式，一種是標準的自助餐廳，每天中午晚上兩市，數十種珍饌佳餚羅列，任由顧客自取。分時段定額消費，有的還要收一定比例的服務費。另一種是客人請飯店在指定地點設計、佈置一頓自助餐。一般是企業或機構舉辦新產品發佈會，事畢後順便招待一下客人，這種形式的特點是主客雙方都比較隨意，更接近雞尾酒會。花園裡，洋房前，百花盛開、陽光明媚時分，一溜排開美酒佳餚，還有一架烤爐正在吱吱冒著輕煙，主人一通即席發言後——發言一定要幽默詼諧，大家自取。若是外資企業做東，你還能欣賞到小樂隊現場演奏莫札特。

好在我們這個城市在改革開放三十年裡有不少大賓館旱地拔蔥，在大飯店裡設一個自助餐廳並非難事，許多星級飯店的早餐就早已「自助」了。在老外當家的賓館裡，要設計一個冷餐會也是小菜一碟啦。有些社會團體和企業就順應潮流，慷慨做東，讓我們中國人也紳士淑女一夜，這用心很有點聖誕老人的味道。

然而偏偏有人不爭氣，有紳士的外衣未必有紳士的吃相，一看到整桌整桌的珍饈佳餚擺在那裡可任意拿取，就有點心動過速了，搶了盤子使勁地夾，弄不好酒也灑了，盤子也咣啷一聲砸了，橘子蘋果滿地滾（彼等效法陸績懷橘乎）。令見過大世面的服務小姐在一旁掩嘴而笑。

有一年我有幸在銀河賓館參加某企業舉辦的冷餐會，主人在臺上盡情地揮灑形容詞，「乾杯」兩字尚未出口，餐廳裡早已亂作一團。那些與會者應該說都有一官半職在身，平時訓人起來也是很正人君子的，此刻卻顧不了這麼多，爭先恐後不算，大快朵頤之後還要兜著走，有人將整隻丁香火腿塞進包裡。大煞風景，想像中的歐美式浪漫全都煙消雲散了。在現場目睹這一幕，大倒胃口，並因為有老外在場大搖其頭，我也只能跟著搖頭了。

前不久報載：某飯店在底樓開了個自助餐廳，顧客付上六十元就可吃個大肚圓圓。這本來是飯店開拓經營的新招，但從效果看，不少人抱定「吃出老本」的宗旨而來，過高地估計了自己的攝入量，吃不完造成極大的浪費，叫在場一起「自助」的外國客人一個勁地攤手聳肩。

有一個闊太太，每次與小姐妹吃自助餐，都能捎帶些東西回來，比如蝦餃、蛋撻、白灼蝦等。其手段之「閃」，不僅騙過目光如炬的服務員，甚至連一起大快朵頤的小姐妹也莫知莫覺。這些食物拿回家，自己又不吃，也不餵狗——寵物自有它們的狗糧，擱冰箱裡，三五天后扔掉。她家裡有的是錢！但每遇吃自助餐，她還是照拿不誤，成了習慣性動作。

上海的必勝客有一個規矩，配套供應的簡餐中有一道沙拉，這道沙拉由客人自行去取。也就是說，一隻巴掌大小的盆子，你隨便裝，只要它裝得下。這道「智力測試題」大大挑逗了上海人的興趣。你去看吧，那些穿著時尚的美眉是如何操作的，她們先是將黃瓜片排列在盆子邊緣，這樣盆子就大了一圈，然後鋪一層生菜葉，盆子又大了一圈，再然後一層層疊加其他東西，一直堆成尖尖的寶塔，一盆直抵人家兩三盆。顫巍巍地端回桌，同桌人鼓掌喝彩。既沒有違反規則，又爭取到利益最大化。這就是上海人的本事。

我有個朋友在新加坡吃自助餐，同行的同胞以國內的脾氣去開洋葷，盤子裡堆得山高，偏偏那裡的餐廳有規矩，撐死沒人管，就是不能浪費，盤子裡有多餘的食物要開罰款單，於是那同胞只得偷偷地把東西全撥在湯裡，撒腿就溜。我朋友還說，有一天，他們在德國漢堡一家餐廳吃飯，德國除了香腸和啤酒，其他食物都很難吃，於是他們剩了幾盆菜，剛要離去，被餐廳服務員攔住，說他們雖然擁有對食物的享用權，但吃不完就等於浪費了公共資源，要罰款。他們不服，服務員打電話叫來一個人，自稱是資源部門的公務員，跟他們解釋了當地法律，於是他們——一幫來自資源並不豐富的發展中國家的公務員只得認罰。

中國人在吃的方面造成的浪費，早已觸目驚心，為什麼得不到有效的制止？周作人有一句話還是蠻有道理的：中國生活的方式現在只是兩個極端，非禁慾即縱慾，二者互相反動，各益增長，而結果則是同樣的汙糟。八十多年過去了，這種汙糟並沒消除。有些人在家裡吃得近乎寒酸，省下錢置彩電、空調，這不說禁慾也夠得上節慾了。而一旦吃起「老公」或似乎沒有禮節上約束的自助餐，就原形畢露，貪比饕餮，說他縱慾不算過分吧。我在速食店裡看到每個顧客吃得從從容容，乾乾淨淨，這是吃著「獨一份」的緣故吧。現在有些企業以速食招待客人，我以為是開了好風氣，也是杜絕浪費的好辦法。

我當然不是說自助餐不好。最近我吃過一頓自助餐，感覺就比較好。大家彬彬有禮，各取所需，量力而行。後來我想原因可能有兩個，一是參加者彼此都認識，忘乎所以，難免貽人笑柄；二是有服務小姐代為夾菜，大家總得有點「費厄潑賴」（編注：英語Fair Play的音譯，原為體育運動競賽和其他競技所用的術語。意思是光明正大的比賽，不用不正當的手段。）吧。不過也有我看不過去的，就是喝到一半的酒，吃到一半的菜，只要在旁邊的桌子上一放，就被勤快的小姐收走了，要吃再取。我忍不住請小姐手下留情，小姐不動聲色地說：上檔次的賓館就應該這樣服務的。

波洛先生的白煮蛋

阿莎加．克利斯蒂（Agatha Christie）讓中國觀眾明白，什麼叫陰謀的技術含量，什麼叫犯罪的藝術性，同樣，什麼叫偵探的紳士風度以及推理的嚴謹風格。至於波洛先生（Hercule Poirot）吃白煮蛋的方式，到現在還沒有多少人能學會。

二十多年前的一天，漆黑一團的電影院裡，一群靚麗的影星突然照亮了中國的銀幕，其中有五位奧斯卡獎獲得者與導演一起給長期來受模式化教育的中國觀眾上了一堂「什麼是推理片」的電影普及課，他們是飾演雷斯上校的大衛．尼文，飾演范．斯庫勒太太的貝蒂．大衛斯，飾演美國律師安德魯．彭寧頓的喬治．甘迺迪，飾演美麗護士小姐鮑爾斯的瑪姬．史密斯，但最讓我們難忘的是飾演大偵探波洛的影星兼劇作家彼得．烏斯蒂諾夫，這位大腹便便的男人曾以《斯巴達克斯》、《托普卡皮宮》兩度獲得奧斯卡最佳男配角獎。在《尼羅河上的慘案》（Death on the Nile）中，他讓中國觀眾記住了兩撇翹得很高的鬍子，毛茸茸、肉鼓鼓的手背，當然還有推理時「剝筍殼」式的清晰思路，以及那麼一點點「不夠嚴肅」的語調。

是啊，回想起來，這部電影給從十年噩夢中初醒的中國人何等的震撼！金字塔前，西蒙與太太琳內特騎在各自的馬上接吻，一個有數分鐘心理長度、充滿了激情的鏡頭洶湧澎湃地展現在中國觀眾面前，讓還處於青春期的我看得心旌飄揚。在我身旁，正好是我認識的在居委會工作的一個老太太，緊皺眉頭嘖嘖有聲。「資產階級，真是資產階級。」她說。但她的眼睛一直瞪得像兩隻一百支光的電燈泡。

還有一個鏡頭，大概也只有我這樣有天賦的好吃分子記住了，就是波洛在船上吃早餐時，他拿了一個白煮蛋，坐在托子裡，慢條斯理地用小勺子敲開，灑點鹽，一勺一勺地挖著吃，一邊還不忘應對人家的責問。

為了一顆鑽石，為了一大筆財富，為了愛情，還為了可笑的信念和主義，在鮮花和美酒下面，有人挖好了陷阱。當豪華遊船在美麗的尼羅河上以一種雍容大度而又不乏慵懶的方式緩慢前行時，夕陽塗抹著大偵探的煙斗和一雙濃眉，他總是比兇手慢一拍，甚至差點被一條蛇咬死。當然，偉大的阿莎加．克利斯蒂是不會讓代表正義的波洛先生敗下陣來的，到了最後一場戲，在波洛先生又吃了一個白煮蛋後，他向最不具備殺人條件的兇手攤牌了。

「比利時小人」耍了一個花招，他煞有介事地說：「有一種簡單的實驗，現在任何法庭都承認它可以作為真憑實據，叫做印模實驗。」西蒙信以為真，不願意當眾出醜，歐洲人要面子的秉性最終害了他。於是槍響了，一對情人以一種不失為浪漫的方式結束了生命，也結束了那部電影。

雖然在過去的幾千年裡，中國人死於財富夢想的故事了裝了幾卡車，但這一次，克利斯蒂讓中國觀眾明白，什麼叫陰謀的技術含量，什麼叫犯罪的藝術性，同樣，什麼叫偵探的紳士風度以及推理的嚴謹風格。這一切，在這之前都與中國人無關。這個時候，有個聰明的上海籍罪犯以玫瑰香為工具製造了一起延時縱火案，已經產生了《一雙繡花鞋》（編注：張寶瑞著，描述一九四八年國民黨與共產黨的地下特工爾虞我詐、勾心鬥角的懸疑小說，劇情曲折離奇，扣人心弦，頗有西式偵探小說之風。經改編成為電視連續劇。）的轟動效應啦。

至於波洛先生吃白煮蛋的方式，到現在還沒有多少人能學會，在豪華遊輪的餐廳裡或五星級賓館的早餐上，我經常看到那些身穿名牌服裝、手戴黃金戒指的暴發戶們，一下子拿了好幾個蛋堆在盆裡，一路上免不了掉一兩個，那個潔白的骨瓷蛋托呢，被挑了一砣蕃茄醬在裡面。到了座位上，將蛋往桌子一敲，蛋殼應聲而破，隨即大叫：「操，這蛋還沒有熟！」

口。

服務員以一種波洛的口吻告訴他：先生，這是兩分鐘蛋，歐洲人就好溏心這一口。

對方可不像西蒙那樣認輸：「去你媽的歐洲人，老子的錢比他們多。」

阿莎加·克利斯蒂離開我們三十年了，她沒有教會中國人按歐洲紳士的方式吃白煮蛋，儘管上海現在開了一千兩百家西餐館。

以懷舊的名義縱慾

從中華美食的龐大菜譜上看，紅燒肉的地位也一直不明確，沒有一個幫派的菜系將它收編。到了大家想到要振興上海菜了，紅燒肉卻不動聲色地揭竿而起。

紅燒肉是上海人家的一等家常菜。所謂一等，倒並非就口味或營養、更非精緻程度而言，而是由它的代表性所決定。也因為代表性廣泛，這塊紅嘟嘟的肉就敏感地反映了平民百姓生活水準的沉浮。比如本人，小時候雖然也吃過幾回紅燒肉，卻有一個尷尬不知可否與小姐女士一說。吃著吃著，一不小心吃到豬的一個乳頭。因為家父貪便宜，買的不是肥瘦相間的五花肉，而是上海人俗稱的「奶撲肉」。那時候讀書少，更不知道佛洛德他老人家，否則真會想入非非的。再說現在吧，常看到報紙上說，某貧困人家庭的孩子有多少年不知肉味了；或某苦孩子畢業後找到一份工作，第一次領了薪水，家裡得以痛痛快快地吃一頓肉；再或者，某建築工地的外來務工人員三個多月沒吃過一次肉。這裡的肉，通常就指紅燒肉。在民間語系中，紅燒肉的指向性很明確，可以作為衡量生活指數的硬指標。

與歐洲國家民眾愛吃牛羊肉不同的是，中國人對豬肉有著久遠的認同。當初倉頡老先生造字時，就將一個豕字圈在一個大屋頂下，這說明中國人對野豬的馴化已經成功並達到很普遍的程度。今天我在西南兄弟民族的簡易樓房裡還能看到數千年前的民居格局，在坡度稍緩的大屋頂籠蓋下，底層養豬羊等家畜，上面住人。對啦，在北京猿人的洞穴裡，考古學家還從厚厚的灰燼中挖出了豬的頜骨呢。

不過也怪，到了宋代，東坡謫居黃州，意外發現那裡的豬肉很便宜，「貴人不肯吃，貧人不解煮」。也就是說，在長江流域楚文化曾經盛行的地區，家豬一直沒有得到很好的開發利用。於是落魄的政治家和具有世俗趣味的文學家、書法家蘇東坡自己動手，豐衣足食，加酒，加醬油，少加水，用文火燉成了傳諸後世並發揚光大的東坡肉。歷史學家一直認為楚文化是中國文化的另一個源頭，長江流域也是當時經濟文化很發達的地區之一，更是巫醫樂師加上詩人各色人等集聚、浪漫色彩濃郁並喜好白日夢遊的地區，然而，至少在豬肉的加工與食用這一小兒科問題上，暴露出楚人煮肉的能力很差。

好了，這個話題點到為止，不再展開。但說上海人對紅燒肉的態度，一度有過矯情，程乃珊（編注：上海作家。祖父為上海金融界知名人物，因此她對上海工商業的上流社會頗為知悉，著有《天鵝之死》等書。）在她的《藍屋》裡寫到一個舊上海工商界鉅子的後代，就從來不吃紅燒肉這類粗物，要開葷也只吃竹筍炒肉絲，筷頭篤篤而已。我還看到一篇由文壇老前輩寫的小說，背景在一九五七年反右，一個差點被劃歸另冊的知識份子心懷感激地在食堂裡吃了一塊紅燒肉，以示與革命群眾打成一片。好在上海的市井風情，歷來是由絕大多數生活地社會底層的上海市民構成的，紅燒肉的存在自有相當厚實與廣泛的基礎。比如說，在國有企業的食堂裡，紅燒肉就是一年到頭也不能斷檔的當家老生，它的同門兄弟是紅燒大排。在國營農場裡，紅燒肉是改善生活的標誌性美食。農忙時給孩子們打氣鼓勁，最見效果的不是空洞的政治口號，而是一塊二兩重的厚膘紅燒肉。在家裡，紅燒肉當仁不讓地肩荷起安慰「淡出鳥來」的那張嘴巴的重任，偶爾，善持中饋的主婦還會加一些百葉結或雞蛋，可以多吃幾頓。

從中華美食的龐大菜譜上看，紅燒肉的地位也一直不明確，沒有一個幫派的菜系將它收編。所以十多年前當上海一些個體戶小飯店將紅燒肉編進菜譜時，確實是冒了不小風險的。聰明的廚師走的是曲線救國的路線，先拋出梅菜（霉乾菜的雅稱）扣肉。一砣黑黜黜的霉乾菜上面，鋪一層風也吹得走的豬肉，肥瘦相間呈五花之態，另帶狹狹一條半透明的豬皮，只不過常常會有數根豬毛作怒髮衝冠狀。為心理撫慰計，飯店有時也會跟上一碟麵餅，讓客人夾來吃。在花費不多的便宴上，庶幾充當了墊底的角色，剛從貧困線下爬上來的上海市民也沒有理由拒絕它的祝福。

梅菜扣肉試探風聲後，紅燒肉便粉墨登場了。特別是當杭州菜館的東坡肉當了一回偏鋒，並沒有遭到上海市民的厭棄；湘菜館的毛家紅燒肉緊緊跟上舞弄了一番花槍，也被上海人趨新地領受了，紅燒肉的壓軸大戲似乎水到渠成。而且，此時的紅燒肉是以私房菜的獨門秘技推出的，眼觀六路耳聽八方的老闆娘在廚師的幫襯下，貌似貼心貼肺，兼賣三分皮笑肉不笑。加之紅燒肉最能喚醒兒時回憶，承載窘迫生活體驗，是商場官場裡「英雄不問出身」的最佳注釋，倘若故作清高忸怩作態，會有數典忘祖之嫌，遭到全桌同胞的憤怒聲討。於是，紅燒肉迅速紅遍上海灘，成了最具上海精神的懷舊金曲。

如今紅燒肉做得出色，也成了酒家的驕傲。上海動物園附近的程家橋阿山飯店，菜單是用油漆寫在小竹片上掛在牆上的，坐在凳子上得提防戳出來的釘子勾破褲子，但生意奇好，其中一款紅燒肉為它贏得了口碑——這是草根階層的代表。虹橋路上的和記小菜，由臺灣老闆經營，一款紅燒肉經過改良後，以粉色的豔姿亮相，下面墊了軟塌塌的京蔥白，酥而不爛，回味甜鮮，成了中產階層的寵愛。我還在一些酒家吃到罎子肉，同樣是紅燒，裝在紫砂小罎子裡，有點藏拙的意思。圓苑的紅燒肉是後起之秀，據說五花肉是在油鍋裡炒過的，肥而不膩，色澤文雅，芡汁包裹緊密，雖然邊緣楞角相當清晰，卻是入口便化，很符合《隨園食單》裡對紅煨肉的期待，「上口而精肉俱化為妙」，值得再吃一次。

在這一形勢下，紅燒肉做得不甚出色，也不妨自吹自擂。服務小姐常在竭力推銷鮑魚、魚翅碰釘子後就將紅燒肉拉出來示眾。有些飯店將紅燒肉呼作外婆紅燒肉，儘管外婆已經作古，但外婆永遠是大眾的長輩，外婆的品牌明確了紅燒肉傳家寶的性質，一上桌，也就透出一種自家人的親熱勁和不妨撒嬌的情懷，縱然火候上有所欠缺，色澤上有所偏差，也就在吮指之樂的同時一笑了之啦。

上海的本幫飯店裡以前是沒有紅燒肉的，有的只是走油肉和走油蹄髈。取五花肉或蹄髈，煮七分熟後入油鍋炸至皮色金黃，在水裡冷卻後讓它起泡，再複入鍋內加佐料烹至酥爛脫骨。取大碗，墊碧綠青菜心數株，蓋上走油改刀的肉，上籠屜蒸透，覆扣盆內上桌，滷汁勾芡兜頭澆上，濃油赤醬，鹹中帶甜，尤以起皺的肉皮最佳，有腐蝕雕刻的效果，筷子一夾就「皮之不存」了。

在朱家角、同里、西塘等作為景點喧騰的江南古鎮裡還有紮肉，紅燒近烏黑，一根稻草紮一塊，在鐵鍋裡排列整齊，農家本色，古鎮風物。上海人還不能忘記醬汁肉，紅米上色，甜味很重，北方人根本消受不起。這塊肉從蘇州而來，在本埠扎下根，一個多世紀裡滋養了許多上海美食家。過去在熟食店裡也是當紅小生，數陸稿薦（編注：稿薦即草席。）的出品最為著名。這裡還有一個傳說呢：某陸姓老闆開了一家熟食店，因無特色，生意平平。某天，一衣衫襤褸、渾身疥瘡的流浪漢來到熟食店裡乞討，陸老闆收留了他，給飯吃，又給了一張草席讓他睡在灶台邊。第二天流浪漢不辭而別，陸老闆看到流浪漢睡過的草席上留下斑斑膿跡和血跡，當即扔進灶膛裡燒了。誰想這一把火，將鍋裡的醬汁肉催得恰到好處，酥軟適口，香氣四溢，從此小店的醬汁肉暴得大名，店名也改作陸稿薦了。原來那個流浪漢是八仙中的呂洞賓啊。

我老家附近南陽橋有一家殺牛公司，老上海告訴我，過去是殺牛殺豬的屠宰場，建國後成了食品加工廠。我在小時候還經常看到有馬車得得到此，車上有一隻巨型木桶用來裝肉湯，每當貼牆壁的管子裡放肉湯時，熱氣騰騰，場面頗為壯觀，但我們只能在遠處掩著鼻子觀看，因為那肉湯的膻味太重。在肚子裡油水不足的年代裡，肉湯兩字可引發孩子豐富的想像，不過這肉湯據說是拉去餵豬的，人不能喝。

雖然殺牛公司的肉湯不能喝，醬汁肉卻是公司門口那家熟食店裡的霸主，紅堂堂地坐鎮在那裡。我經常去那裡買幾角錢豬頭肉、夾肝、糖醋小排或者後來走俏的方腿邊角料，醬汁肉每斤索價一元，約有十塊，相當貴啦。有一次看到一交警買了一元錢的醬汁肉，也不用營業員包紮，就借了一把鋼精勺子，站在路邊一塊接一塊地吃了，然後抹抹嘴，滿臉紅光地回到崗位上指揮交通。這一天大概是他的發薪日吧。

現在紅燒肉得寵，走油肉、醬汁肉反倒沒人理會了，大約是廚師嫌麻煩吧。紮肉也只是「到此一遊」的衍生，吃口如何並不重要。都說要振興上海菜，想不到紅燒肉卻不動聲色地揭竿而起。以懷舊的名義縱慾，紅燒肉是首選。

六

挑食是他們的權利和福分

餐桌邊端坐的下一代，天然地擁有挑食的權利。

不過當他們嬉笑著走進餐館，是否亮得出挑食的本事呢？

是啊，他們總是看了報紙美食版上的有關資訊才打電話訂餐的。

與菜餚相比，冰沙並不貴，這也是大家喜歡它的理由。它的生命雖然短暫，卻光照人間，給我們帶來了歡樂，使一頓朋友間的聚餐充滿了遊戲精神。

沙沙冰沙

天氣涼快了嗎？是的，簡直要把人的頭皮燒焦的驕陽總算跟我們拜拜了，但是如果你跟朋友就餐的飯店正好有冰沙供應，怕是無法抵擋這個誘惑的。來一份吧，我們要紅豆沙的。如果在座有兩三個愛甜食的美眉，那可熱鬧了，讓她們吵去吧，男士可篤悠悠地抽一支煙再回來。

在開胃小菜、黑椒牛丁、鳳梨蝦仁、封煎銀鱈魚、馬拉盞、臺灣手抓餅之後，冰沙在一片喝彩聲中姍姍而至。冰沙在玻璃盆裡堆得很高很高，努力滿足人們的貪慾，它色彩鮮豔，冰清玉潔，閃爍著冰雪與熱帶水果的光芒，在七手八腳削蝕它的時候，甜蜜而芬芳的粒粒冰屑先在口中漸次爆炸，然後不等你作出絲毫的留戀就滑入咽喉要道，那種直透肺腑的涼爽，讓我們精神振奮，眼睛發亮，在這之前下肚的所有美食就顯得骯髒不堪了。

與菜餚相比，冰沙並不貴，這也是大家喜歡它的理由。它的生命雖然短暫，卻光照人間，給我們帶來了歡樂，使一頓朋友間的聚餐充滿了遊戲精神。

冰沙讓我想起了童年吃過的一種冷飲，對，你也想起來了，它就是刨冰。

刨冰是這樣製作的：一塊邊長二十公分左右、厚六七公分的食用冰，放在機器的不銹鋼平板上，平板有一道口子，安裝了一把鋒利的鋼刀，刀刃朝上露出平面一公釐的樣子。然後，操作機器的女孩子——一般都是飲食店裡的女學徒來完成這道衛生要求較高的工序——將機器上方的一塊圓盤壓下來，圓盤下有幾顆釘子，死死釘住冰塊，等馬達轉動起來，沙沙的聲音中，冰塊就被一層層地刨下來，細如雪霜，非常可愛，下面有一隻臉盆接住。

另一個女孩子將冰雪裝在一個茶杯裡，再一覆，蛻出一個圓柱狀的「帽子」，蓋在一個玻璃杯裡，玻璃杯事先已經加了紅豆湯，這就是風行一時、人見人愛的刨冰了。

記得一杯刨冰賣一角五分。除了紅豆刨冰，還有橘子刨冰——後者是用橘子粉調和的，香精、糖精和色素的混合物。那種玻璃杯外表有蜂窩狀的花紋，上海人家一般用來做漱口杯，但它予人一種結實的感覺。

我們頂著毒日頭一路走到西藏路大世界對面的沁園春吃一杯刨冰，然後再走回來，又是一身臭汗。但心裡非常滿足。

搞笑的是勺子，鋁質的長柄勺子，在勺子底部鑽一個洞。據說，上海人吃了刨冰就喜歡將這種小勺子順手牽羊帶回去，一杯刨冰賺你們多少錢啊，帶走一把勺子，店家就要蝕本了。於是想出這麼個絕招來。於是，人們在吃刨冰時，甜蜜的汁水總會滴嗒嗒地漏下來，於是就罵想出這個辦法的人是沒有屁眼的。

一把小勺子沒幾個錢，拿回去並不能明顯改善生活品質，但就有貪小便宜的人喜歡這樣做，以為如此一來，就不吃虧了。勺子有洞，是上海人的恥辱。現在富起來的上海人，不應該忘記這把勺子。

後來，上海恢復西餐供應，上海的老克勒奔相走告，紅房子、天鵝閣、德大的生意奇好，但西餐館裡的刀叉損耗也相當嚴重。後來西餐館索性取消刀叉，改用毛竹筷子。我親眼看到兩個老外嘰哩呱啦地跟服務員要刀叉，但服務員回答很生硬：只有筷子！一老外不會用筷子，筷子一挑，一塊配牛排的土豆（編注：即馬鈴薯。）翻身跳到地上，老外氣得嚎叫，聲音一直傳到窗外，引得中國人哈哈大笑。這年頭！

夾餅

北京烤鴨是用麵餅夾來吃的，但當「夾」成為一種飲食時尚後，危險也悄悄出現了。這說明一個道理：享受美食的形式是不能隨意挪用的，這是中國飲食的侷限，也是它的精妙。

夾棍，是古代一種簡單而頗有奇效的刑具。公堂上，嫌犯若是不按縣老爺的意思說，老爺生氣了。「來人哪，夾棍伺候！」兩旁的皂隸早已等得不耐煩了，一陣虎嘯，馬上動手。夾棍的原理就是將兩根三尺長的楊木棍夾住嫌犯的小腿，稍一使勁，就會聽到啰嚓一聲，與之相隨是被夾者的一聲慘叫。不消半個時辰，嫌犯拖著兩條斷腿被公差夾著回到「光明正大」匾額下，趴在潮濕的地磚上畫押。如明人所說：「棍則痛入心脾，每一下著骨，便神魂飛越矣：」

坊間流傳甚廣的楊乃武與小白菜故事裡就有這麼一段：「……吩咐差人將夾棍擲在堂下。乃武卻仍只叫冤枉，陳魯大喝一聲，將乃武上了夾棍，只一夾，乃武又昏了過去。知府見了，命人鬆了夾棍，用水噴醒。陳魯知道不能再審，忙命人把一眾人犯收監，自己退堂……」在黑暗的封建社會裡，夾棍造成的冤假錯案一定不少。

在食事上，夾的意象也相當生動，除了筷子夾菜的形象直逼夾棍以外，夾棍烤鴨、夾棍烤雞、夾棍烤田鼠等都出現在大中華的食譜裡。另一種柔性的夾法則表現為夾餅。典型案例當推北京烤鴨。正宗的北京烤鴨一隻批一〇八片，每一片都得保證有皮有肉肥瘦相間，然後用麵餅夾了京蔥絲、黃瓜條和鴨肉，蘸醬，捲成一隻小枕頭，塞入口中，與之相隨的是饕餮之徒的一聲喝彩。

食物之所以採取夾勢，取決於食物的性質。比如烤鴨，油膩之物，若是沒有京蔥絲、黃瓜條幫襯，吃口就差多了。麵餅一夾，不僅解膩，還混合了生脆、辛辣、肥腴、鹹鮮、軟硬、乾濕等各種滋味和口感，大大提升了北京烤鴨予人的美食享受。

夾餅雖外秀，中慧也相當重要。在上海錦江飯店，我吃過批皮烤鴨，光有皮沒有肉，夾了京蔥絲、黃瓜條和鴨皮一起吃，口感就單薄了，嚼勁也差了去，好像吃山東的烙餅卷捲大蔥。

梅龍鎮酒家是川揚幫酒家，那裡有一款相當正宗的回鍋肉，為了適應上海人口味，也有一夾。回鍋肉夾餅的口味中和了辣味和肥腴感，予人厚實的享受。有一次法國總統席哈克來上海，在梅龍鎮吃到這款回鍋肉夾餅，極為欣賞，一口氣吃了好幾個枕頭包。後來酒家遂將此菜命名為「席哈克夾餅」。一段日子裡，法國學生和工人老在街頭鬧事，將席哈克夾在右翼與左翼中間，就像一塊走油肉。

北京有一款京醬肉絲，跟一碟麵餅上桌，也可一夾。它說明了一個淺顯的道理，凡有京醬的菜，均可一夾。在「棗子樹」裡我吃到了純素的京醬肉絲，也是用麵餅夾了吃的。不過素菜本身並不肥腴，夾了餅後層次明顯不夠。

當「夾」成為一種飲食時尚後，危險也悄悄出現了。城隍廟某酒家推出一款蟹粉魚翅夾餅，此菜看似有創意，其實是逗弄阿木林（編注：上海話中傻瓜的意思。）的。蟹粉魚翅最好是排除其他干擾單獨享用，才能體會原汁原味。麵餅一夾，賽過吃糨糊，還不如吃蟹粉魚翅小籠來得鮮滷滿口。

這幾年我還吃到過魚香肉絲夾餅、黑椒牛柳夾餅、梅乾菜扣肉夾餅、外婆紅燒肉夾餅。最出洋相的是松仁雞米夾餅，一口咬開，松仁與雞米像人體炸彈一樣在一瞬間實現生命終極，弄得美女吃客非常狼狽。許多廚師不知道，並不是任何菜餚都可以一夾的，唯條塊清晰、醬汁稠、味道濃、肥腴度適宜的菜才可以配以麵餅夾來吃。而且麵粉以手工擀、微火烤、周邊形成荷葉邊的才好，有的酒家以冷麵餅回籠蒸後上桌，別說香味，連韌勁也差得多。

山東人的烙餅夾大蔥，陝西人的肉夾饃，以及上海人臭乳腐夾大餅，雖然都是不上檯面的粗食，卻深諳夾餅之奧義。

話說開國大典後中南海擺開慶功宴，其中有一道北京烤鴨夾餅，一幫將軍打仗是行家裡手，吃烤鴨是自出娘胎頭一回，要麼光吃烤鴨，要麼光吃麵餅蘸大醬，還說北京人小氣，烙餅做得這麼小，存心不讓大家吃飽。這時朱總司令過來了：「看你們這幫土包子，烤鴨都不會吃，我來教你們。」於是將烤鴨、京蔥等蘸了大醬捲成枕頭包示範，從此將軍們掌握了北京烤鴨的正宗吃法，北京烤鴨的美名迅速傳遍祖國大地。這是一位老將軍在回憶錄裡著重描寫的趣事。

沸騰的魚

中國菜譜中有許多像沸騰魚那樣的菜餚，雖然受到市場的熱烈認同，但環保成本之高，遠遠超過菜餚成本。

沸騰的魚，在教科書約定的情景中特指汛期中湧來的魚，預示著漁民們又一次豐收，也預示著餐桌上的另一種選擇——在物資短缺時代，沸騰二字與一個魚字搭配，確實令人嚮往。但這裡所指的沸騰，特指魚在碗裡的狀態，就是近來流行於市的一款佳餚——沸騰魚（編注：即近來頗為流行的水煮魚，一種椒紅油亮的麻辣料理。）。

咱們中國有漫長而曲折的海岸線，海產品是比較豐富的，廚師做魚的手段歷來高明，流派紛呈。但沸騰魚的崛起並受到眾食客的大力追捧，是一個值得研究的現象。我查過厚厚的《中國食經》，沒發現這款菜的任何蛛絲馬跡，我猜是創新菜。現在的廚師敢想敢做，沒幫派的包袱，需求即為商機。沸騰魚不同於傳統的油烹方法，它非炸非煎非爆非溜非貼非汆，而是在碗底用黃豆芽打底，將魚批成薄片平整鋪上，起一鍋油，抓一把花椒抓一把朝天椒，等滾油飄起嗆人的香味，遂向碗裡兜頭一澆，趁碗裡的辣椒和魚片一起絲絲作響時上桌。此種聲色俱備及煙霧繚繞的情狀，頓時將餐桌氣氛推向高潮。所以，無論是菜名所規定的情景還是對食客思緒上的誘導，都極傳神地傳遞了一種時代風尚和市民品位。

我還要說一句，沸騰魚是市場經濟的產物。放在計劃經濟時代，食油是緊俏商品，憑票供應，每人每月才二五〇克。平時家裡煎魚，油是按滴計量的，擱多了要被老娘罵。我家吃帶魚，一般是清蒸的多，以至今天看到清蒸帶魚，哪怕再銀光閃閃，還是要翻胃。現在食油供應空前充足，超市裡的桶裝油賽過秦始皇的兵馬俑，這為魚在碗裡快活地游泳提供了物質保證。據我觀察，做一道沸騰魚，需要食油一千五百克左右。廚師若在二十年前提出這樣的創意，一定會被老闆送到精神病醫院裡去。但是有媒體報料：沸騰魚吃到最後，魚片和豆芽吃光了，滿碗的油擱在那裡，有些酒家就將這碗油再過濾一下，做給下一批顧客吃。據此推導，市面上的沸騰魚有可能都是用別人吃剩的油做的。雖然別人吃剩的油比泔腳油稍明澈些，但保不准有口水、煙灰在裡面，還有各種細菌與下一鍋魚片一起快活地沸騰。

但是專家站出來說了，如果一大碗沸騰魚的剩油就此倒掉，不僅不利於打造節約型社會，還會提高環保成本。專家的話應該聽，於是沸騰魚照做不誤，生意還不錯。

前幾天我與朋友到一家餐館吃飯，朋友特意點了一道據說是特色的沸騰魚，用鯰魚為材料，也就是中國畫裡的道具，寓意年年有餘。其實鯰魚這種不上檔次的河魚，肉質疏鬆，炒不得也煎不得，沸騰或許是最體面的歸宿。我問服務小姐碗裡的油是否新鮮時，她倒老實回答：「我們這裡的油只回收三次，用久了油會發黑，不好看了。」如此看來，廚師的著眼點在菜餚的色，而非食客的飲食安全。不過這位小姐又緊跟一句：「你們這碗油是第一次用。」

既然回收，也不在乎第幾次了，反正油經過高溫後算是消毒了。於是七八雙筷子一起伸進碗裡攪和，一碗不夠又來一碗。我問服務小姐：「這回我們碗裡的油是第幾次用？」她說：「就用你們剛才吃剩的油做。」這小妮子做服務員可惜了，應該去外交部門當新聞發言人。

據說昆山的奧灶麵之所以好吃，也是將客人吃剩的麵湯回收後再煮的，「奧灶」二字，在方言裡就有髒肮的意思。但我去昆山吃過正宗的奧灶麵後，認為此說不可信。

麵在魚不在

現在酒店裡上市的刀魚有不少身份不明，拿海刀、湖刀、河刀來冒名頂替，貌合神離，口味上與江刀不能相提並論。但暴發戶們不能其知，叫來擺闊，一盆上萬元的價值創造了中國餐飲業的奇跡。

此一時，彼一時。世界上許多事情就是這樣，食事也不例外。比如刀魚，放在四十年前是尋常之物，我等清寒之家也吃過幾次。開春後，母親從菜場回來，菜籃子裡墊著兩把芹菜、數支黃泥筍，還有幾塊豆腐乾，芹菜葉子上面懶洋洋地耷拉著薄薄的、窄窄的刀魚，不多，也就五六條的樣子，令人寒嗖嗖地閃著銀光，一點也不討人喜歡。剖開洗淨，擱盆子裡，加豬油醬油，再淋些老酒，旺火蒸。上桌時我總有點不屑，這麼小的魚，是給貓吃的吧。母親諄諄教導我：「這叫刀魚，河魚裡數它味道最鮮。要四角八分一斤呢。」四角八分一斤，是半斤豬肉的價錢，對於魚而言，是相當高了。於是小心地挑了一點在牙縫裡磨蹭，鮮倒是鮮的，就是骨刺太多，一不小心卡在喉嚨裡，又是哭，又是鬧，最後還要喝一口醋。後來得知古人恨海棠無香，刀魚多刺。我心裡暗暗好笑，過去的讀書人就是笨，海棠無香，就種茉莉花嘛。刀魚多刺，就吃帶魚嘛。

我就喜歡吃帶魚，無論清蒸還是油煎，選準肥厚的夾起一塊，用門牙迅速鉗出背上和腹下骨刺，大口嚼咬，讓牙齒享受厚實的美感。最後只剩中間一根梳子狀的龍骨，稍吮一下即棄之，猛扒幾口飯，那感覺就是爽。

後來，人躥高，略知味，對刀魚不那麼感冒了，稍能吃幾口，還是嫌骨刺太多。相比之下，我還是喜歡吃帶魚，要不就是小黃魚、青魚、鯧魚等骨刺較少的水族，花鰱魚的頭雖然也有較多的骨刺，但骨頭大，容易剔除，其腦髓和下巴的軟骨最令我傾心。

再後來，從書中得知刀魚之珍貴，許多老人都在撰文讚美那勞什子，不跟著崇拜一下似乎很沒有品位。於是得知刀魚的名稱在《山海經》裡就出現了，但當時的名稱是「鮆魚」。羅願在《爾雅翼》中說得很清楚：「鮆，刀魚也，長頭而狹薄，其腹背如刀刃，故以為名。大者長尺餘。」古人託名陶朱公編寫的《養魚經》中也提到：「鮆魚，長者盈尺，俗呼刀鱭，初春出於湖。」初春出於湖的應該是湖刀，「味略遜，緣於春暮登市」，而不是今天身價百倍的江刀。

刀魚、竹筍、櫻桃，自古就有「初夏三鮮」之稱。刀魚因形狀如一葉扁刀而得名，正式名稱是「刀鱭」。有人認為它與鳳尾魚是同類，鳳尾魚長大後就成了刀魚，這是錯誤的。鳳尾魚也叫鳳鱭，與七絲鱭和短頜鱭均屬鱭類，都是刀魚的堂兄弟。

蘇東坡愛吃刀魚，有詩為證：「還有江南風物否，桃花流水鮆魚肥。」

刀魚之所以珍貴，在於不能像帶魚那樣賤，供應時間長，一來就是一卡車。刀魚雖小，架子卻大得很哪，初上市時，約在三月桃花始開之時，此時骨刺還沒長硬，可以連刺一起吃下。清明以後，魚刺漸硬，弄不好就找人麻煩了。刀魚是洄游性魚類，每年春季，成年刀魚從淺海溯長江而上，到淡水區域產卵。通常，刀魚到達長江靖江段時，身上的鹽分基本淡化，身體也長肥，長江靖江段的江水已完全是淡水，此地是刀魚集中產卵的區域，也是人們捕撈刀魚的理想水域。那個靖江，就是出豬肉脯和灌湯包子的地方，靖江人真有吃福。

刀魚多刺，吃起來須小心，於是清代有人想出了歪招。《清嘉錄》中記載：「先將魚背斜切，使碎骨盡斷，再下鍋煎黃，加作料，食時自不覺有骨矣。」這是一種霸王硬上弓的吃法，暴殄天物。揚州的鹽商就很會吃，他們叫家廚將刀魚與母雞、蹄髈、火腿一起吊湯，治成刀魚麵。乾隆爺下江南時就嘗過此味，想來不惡。

老半齋的刀魚麵秉承揚州鹽商的傳統，成了老上海早春時節的美味。二十年前，趕在清明前我總要找時間去吃一碗。此時老吃客從四面八方趕到老半齋，寒暄幾句，算是一年一度的興會。第一次吃刀魚煨麵時差點出了洋相，一團麵翻來覆去的，就是找不到一條刀魚。正要發作，同桌的一位老吃客教育我：別找了，刀魚不是麵澆頭，主要是吃湯，師傅將刀魚油炒後包在紗布裡煮爛，此時魚肉細如絲，湯色白於乳，硬紮紮的麵條往湯裡一沉，就與刀魚你中有我、我中有你了。

原來如此。十多元一碗的刀魚麵，應該有一個麵在魚不在的詭異形態。

有一次吃刀魚麵，看到店堂裡有一群旅遊者模樣的老人吃著吃著哭了起來。跑堂的師傅上前一問，得知是回大陸探親訪友的臺灣老兵，在親戚的帶領下來嘗時鮮。一九四八年，國民黨反動派盤踞江陰要塞，其中一位是師長的勤務兵。師長是泰州人氏，平生有兩大愛好：一唱京戲，自稱跟梅老闆學過幾招；二食刀魚，自稱是袁子才的同好。勤務兵到市場上買過幾回刀魚供長官解饞，自己也偷偷地在廚房裡嘗過味道。第二年，決定中國命運的時刻已經來臨，國民黨部隊將江面封得嚴嚴實實，民船全部徵用，刀魚的影子當然也不見了。桃花盛開時，他們的部隊在調防中撤到湖北，從此他及他的長官就與刀魚徹底拜拜了。如今食之，歷歷往事頓時湧上心頭，一起走南闖北的弟兄們死的死，老的老，知味刀魚的老兵們怎不老淚縱橫！

「要不是老蔣腐敗無能，何至於一條刀魚，四十年睽違！」一老兵放下麵碗感歎道。

再往後，刀魚麵的身價躥上去了，三十多元一碗，我捨不得吃。第二年再去，又翻了一個跟斗，嚇我一跳。至今還記得踏進店堂的感覺，七八個老吃客站在賣票台前，瞅瞅頭上的價目牌，像做了錯事一樣不敢做聲，想了半天，只吃了一碗爆魚麵。老前輩不敢下單，我也只好跟著吃爆魚麵。現在，刀魚又上市了，我不知道老半齋還有刀魚麵應市否。

大約在十年前，有人請吃飯，點了一盆刀魚，主人親自動手，夾去龍骨，隆重宣佈：大家嚐嚐，這裡老闆是我朋友，特意留了這幾條刀魚。我們一幫吃白食只顧筷頭輕點幾下，哪裡還敢問價錢。這是我最後一次與刀魚接觸。現在刀魚漲到一千五百元一斤，如果有人問我下一次在什麼地方、什麼時候吃，那話就像問我什麼時候坐太空船上月球一樣好玩。

有專家分析，刀魚減產的原因有好幾點，一是與長江口網具太多太密有關；二是因為長江上游的水利工程建設，導致下游水量不足，海水上溯致使長江口刀魚繁殖環境受到影響；三是以前過度捕撈。也有人認為是水污染、熱發電持續破壞長江生態，特別是無毒的含氮污水排放，直接導致了長江水的富營養化。富營養化帶來的後果，直接導致刀魚產卵地遭破壞。為了人民群眾的口福，據説已經有科研部門在研究人工繁殖了，不過想想工人繁殖的鰣魚、河豚魚、鱖魚的味道，我的積極性也就一落千丈了。還有人告訴我，現在酒店裡上市的刀魚有不少身份不明，拿海刀、湖刀、河刀來冒名頂替，貌合神離，口味上與江刀不能相提並論，但暴發戶們不能其知，叫來擺闊，一盆上萬元的價值創造了中國餐飲業的奇跡。

刀魚，這條鋒利的魚，在油菜花開的明媚下午，直插我的記憶深處。

快跟韓國人搶豆漿喝

在豆漿這檔事上，如果你使勁吆喝的話，可能賺不到足夠的錢，虧一點也是可能的，但從滿足最廣大消費者的低端需求、培養中國青少年口味、保護中國豆漿飲食習慣和豆腐文化等多個角度出發，豆漿是值得好好經營的，這個市場也是蠻大的。

這一次，韓國人又跟我們搗蛋了。據説韓國有家知名度很高的企業在日本信口雌黃地宣稱：韓國是豆漿的起源地。消息樹轟然倒下（編注：抗日時期，中國老百姓為對付日本侵略者，每個村的山坡上都有一顆消息樹，最先看到日本人的哨兵就把樹放倒，以通報其他村民。後來有《消息樹》雜誌，專門刊登各種生活訊息。）！喝著豆漿長大成人的中國線民率先點燃了狼煙，雞毛信火速在網上傳送，接著不少報紙也及消息樹時跟進，在發表這則新聞的同時，還發動讀者議論，一下子，輿論大嘩。前幾年韓國人將我們吃了兩千年的粽子說成是他們的專利，騙過世界遺產評委會那班從來不吃粽子的老外，現在他們又染指豆漿！

安徽淮南市是中國的豆腐之鄉，那裡有個中國豆腐文化節組委會，想必每年搭個豆腐台，唱場經濟戲。組委會秘書長劉承烈得知這一消息拍案而起，堅稱豆漿是西漢淮南王劉安始創，絕非起源於他國。

劉安發明豆腐的傳說，我聽說過，不過他老人家在做豆腐的化學實驗時順帶便也發明了豆漿，我倒不知道。劉秘書長（從姓氏上分析，這位老兄極有可能是淮南王的後裔）也沒有給出鐵板釘釘的證據，比如說，挖墓挖出一罐兩千年前的豆漿，咂咂嘴，還是甜的！可惜考古沒有這個發現，光憑傳說是不能擊敗謊言的。其實，我們在《本草綱目》、《淮南子》、《延年秘錄》等史籍中，可以發現與豆漿相關的蛛絲馬跡，專家告訴我們，豆漿從西漢一路走到唐代，才傳到日本，在宋代，這種大眾飲品才傳到韓國。

豆漿的營養價值，我不說大家也知道。所謂植物蛋白、卵磷脂、豆皂素啦等等，都很適合中國人的胃。在我們小時候，豆漿確實是經常喝的，豆漿是上海人經典早餐「四大金剛」之一，在簡陋的飲食店裡，這溫馨的一幕永遠不會抹去：排隊買豆漿的隊伍一直拖得很長，乳白色的水蒸氣從窗口款款逸出。兩個齊腰高的杉木大桶擱在灶台邊，裡面存著溫熱的豆漿。兩個接上鋁皮桶身的鐵鍋坐在灶臺上，老師傅用紫銅勺子一勺勺地提起豆漿，裝入顧客的鍋子裡——這是外賣的。或者盛在碗裡，一勺正好一藍邊大碗——這是堂吃。

今天在哪裡還能喝到正宗的豆漿？在新亞大包，在永和豆漿也許能喝到，但味道似乎與記憶中的總差一口氣，但即使這種價格不菲的豆漿，也不是每個街角都有的。所以我認為，要責怪韓國人搶奪中國的豆漿發明權，先要反思自己，我們為什麼在懷著補鈣的願望下暢飲牛奶的同時，居然將豆漿冷落了？

中國的速食企業應該有一種睿智的商業遠謀，還要擔一點社會和文化責任。在豆漿這檔事上，如果你使勁吆喝的話，可能賺不到足夠的錢，虧一點也是可能的，但從滿足最廣大消費者的低端需求、培養中國青少年口味、保護中國豆漿飲食習慣和豆腐文化等多個角度出發，豆漿是值得好好經營的，這個市場也是蠻大的。與其罵韓國人無情無義，不如自己多喝幾碗豆漿。

瞿秋白在留給人世間的最後一席話中特別提到了豆腐。他說：中國豆腐，世界第一。我以為，中國的這個豆腐，其實是一個大概念。嫩豆腐、老豆腐之外，還包括豆漿、豆腐皮、豆腐乾、百葉、油豆腐和黴豆腐（乳腐）。還有聞聞臭，吃吃香的臭豆腐。這個豆腐衍生產品、豆腐家族，韓國人有嗎？他們要是不買帳的話，我們中國人民可以送他們一船臭豆腐，每人塞個十大塊。如果連臭豆腐也消受不了，還跟我們爭什麼豆腐的版權呢？買塊豆腐撞撞死算啦。

拼死吃河豚魚

一千不怕死的好吃分子進了包房，排排坐，沒人讓坐，埋單的老闆此時也不會像往常那樣客氣地說：「請，請，請！」大盆的河豚魚上來後，各自悶頭吃開了，連酒也沒人勸。據說過去吃河豚魚，客人自己還要摸出一隻角子放在桌子上，表示自己是付了錢的，出了人性命與主人無涉。

河豚魚經過一個冬季的滋養，背寬腹厚，肉嫩脂肥，底氣十足地在長江中下游逡巡。它們不知道，不怕死的老饕此時正在醞釀一個陰謀。但道理跟吃長江刀魚一樣，吃河豚魚也一定要趕在清明前，過了時節，刀魚的刺骨發硬，河豚魚表皮少許很難除去的細鱗也硬而戳口了。

中國人吃河豚魚，是一趟冒險的口腹旅行，而且已經磕磕碰碰地走了上千年，還沒有停頓下來，看樣子也不會歇腳或浪子回頭。這過程中，不時有人突然兩眼翻白，口吐白沫，腿腳一頓，與這個物慾橫流的世界拜拜了，連遺囑也來不及寫。為美食而死，雖然說不上重如泰山，但也不能斥之為輕如鴻毛。畢竟，美食家都是有理想的，有品位的，有經驗的——當然，經驗往往於無意間致經驗主義者於死地。

古人詠河豚魚的詩留下不少，這是老祖宗滿足口福後的真情告白。比如「如刀江鱭白盈尺，不獨河豚天下稀」。再比如「柳岸煙汀釣艇疏，河豚風暖燕來初」。最有名的當數蘇東坡的那首「竹外桃花三兩枝，春江水暖鴨先知，蔞蒿滿地蘆芽短，正是河豚欲上時」。今人引用此詩，往往著意審時度勢的「鴨先知」，但蘇東坡可能沒想這麼多，他就想念河豚魚的美味，春筍、鴨子、蔞蒿和蘆芽都是鋪墊，是冷菜，為壓軸戲的登場打前站。

每年清明前後，因吃河豚魚而死的新聞會出現在小報的社會新聞版上。同時，初出茅廬的小記者也會板起臉來教訓大人：河豚魚有毒，不要拿生命開玩笑。這道理就跟「股市有風險，涉市須謹慎」的善意警示一樣，不照樣有人懷揣著一家一當殺進去，股指不也照樣連續多年下跌，到今天攔腰一刀？在中國就是這樣，越是不讓人做的事，越是有人去做。

河豚魚代代相傳，基因拷貝，毒性依然，漂在長江中下游一帶，繁衍生息。它五短身材，貌不驚人，卻有一口整齊而銳利的牙齒，這是肉食水族的必要條件和特徵。

小時候我看到張貼在弄堂口的宣傳畫，警告大家不要誤食河豚魚。科學圖譜上的河豚魚有好幾種形態，均與毒蘑菇一樣色彩斑斕，誘人親近。但圖上又說了，河豚魚的毒素分佈在魚卵、卵巢、內臟、血和皮，全身只有肌肉無毒。而每一克河豚魚毒素就能毒死五百人！後來我看到的河豚魚活體，大多數腹部為白色，背部呈灰色，有深灰色小點分佈，以現代人的審美眼光看，那是很酷的顏色。這廝知道自己的酷，脾氣也就很大，一不對勁就發怒，肚子氣得圓鼓鼓的，像返航的潛水艇那樣浮上水面。古人知道它的七寸，就把它們趕到塘裡，用竹竿敲擊水面，或截流為柵，再將水拷（編注：這裡的「拷」指將某個地方的積水抽乾。）去部分，使塘內的河豚魚因相互擠攘而發怒鼓腹，一尾尾如氣球一樣浮到水面上，漁人用網打撈，手到擒來。

因為河豚魚發怒而鼓腹，古人以為吃了河豚魚也會鼓腹而死。其實是魚子最害人，生的時候小如芥子，一尾魚抱子成千上萬，吃進肚後每粒都一起用力脹成黃豆那般大，當然能將人肚子撐破。河豚魚的毒素還分佈在內臟和血液，所以整治河豚魚首先要大刀闊斧地剔抉內臟，洗清血筋。燒煮時據說最好以酒代水，大火煮沸，中火燜透，直至收汁，時間約在一支半香。一千年多前的日本人開始抄襲中國文化，連飲食之道也照抄不誤，所以他們也是嗜好河豚魚的族群。今天的日本人專門為燒河豚魚的廚師考級評分，然後頒發特殊的證書。中國的廚師如果是在國有企業吃蘿蔔乾飯出道的，肯定不會染指河豚魚，他們的師傅沒教過他，也沒那個膽。燒河豚魚的廚師，必定是江湖上的職業殺手，餐飲界的〇〇七。他們每年元宵後就往城裡跑了，受聘於某熟識的私營酒家，彼此有長期的默契。在江陰——這是河豚魚的主要產地和消費場所，燒河豚魚是按分量計算酬金的，燒一公斤，得八十元。吃一桌完整版河豚魚，至少要消耗五公斤，廚師的報酬可想而知。不過這也是玩命的活兒，河豚魚燒好後按規矩由廚師先吃，吃後乖乖地坐在廚房裡，可抽煙喝茶，但不許走開，兩個鐘頭後沒問題了，才可讓客人大快朵頤。所以在江陰，河豚魚都是回鍋後上桌的，斷沒有現燒現吃。

魯迅有詩：故鄉黯黯鎖玄雲，遙夜迢迢隔上春。歲暮何堪再惆悵，且持卮酒食河豚。

這是寫於一九三二年的《無題二首》中的第一首。同年十二月二八日，魯迅在日記裡記了一筆：「上午同廣平攜海嬰往筱崎醫院診……晚坪井先生來邀至日本飯館食河豚，同去並有濱之上醫士。」坪井和濱之上均為在上海開筱崎醫院的日本醫生，曾多次為魯迅家屬看病。醫生請病人吃飯，在醫生收受病家紅包成一時之風的今天是難以想像的，也說明魯迅與這兩個日本醫生關係不一般。詩中還透露一個資訊：當時虹口一帶日本料理不少，而且在不是「欲上時」的冬天也供應河豚魚。所幸的是，日本廚師治河豚魚確實有一套，不然，將留下一個牽涉面很廣的公案，中國現代文學史也要重寫了。而況事情發生在戰雲密佈的一九三二年，現在不也有人懷疑魯迅是被日本特務害死的嗎？

我在江陰吃過幾回河豚魚，一干不怕死的好吃分子進了包房，排排坐，沒人讓坐，埋單的老闆此時也不會像往常那樣客氣地說：「請，請，請！」大盆的河豚魚上來後，各自悶頭吃開了，連酒也沒人勸。據說過去吃河豚魚，客人自己還要摸出一隻角子放在桌子上，表示自己是付了錢的，出了人性命與主人無涉。還有一點，飯桌邊還要放一隻須兩人抬的大馬桶，萬一有人感到不對，趕快清倉。

在崇明我也吃過河豚魚，與別處紅燒不同的是，此處一律為帶湯白煮，湯為濃郁的乳白色。開了膛後的魚肉遇熱後會反捲起來，鮮嫩度略勝紅燒一籌，表皮留有少許細鱗，非但不影響咀嚼吞咽，據說還對胃有好處，可以帶走胃壁內的積垢。席面上請吃的崇明朋友一再問我：「有什麼感覺？」此處的經驗是唇舌略微有持續麻木，誠為最妙的境界，不過一旦這種感覺超過臨界點，就得趕緊往醫院裡送。那麼什麼是臨界點呢？只可意會不可言傳。我反正是不怕死的，早已把全部性命押在灶臺上了。幾分鐘後，嘴唇果然微微發麻，舌尖打滾困難，像拔牙後麻藥初退，話也說不順溜了，也許是我心裡緊張，也許是毒素的作用。我瞄了一眼窗外，院子裡停著好幾輛車，想必醫院離縣委招待所也不遠，心裡慢慢地踏實了，表面上還比較鎮靜。等到水果盤上來後，一切恢復正常，又活過來了。

至於滋味，老實說，鮮美度上是勝過如今塘裡家養的絕大多數河鮮，但勝出無多。我認為它不如鮮蹦活跳的帶子河蝦和正宗的陽澄湖大閘蟹，跟刀魚也不能一拼。唯嫩滑肥軟一點上，這廝可以傲視所有水族。

吃過河豚魚，看看大家都沒死，舒口氣，點支煙，主人就要講笑話了：有一回某先生得幾斤河豚魚，教家人煮熟後卻不敢吃，看到門口石階上坐著乞丐，就叫傭人拿了幾塊給他吃。過了一回，看乞丐沒死，就放心地吃了。酒足飯飽，踱方步出門，乞丐看到他一臉的滿足，就從背後拿出碗來：「哦，我可以吃了。」

聽了這個笑話，馬上有人提議敬廚師一杯酒。廚師出來後，就有人問他是否已經吃過。廚師說：「河豚魚現在是什麼價？我怎麼有福分吃呢？」團團坐的好吃分子頓時大驚失色，酒也灑了。但廚師馬上又笑嘻嘻地跟了一句：「不過老闆叫我先吃，我就不客氣了。」

說完，廚師揚長而去。據說一個廚師做一季河豚魚，可得好幾萬。

廚房的三重境界

試想，一隻紅黑兩色的戰國風格漆盤上鋪了一張軋花餐巾紙，上面並列數枚炸至金黃色的春捲，是何等的風致！

我這個俗人是喜歡光顧廚房的，倒不是善持中饋，家中廚政素由太太主理，我去那油煙之地是為了陪她說說話，略表慰問，另外將在飯店裡吃到的新式菜點描述一番，以刺激她的好勝心。如此一來，我也算沒有尸位素餐，更可能比油瓶倒了不曉得扶一扶的大老爺們更能體會中華飲食文化的精妙吧。

在廚房參政議政多年，我們發現跟王國維先生在《人間詞話》中揭櫫的三重境界相似，廚房其實也有三重境界的，在此說與同好們聽聽，求教方家。

第一重：「變調如聞楊柳春，上林繁花照眼新。」今天我們已經走出短缺經濟時代，刀俎間的原料大大豐富，但新的問題也跟著來了，雞鴨魚肉，幹鮮瓜蔬，吃到後來味蕾也麻木遲鈍了。那麼如何將一種原料燒出多樣滋味，就需要引進更多的調味品。比如醬油，一般家庭備生抽、老抽兩種，而我家還有美極鮮味汁、蒸魚豉油等。糖也分白砂糖、冰糖、黃砂糖及蜂蜜等，燒不同的肉菜就需要用不同的糖，有時候還放酒釀和麥芽糖呢。夏天做沙拉，則有奇妙醬、千島醬及日本、義大利進口的沙拉汁。冬天吃煲仔，則有甜椒醬、鮮泡椒等增味。就是一碗豆腐羹，也有蟹黃醬、XO醬、豆豉醬等可以燒出不同的滋味。此外，瓶裝的排骨醬、沙茶醬、柱侯醬、海鮮醬等我家也是常備的，燒菜時如做化學實驗東倒一點，西倒一點，常有新感覺。乳腐露也常備一瓶，乳腐露燒肉排，乳腐露炒生魚片，是我家一絕。到外地出差，我也會帶些別致的調味品來，比如新疆的孜然，爆炒羊肉片極妙；大連的蝦醬，炒通心菜、炒雞蛋一級棒；寧波的蟹醬，蘸食紅梗芋艿農家味最濃。現在超市裡的調味品也很多，要成為一個家庭級的廚師並不難。多滋多味，此為第一重境界。

第二重：「器具質而潔，瓦缶勝金玉，飲食約而精，園蔬愈珍羞。」中國的飲食文化，歷來講究美食配美器，這從商周的青銅器、玉器上已經得到了驗證。唐宋以降，瓷器、銅器、漆器普遍應用，民間餐具與其他工藝美術一樣，更上層樓，百花齊放，不僅襯托了烹飪技藝，也體現了中國人的生活智慧。過去很長時期內，寒素的藍邊大碗是普通家庭的主流餐具，現在我們經濟條件改善了，何不備些美器烘雲托月？

在我家，圓形餐具就分淺深多種，最淺的盛冷菜或炒菜，稍淺的盛湯菜，深的盛燒菜，更有高足盤鶴立雞群，小湯盅人人有份。此外還有方形的、腰形的、多邊形的，不一而足。除了陶瓷還有紫砂、漆器、竹器等材質的器皿，但堅決拒絕塑膠、搪瓷和不銹鋼。試想，一隻紅黑兩色的戰國風格漆盤上鋪了一張軋花餐巾紙，上面並列數枚炸至金黃色的春捲，是何等的風致！我還有一隻清同治年間的粉彩大碗，也常在留貴客用家宴時出場，盛火腿冬瓜湯最有彩頭。

美器不僅為了悅目，也是烹飪的需要。比如蒸河魚，老法師告訴我，一定要取長度與魚身一樣的腰盆，下面墊蔥段，魚沿脊背處劃兩刀，沸水裡定型後裝盆，上面擱薑片，上籠急火蒸，熟後將魚移置另一隻已在微波爐裡加熱的腰盆，澆上事先兌好的滷汁，鋪灑蔥絲。如此蒸治的魚才味鮮肉嫩，若是盆小於魚，則受熱不均，魚肉必老。

第三重境界：「溪花與禪意，相對亦忘言。」為了達到前兩種境界，我一度是很癡迷的。為了燒一道菜，奔到超市買一種特別的調味品，再轉輾瓷器店抱一隻異形餐具回來，但往往一餐過後，這兩樣寶貝一年中也難得露面兩三次，太太嘖有怨言，促我反省。

為了給廚房營造一個溫馨的小環境，我們家的廚房窗臺要麼擱一盆水仙，要麼插一支康乃馨，此外還在玻璃上貼一枚窗花，在牆上掛一塊老舊的印糕範本。這樣做，除了養性怡情，更是提醒自己：不要讓廚房變成油煙彌漫的戰場，油鍋儘量少起，多吃蒸煮、水煮和冷拌菜。這些年來，我家常喝雜糧粥，多吃糙米飯，瓜蔬趁鮮吃，苦茶天天喝，食譜就變得有益健康了。再後來，兒子住校讀書，平時只有我和太太兩人吃飯，就力求簡單，只要夠營養就行了。往往是一隻精美的橄欖形白瓷盆，堆了清清爽爽的幾葉白菜，上面點綴著幾顆蝦米，太太洗碗方便，我看著窗臺上的素花，「相對亦忘言」了。

這三重境界，第一重追求味覺享受，第二層上升到視覺層面，在力求美味的同時兼及精神享受，上升到第三層，則更注意環保和健康了。

給美食偵探吃什麼

請《米其林指南》的美食偵探吃飯，得用迷蹤拳加太極拳。

據説歐洲的廚師很少有時間和耐心閱讀，但有一本書不得不看，那就是法國米其林輪胎公司出版機構每年煞有介事推出的那本紅色封面的《米其林指南》，俗稱紅色寶典。這本出版歷史超過一百年的小紅書，不僅發行量大，而且關乎所涉每家餐廳的命運。若是一家餐廳掛了一顆星，立馬生意火爆，要是掛了三星高照，老闆肯定要笑歪嘴了。在這些餐廳暗訪品味並寫評估報告的人就是美食偵探，他們有一張極為挑剔的嘴。做他們的太太，大概是天下最難的一件事了。

前不久，經朋友介紹，我認識了一個法國人，他就是米其林出版社國際部的主管卡翁先生，是一個退居二線的美食偵探。我們在酒吧裡相談甚歡，各自為母國的美食爭面子。看我們爭得不可開交，朋友提議：讓卡翁先生到我家去吃一頓「普通的」中國家庭晚餐。卡翁先生當即露出富有挑戰意味的笑容，而我呢，當然迎上去表示歡迎。

回家後跟老婆一說，她急得臉也紅了：請誰不可以啊，幹嗎非要請一個前美食偵探？這不是硬把醜媳婦推到洋公婆前嘛。但我心裡有底，兩人合議半天，開出一份菜單，太太如此這般去採購原料了。

三天后，卡翁先生與我朋友，加上兩個也是天吃星下凡的小姐閃亮登門，喝了一杯泡沫四濺的香檳後就直撲餐桌。這些吃主兒什麼沒吃過啊，縱然魚翅鮑魚也打不倒他們，但他們既然想瞭解一下中國普通家庭的晚餐，那我就事先申明：我們力圖在「家常」二字上做足文章，讓法國美食偵探近距離地瞭解中國家庭的日常生活。這樣一來我就可進可退，爭取到了主動。

冷菜是馬蘭頭拌香乾、蜜汁素雞、醬麻油拌蘆筍、雞絲拉皮、脆皮黃瓜，只有一小碟汾酒牛肉是葷的。在介紹馬蘭頭拌香乾時我搬出歐洲諺語：野菜是沒有故鄉的。我還說，因為沒有故鄉，所以全世界都是它的故鄉。卡翁先生很認同我的胡謅，而且也確實很愛吃這味家常菜，筷頭一直沒停過。熱菜有蟹粉豆腐、紅乳腐滷燒小排、霉乾菜末油爆河蝦、蠔油什菌菇、臘肉炒大蒜野蔥頭、乾燒鯧魚等。

當蟹粉豆腐上桌時，我故意誇大軍功：這塊豆腐我切了整整一個小時，從而保證了每粒豆腐的邊長不超過兩公釐。卡翁先生為我的手藝精神深深感動，舉杯與我碰了一下。但當我再告訴他，盛這味家常羹菜的器具是一隻同治粉彩大碗時，他瞪大眼珠半天說不出話來，剛伸出的湯匙情不自禁地縮了回去，惹得大家哈哈大笑。而紅乳腐滷燒小排，是考慮到紅乳腐滷燒肉太肥，老外不一定接受，故而改用小排。之所以用紅乳腐滷上色提味，是考慮到法國的乳酪舉世聞名，他們好這一口。但事實上咱中國的乳腐與乳酪有一拼，而且是素的，植物蛋白，更有利於健康。卡翁淺嘗試味後，果然相當滿意。我還從冰箱裡拿出一瓶王致和臭乳腐請卡翁先生領略風味，他湊近瓶口一聞，歪嘴掬鼻的豐富表情又把大家逗笑了，但就是不敢染指，我夾了一塊送進嘴裡，咂咂有味。於是在乳酪這檔事上，我為咱中國人爭足了面子。

最後，這頓晚餐在筍鞭老鴨湯和薺菜肉餛飩、豆沙粉擂沙圓中結束。可以肯定的是，這些家常菜給走遍天下、吃遍天下的卡翁先生留下深刻的印象。最後他透露，米其林公司有意將歐洲的餐廳評級體系搬到中國來，推動中國的旅遊業和餐飲業，這套評估體系已經在東歐一些國家初見成效，東歐版的紅色寶典也已面世。計畫一旦訴諸實施，就可能在中國本土招聘美食偵探。我一聽就舉起雙手：我現在就報名。卡翁先生反應也很快，用筷子敲響酒杯：你是第一個。

七

寫在菜單邊上

有一部法律竟然管住了啤酒的泡沫，
而且一管就是近五百年。
從香辣蟹到小龍蝦再到瀨尿蝦，我們
吃出了什麼味道？
有個老闆，爲了一塊紅燒肉，派採購
員坐飛機到很遠的地方買黑毛豬。這
種不計成本的飯店開得下去嗎？

一部法律管住了啤酒的泡沫

德國至今還是無可爭議的啤酒生產和消費大國，這與《啤酒純度法》是分不開的。

雖然早在幾千年前古埃及和巴比倫已經懂得用大麥釀酒，後來由希臘人和羅馬人傳入歐洲，成為啤酒的始祖，但啤酒的定型釀造與普及發展，離不開德國人的努力，特別是一五一六年頒佈的《啤酒純度法》。這部以現代眼光來看更像一部品質標準的法律，嚴格規定了啤酒的原料、水質、發酵方法、純度和糖度等指標。德國至今還是無可爭議的啤酒生產和消費大國，與這部金科玉律是分不開的。

現在，上海一些飯店或酒吧裡就可以品嘗到被這部法律管住的德國啤酒。上周我就被朋友拉去體會了一次啤酒法的尊嚴。我這個人對啤酒過敏，喝半杯就頭痛，眼看朋友們一個個興高采烈，而我獨自一人向隅而痛，太不值得了。

但是朋友像拉壯丁一樣拖我走，徹底沒辦法。

我們一行人來到外灘附近一家酒吧裡，那裡的啤酒據說就是按照《啤酒純度法》釀造的。店堂裡坐著兩個碩大的紫銅糖化罐，在燈光下閃閃發光，橫七豎八的管道佈滿吧臺上方。吧臺上的服務生打開一個龍頭，清香的啤酒就噴湧而出，一溜老外坐在吧台邊喝酒，喝盡一杯，就用鉛筆在杯墊上打個勾，喝到微醺準備回家了，就拿這個杯墊結帳。無論黃啤還是黑啤，半升裝一杯的，每杯三十八元。一個在上海工作了二十年的德國人對我說，「簡直就像在我家鄉釀造的一樣。它有月光般的色澤，有秋天的氣息，還像一對即將步入婚禮殿堂的情人感情那樣醇厚。」

在一間恒溫的釀酒房裡，釀酒師向我演繹了測量糖度的過程，並告訴我，啤酒在不銹鋼罐中經過八小時主酵，然後再後酵二十天，啤酒的泡沫就非常豐富了。此時啤酒品質超群、口感細膩，經檢驗合格，就可以輸入儲存罐裡，通過管道送到吧台讓顧客享用。顧客應儘快享用手中的佳釀，因為啤酒的最佳飲用溫度為攝氏零度到四度，而隨著時間的推移，溫度就會上升，在敏感的客人舌尖就會遜色。

目前在國外，尤其是歐洲發達國家，很多人更喜歡到啤酒坊喝現釀的鮮啤，這種鮮啤因為大多是不過濾的，色澤看上去有點混濁，但保留了大量的天然營養，口感更加醇厚，酒味也更純真。

最近我看到一份資料，那是日本分子整合營養學研究所發佈的，在我們經常食用的食品中，海參、沙丁魚、小乾白魚和啤酒酵母、洋蔥、雞蛋等中含有的核酸最為豐富，而每一百克啤酒酵母中的核酸含量是例舉食品中最高的，為一三九九毫克。那麼核酸有什麼作用呢？據英國、美國等科研機構的研究表明，核酸可以保證人的健康，幫助人提高免疫力，撥慢生命時鐘，從而促進長壽。我們人類的疾病可以說都與缺乏核酸有關，我們常常看到有些人指甲不夠光滑、皮膚褐斑早現、白髮早生、毛髮容易脱落、怕風畏寒、經常頭痛頭暈、有貧血現象、手足麻木、睡眠不好、食慾不振等等，都是因為體內缺乏足量的核酸。

這天晚上，大家喝到很晚，海關大鐘敲了一遍又一遍。我雖然淺嘗輒止，但黑啤的風格還是給我留下深刻印象，印象之一就是要命的頭痛如約而至，額頭的血管每隔兩秒鐘就跳一記。一個滿口酒氣的德國人舉起大杯子要跟我碰，我自己也弄不明白突然冒一句：「你有阿司匹林嗎？」

「阿司匹林，自己回家去拿！」另一個朋友大聲吼道。直到第二天早上我才想起，這一問一答，是三十年前一部阿爾巴尼亞電影的臺詞。老天，看看我們的記性！

一塊紅燒肉的成本

餐飲市場與所有的市場一樣，都是一座金字塔，你敢做一個站在塔頂上的人嗎？

現在幾乎所有的飯店裡都有紅燒肉，有的還號稱外婆紅燒肉，聽上去好像真的是有一個老太太佝僂著背，生起一隻小煤爐，再用一把濟公式小蒲扇，刮嗟刮嗟地煽，燉了一個下午，方大功告成。

一例紅燒肉，濃油赤醬的本幫風格，夠十個人每人一塊的份量，一般就是二十多元。裝潢好一點的店家，要你四十多元也不算黑心。服務小姐還會關切地問：「加蛋、加百葉結，還是加墨魚？」不一會，紅亮紅亮的紅燒肉窩在紫砂燒鍋裡被端上桌了，頓時，筷頭如雨點一般。

豬肉一路暴漲，飯店裡的紅燒肉也水漲船高，消費者給予充分理解。理解的標誌就是繼續點來吃，吃了還要高聲叫好，若是不叫好的話，會被認為不是圈子裡的人。什麼意思？你裝秀氣啊，裝小腳啊！在某種程度上，紅燒肉是上海市民對自我身份的集體認同。

前幾天，我被朋友拉到淮海中路致真酒家嘗鮮，席間也上了紅燒肉。我從小是肉糊塗，視紅燒肉為性命。進入中年後醫生一再警告我：少吃肉，特別是不要碰肉皮。所以我面對這款濃油赤醬的本幫紅燒肉，每塊五花三層的標準紅燒肉，思想鬥爭相當激烈。但朋友一定要我嚐嚐，我把持不住了，入口一咬，腴香無比的脂肪噴湧而出，在舌尖四射，滋潤著每顆牙齒。皮糯肉香，腴香滿口，有一種豬肉的「原香」在口腔中縈繞，久久不散。

大快朵頤之時，老闆閃進包房，一臉自豪地說：「你知道這碗紅燒肉的成本嗎？」不等我回答，他自己搶著回答：以前都用金華的「兩頭烏」做這道紅燒肉的，「兩頭烏」是做金華火腿的原料，豬身不大，但皮薄肉細，瘦肉不柴。後來看到中央電視臺裡播出一個節目，說的是湖南一個偏僻的農村裡，還有人在用「古法」養豬，給豬吃的不是顆粒飼料，而是水葫蘆、糠、藕，這種土家豬肉特別香。於是派採購員乘飛機去購買了四十斤，飛機往返，加長途汽車和食宿等費用，加起來要一千出頭，核算下來，每塊紅燒肉的成本就要七元。燒了紅燒肉後一試味道，比「兩頭烏」更勝一籌。「現在你吃吃看，這種肉有粘性的，能夠將你的舌頭與上齶一起粘住。」

於是我又吃了一塊，確實有很強的粘性。那麼這一砂鍋肉要賣多少錢呢？因為是吃白食，我不敢問。

酒家老闆年近六旬，雖然是半路出家，但因為強調精益求精的執業理念，我覺得他比老牌的業內人士更懂得烹飪之道。比方說，為了達到理想中的色、香、味、形，他對每款菜餚的成本是從來不計較的。那一餐，他點了幾道看家菜請我提意見。一款客家茄子，冷拌的，味道勝過上海的醬拌茄子，就因為他選用的茄子是最好的，籽少皮嫩肉糯。蝦乾燜南瓜，這是一道中國食經裡沒有的菜，家常味很濃，選用大隻斑節蝦自己曬乾，味道鮮香。油醬毛蟹，原料是當令的六月黃。但他們選蟹的辦法是聞所未聞的，早早地來到水產市場，從蟹老闆那裡鎖定一千斤，以十進一的比例海選，剩下的九百斤，每斤賠三元錢退回蟹老闆。蟹老闆再賣給下家，其實也沒多大損失。但酒家買下的這一百斤六月黃，品質是好中選好，成本當然也高了。用這種肉頭飽滿的毛蟹炒來吃，當然既香又鮮了。

每天上午，老闆上班第一件事就是衝進廚房，從湯鍋裡撈起一隻吊湯用的，而且已經吊了三小時的母雞，筷子一戳，如果戳不進，說明這隻雞是老雞，走地雞，否則就要跟進貨的採購員洗腦子了，這種雞不能用。

「我再告訴你，我們一到冬天會推出一款油燜發芽豆，過老酒吃最妙了。但我們是自己孵的，只是買來的蠶豆品質不行，我平均從十粒豆裡面只能挑出三粒。」我聽了大驚，發芽豆，平民小菜啊，何必如此用功呢？發芽豆只要出芽即可，又何必太講究賣相呢？但這個老闆就是這樣執著──賽過搞精品工程了。

席間來了一道春捲，我一咬，發現裡面是韭芽黃魚肉。又得知，一條半小黃魚才做得一隻春捲，黃魚的肚皮肉多刺，棄之不用。又因為新鮮，黃魚肉吃起來一點也不腥。

我問：「菜的成本如此之高，你還能賺錢嗎？」

答：「寧可少賺一點，但品質一定要好。上海灘，還有幾家飯店能吃到有味道的菜呢？」

此言一出，我啞然。

但是，我還是跟他說，高標準固然不錯，但如果所有的飯店都像你一樣高成本操作，菜價肯定要高幾個檔次，吃得起的人就會大大減少，餐飲市場肯定不能繁榮。

他略微沉思後回答：餐飲市場與所有的市場一樣，都是一座金字塔，我就要做一個站在塔頂上的人。

滋味的克隆

洋速食帶來了新的理念，連鎖經營與大企業形象，現代工業的量化操作和烹飪法的速成，這都將對中國的烹飪業產生深遠的影響。

中國的菜餚，從下鍋到裝盆，整個過程猶如一隻飛行中的橄欖球，受不確定因素影響很大，投料的輕重，火候的急慢，湯水的長短，全在廚師手裡，急忙頭裡打一個噴嚏，菜就可能砸鍋。老一輩的廚師，都是經驗主義者，要他們做一個菜，立馬給你端上桌來；要他們總結做菜的道理，老半天說不上來。最簡單的問題：炒一盤青菜擱多少鹽？他也只能用勺子舀給你看。但也因為中菜出菜的這種不確定，構成了一種懸念和故事的引子，引起美食家們走進店堂時的激動。也如此，頭牌廚師的一招鮮，被稱之為藝術，可以吃遍天下。

到了八〇年代末，洋速食殺進上海灘，給中國的廚師們上了一課。最讓中國廚師譏彈，同時也感到威脅的就在於規定了量化指標，一隻雞腿，擱多少鹽、糖、膨化粉，在多少油溫的鍋裡炸多少時間，操作規程上都規定死的，做出來的雞腿，無論冬寒夏暑，全世界都一個味。這個雞腿，就是美國肯德基的傑作。行武出身的山德士上校（Harland David "Colonel" Sanders），沒聽說他在軍旅生涯中有什麼建樹，卻一不小心在餐飲業鬧了一回革命，並鬧到素以烹飪術享譽全球的中國來了。

以「把店開在肯德基對門」為口號的麥當勞接踵而至。一九九二年麥當勞中國有限公司入駐上海，一九九四年暑假期間，第一家麥當勞連鎖店在淮海路上的光明村開門揖客，身穿黃紅兩色相間運動服的麥當勞小丑咧開大嘴對著「高雅淮海路」上的洶湧人流頻頻拋灑媚眼，想把所有的中國孩子都攬到懷裡。這裡出售的吃食與肯德基八九不離十，外脆裡嫩的炸雞腿，冰鎮的可口可樂，結結實實的漢堡包，尤其是三層裝的「巨無霸」，捧在手裡很讓孩子過癮。於是，吃過肯德基的人，沒有理由不去嚐嚐麥當勞，而一吃也同樣上癮。吃洋速食於是成了一種體驗西方文化的時尚，一種頗為優雅的生活姿態。

就在洋速食大舉進犯之時，固步自封的中國廚師驚醒了，再也不敢以老子天下第一自負了。他們從洋速食的身上學到了一些東西，但還不是根本的東西，他們以為簡單和便宜就是速食的存在價值。榮華雞就在這樣的「危難之中」挺身而出了，並以炸雞腿、大米飯、葷素炒菜的搭配構成「中國式速食」，欲與洋雞決一雌雄。同時，以白斬雞馳名天下的小紹興也不想讓洋人太囂張，在中國傳統的飲食文化上大做文章，以獨特的工藝性和原料的新鮮度取悅老百姓。一時間，群雞爭鳴，雞毛亂飛，構成九〇年代初上海灘飲食界一場極有可看性的演義。十五年後，這場爭鬥終於有了結局，肯德基和麥當勞在上海跑馬圈地，連鎖店開到幾十家之多，小紹興只有七八家的樣子，而且被杏花樓集團控了股，榮華雞呢，被洋雞啄光了羽毛，淘汰出局。（編注：成立於一九九一年底的榮華雞速食公司，以更適合中國人的口味與更低廉的價格一度受到消費者的熱烈歡迎，在中國各大城市迅速走紅，並號稱：「肯德基開到哪，我就開到哪！」但不久之後開始顯露敗象，二〇〇〇年榮華雞退出北京市場，從此一蹶不振。）

後來，義大利的披薩餅也登陸了。有人說必勝客譯得不好，一個必字，心字頭上一把刀，凶多吉少，但是人家至今開得好好的，在鬧市區的門店，一到晚上還要排隊。加州牛肉麵也來了，美國的加州是不是流行吃牛肉麵暫且別管，好吃是硬道理。臺灣的頂呱呱，帶著一種卡通腔也對大陸的吃客大獻殷勤，他們的炸雞塊和炸薯條一看便知是學老美的，不過糯米雞飯包做得也真不賴，有中國情調。

客人就是市場，這一點終於又被中國的廚師們和廚師的領導們認識到了。而肯德基有一年連著辦了兩次中式速食經營管理高級研修班，請全國十八個省市的速食業同行來討論中式速食的走向與經營方式，真有點將中國同行一軍的味道。冷靜地想一想，肯德基真給我們上了一課。大鬍子山德士上校是我們的老師。

於是，我們這個城市出現了豐裕生煎饅頭、白玉蘭小籠、南京老鴨粉絲湯等傳統小吃連鎖店，臺灣的永和豆漿店也星羅棋佈起來，而具有較強企業實力支撐的新亞大包，也有醒目的標誌色，統一的服裝，有配貨中心，出品的叉燒包和生煎饅頭，在楊樹浦吃，與在徐家匯吃也是一個味。但是老吃客們總有一種懷舊情結，對工業化的大包有意見，說什麼機器揉的麵團總不如手工揉的有勁，鬆撲撲的缺少彈性。半路出家的廚師也不如過去小攤頭上的業主來得敬業，沖鹹豆腐漿總怕燙著手，故而鹹漿總是不起花，喝著就沒那個味啦。但是，工業化是一個大趨勢，誰也沒法阻擋它來到我們跟前。

有一次，我去上海電視臺《撞擊》欄目做一檔節目，規定情景是：正反雙方必須以一種黃牛脾氣亮出觀點，針尖對麥芒地大吵一場，主持人呢，不斷在中間挑逗。雙方火氣越來越大，眼看要掐架了，主持人及時出面當和事老，結束。電視臺這種思路我是理解的，希望節目好看點，收視率高點，廣告商就肯多一點投入。我被安排為正方，扮演一個反對工業化生產傳統點心的角色，對方據說是一個留美博士，吃過洋麵包，是工業化的堅定支持者。其實我內心並不簡單地反對工業化，加之對方對飲食業知之甚少，口徑一直對不攏。事後電視臺的編導也跟我打招呼，說我與那個博士是雞同鴨講，向我表示歉意。

我為什麼支持工業化生產呢？這裡有點對傳統餐飲業經驗主義的批判，更多的是因為看到了工業化對傳統產業綜合競爭力的提升空間，這個競爭力主要包括產品和管理兩大塊，尤其是後者，一直是傳統產業的軟肋。如果一個企業是足夠誠信的，那麼我們就不應該懷疑他們的產品是嚴格根據科學的配方和管理進行生產的，口味也是經過市場調查並參照中國人的膳食標準而制定的，而且是相當穩定的。工業化程度越高的企業，產品應該越具有安全性，口味也應該更佳。舉個最簡單的例子，從流水線上出來的一隻饅頭，進入超市，包裝袋上包含了一件商品應有的所有資訊，你如果在進食時發現有問題，一個電話就可以找到生產企業，企業管理部門可以馬上找到那一天的生產班組，甚至流水線上的那個工人。而你若是在路邊小攤上買一隻饅頭，回家吃出問題的話，你就是找到小販，他肯定是不承認，即使承認了，也不一定能找到供給他豬肉、食油、麵粉和蔬菜的那幾個上家。你在小攤上買一根油條，黃燦燦的，胖乎乎的，但一入口有股怪味，你有理由懷疑他是用地溝油（編注：即餿水、廚餘。）炸的，用洗衣粉發酵的，但你又能拿他怎麼樣？你拿不出舉報他的證據啊。

所以，工業化的潮流是不可阻擋的，洋速食就是工業化的急先鋒。

二十年來，在山德士上校面帶微笑的俯瞰下，以連鎖經營為發展模式的速食革命顛覆了中國廚師的權威，至少是分享了這種權威，並波及整個餐飲界。一些中菜酒家也識時務者為俊傑，紛紛開出分店，開分店的最大好處，除了形象得分以外，統一的配貨降低了成本，複合調料的應用使滋味的克隆易如反掌，管理上也容易掌控。以前，中國的酒店老闆從來沒想到要開分店，開一家就苦心孤詣地經營一輩子，還代代相傳，越老越好。「百年老店，別無分出」，這就是響噹噹的金字招牌。吃客也認你招牌而來，還不希望你裝修，一裝修總會落掉一些客人，真是怪得很，更別說開分店了，分店一開，無異婦人失節。我認識的老吃客中，就有不少是這樣的老頑固，他們得知哪家老店開了分店，從此不再光顧。

洋速食來了，這是好事，是我們老百姓的口福，也是烹飪界的好事，有競爭總是好的。並且，洋速食帶來了新的理念，連鎖經營與大企業形象，現代工業的量化操作和烹飪法的速成，這都將對中國的烹飪業產生深遠的影響。再說吧，從二十年來肯德基在上海的銷售業績穩步提升、並有望超過十個億這樣一個事實來說，青少年永遠是未來的消費主流，這是市場的潛力。老吃客的牙齒總有一天會鬆動，以至掉光，而青少年們永遠有一副金剛般的堅牙利齒。

討伐小龍蝦

重味之後，清雅的味道再也熨不平他們的舌苔，中國飲食之精華，恐怕就會壞在「希望的新一代」手裡。

討伐小龍蝦，決不是動員大家去吃小龍蝦，恰恰相反，我要討伐的是狂啖小龍蝦的從眾行為。

曾經寫過一篇短文《蟹與辣妹》，在文章中我不無擔心地說道：「蟹經過香辣醬的薰染浸漬，已然霸氣十足，今後再返回清蒸或蔥薑或豉汁的小心謹慎，就難以觸動味覺麻木的食客。再說，香辣蟹橫行申城，其來勢之猛，覆蓋面之廣，不吃不足以證明自己的成功人生，正說明了上海食客的趨同性和集體無意識，是不夠成熟的表現，折射出眾生的浮躁心態。」我還預計：「香辣蟹已經將人的舌頭麻翻了，倘若再辣，就要燒黑人的咽喉要道了。」

想不到不幸被我言中，蟹將尚未退去，蝦兵閃亮登場。

小龍蝦何物耶？頭巨、螯硬、體小、殼厚，渾身長滿了點點疙瘩，模樣醜陋，行動詭譎，專在聞一多先生描寫過的死水裡吃腐敗物質，越是污染嚴重的水塘，它越是活蹦亂跳。這水族中的敗類，肉質焉能鮮美？究其出身，原來是小日本在中國燒殺掠搶時留下的孽種。小日本投降了，它倒優哉遊哉，像潛伏特務一樣活到今天。也不知是哪個廚師在炒不好熱菜，煲不好老湯，被老闆惡聲臭罵之後，想到用小龍蝦來打一場名譽保衛戰。

當然，吃小龍蝦似乎無關階級仇民族恨，吃不吃小龍蝦並不等於對小日本獻媚或憤怒，但是吃小龍蝦與品位有關，與飲食文化的提高有關，與上海人的整體形象有關。

討伐小龍蝦，也要查源頭。它的師傅其實就是香辣蟹。

與香辣蟹異曲同工，也是以重辣鎮壓食客的味覺，所謂的十三香，就是東抓一把西抓一把的調味品，滿口辣味而無鮮腴。令人大跌眼鏡的是，人氣之旺，居然青出於藍。

有一次，我與兒子路過復興中路，看到一家小酒店門口貼著一張招聘啟事，上書急需服務員、廚師、洗碗工若干云云，門口擁擠了至少三十個小青年，有男有女，並有踮足朝裡張望的，把人行道也堵塞了。我不失時機地教育兒子：「看看，一定要好好讀書。讀不好書，將來找工作就會像這個場面那樣尷尬。」誰知兒子嘿嘿兩聲冷笑：「他們哪裡在應聘啊，是等著吃小龍蝦！」

不會吧，此時正是下午三點，午市已過，夜市未開，即使吃小龍蝦也不是時候吧。擠到店門口一看，果然是等著吃小龍蝦，青年食客們的臉上個個洋溢著興奮的笑容，從美領館簽證處出來的幸運兒，表情也不如他們生動。一家小酒店，生意好到連軸轉（編注：比喻非常忙碌。），我是萬萬沒有想到的。

但是，我還是要討伐小龍蝦。有朋友幾次三番請我吃小龍蝦，都被我義正辭嚴地拒絕了。我拒吃的理由也是我討伐小龍蝦的理由：首先，小龍蝦並不好吃。雖然有人看重它頭上一塊硬結結的黃，但這塊黃抵得過東海龍蝦頭上的黃嗎？也因為小龍蝦肉質差，廚師才以治香辣蟹的方法將它整得更加的辣豁豁，叫人進口後不停地哈氣。如果體內的重金屬沒排除乾淨，還有損於健康。其次是吃相難看。一大盆小龍蝦上桌，你搶我奪的，毫無雅趣而言。如果真像梁山好漢那麼大碗酒大塊肉，倒也豪爽，就看不慣靚妹帥哥人手一隻並不比癩蛤蟆好看的小龍蝦啃著吮著，一邊還要打情罵俏，然後棄下一桌子軀殼跑路。最後，這種粗糙而濃重的味道會誤導新生一代的「美食家」，重味之後，清雅的味道再也熨不平他們的舌苔，中國飲食之精華，恐怕就會壞在「希望的新一代」手裡。

蝦爬子的華麗轉身

粵港人向來有求富心態，嫌瀨尿蝦名字不雅，遂改為「富貴蝦」，於是大江南北都「富貴」起來。

據說十八世紀的海盜，所遵循的原則就是「大魚吃小魚，小魚吃蝦米」。這也是進化論者對自然界觀察許久後發現的結果。從某種程度上說，海盜都是進化論者的狂熱擁躉和積極實踐者。今天我們再來評價進化論，在肯定它的歷史作用時，還比較智慧地梳理出一條神奇的食物鏈，來支持環保或綠色的觀點，它的實際意義在於提醒人類審慎地維護這個循環，讓我們這個處於巔峰的群體獲得更多的食物源。所以，現在大家經常能在電視裡看到漁政部門向長江或近海投放大量魚苗，希望來年能捕撈更多更大的魚，獲得更多利潤。當然這一切都是在環保的名義下進行的。

所以事情是明擺著的，處於生物鏈下游的蝦米首先是魚們的食物，魚們吃剩了才讓人類吃。有一度，超市裡傾銷南極鱗蝦，紅彤彤地凍在冷藏櫃裡待售，價錢不算貴。買回後只有一種吃法，趁冷蘸醋吃，肉質緊實而回味有點甜。一煮就全是水，肉質鬆軟，沒有嚼勁。看書後得知，一頭鬚鯨一天就要吃五十噸鱗蝦，大約相當於全上海一天的銷售量。

那麼蝦米吃什麼維持可憐的生命呢？它們吃浮游生物包括藻類，所以蝦米還不算最可憐。

南極鱗蝦的殼不怎麼硬，比較好剝。最難伺候的是瀨尿蝦，殼硬，而且「三斤胡核四斤殼」，剝了半天沒什麼可吃的。但奇怪的是，最近一陣時期，我發現所有酒家都在叫賣這種玩意兒。

瀨尿蝦的學名叫蝦蛄，我十多年前就在大連吃過，當地人叫做「蝦爬子」，好聽一點的叫「螳螂蝦」、「琵琶蝦」。三角錢一斤，白水煮，一上就是一大盤。當時就領教了它的品格，剝殼真是相當麻煩，所以當地人不常用來招待客人，只在夜排檔裡充數，供老百姓神聊時佐酒。

後來得知，這種相貌醜陋、品質不高的蝦米在我國沿海均有產，以福建、廣東、浙江、渤海及海南為主要產地。

瀨尿蝦命賤耐活，不管當地漁民怎麼濫捕濫撈，還是殺不盡斬不絕，年年蜂擁而至，讓漁民滿載而歸。廣東、香港一帶的食客比較喜歡這廝，據說日本和泰國等東南亞國家的食客也好這口。粵港人向來有求富心態，嫌瀨尿蝦名字不雅，遂改為「富貴蝦」，於是大江南北都「富貴」起來。

在廣東海鮮市場有泰國瀨尿蝦出售，也許是養殖的原因，身長可達一尺左右，國產瀨尿蝦與之相比，就像潘長江（編輯：著名喜劇演員，身材矮小。）站在姚明身旁。當然，進口貨價格貴多了。今天我們在上海酒家裡吃到的富貴蝦，就是這路貨色。

每年的春季是瀨尿蝦的產卵季節，此時食用為最佳。肥壯的瀨尿蝦腦部滿是膏脂，看上去很美。瀨尿蝦在上海出現時，最偷懶的烹飪方法是仿效十三香小龍蝦，濃油重味一大盤，吃得食客滿頭大汗。壽甯路小龍蝦一條街上的店鋪大多有瀨尿蝦待客，一入夜便是燈紅酒綠，油花飄散。瀨尿蝦富貴以後，入饌食法就多了起來，是啊，你總得要讓轉身後的它與文雅一點的燒法相配啊。好了，油泡蝦片（去殼起肉為片）、椒鹽、豉油或蒸（清蒸、蒜蒸、蔥油蒸）等花頭就出來了。小小瀨尿蝦是難不倒中國廚師的。

在某酒家我嘗過富貴蝦，原料是從印尼和泰國來的。上桌後一看，卻由廚師去了硬殼，頭殼與鉗子放在盆子邊緣，黑椒汁往軟體上一澆，用刀叉割來吃，味道倒也不惡。椒鹽富貴蝦我後來也吃了，劈成兩半後油炸，中間的膏比較硬，誘人大快朵頤。

瀨尿蝦離水後不久即死亡，極難養活。潮汕地區民間多以鹽將鮮活的瀨尿蝦醃漬一下生吃或蒸熟吃。但我在電視裡看到，香港人直接用活蹦亂跳的瀨尿蝦投入滾油鍋裡烹治，這個場景雖然能引起老饕一陣尖叫，我卻擔心歐美人拿去做文章。

揣著油瓶進飯店

在不當獲取利潤成為某些人致富手段後，食品安全問題就越來越嚴重了，它不僅摧毀食物的美味，更摧毀我們的健康。

一天看晚報，最精彩的新聞說的是一幫小白領，在南京西路這個上海時尚地段找飯店吃飯，居然要帶一瓶食油去。進了飯店直撲烈火烹油的廚房，吩咐廚師用自己的油炒菜。他們說，有證據表明現在有的飯店在使用地溝油。這種地溝油就是民工從窨井裡打撈上來稍作提煉的油，不僅有臭味，還有毒性，人吃了之後生怪毛病只是時間問題，不生毛病的人可能就早得道成仙了。

這條產業鏈的關鍵是，專門有人悄悄在城鄉結合部租一間豬棚，燒起灶頭支口鍋，對回收來的地溝油進行深加工，灌桶後賣給昧良心的小飯店，這已經是全國人民的常識了。為了實施輿論監督，跟蹤或臥底的記者經常挨打，而且有關方面抓了、砸了、毀了之後，不多時又會冒出一批，所謂野火燒不盡，春風吹又生。

大家一定記得陳佩斯與朱時茂早期演過的一個小品，扮演知識份子的朱時茂是帶著一小瓶胡椒粉去一家麵館吃麵的，由此引起街頭小混混陳佩斯的誤會，因為在中國人千百年來養成的習慣中，進飯店吃東西是從來不必帶油鹽醬醋的。

但是，現在情況發生了變化，為了避免吃進地溝油，小白領們帶上了油瓶。可以想像的是，他們手拎一瓶油，意氣奮發地行走在南京西路，模樣是相當有戲劇性的，不能不說是一道亮麗的風景。在上海方言中，「油瓶」的民俗學意義是相當豐富的，過去寡婦再嫁，如果帶一個孩子，就被坊間譏為「拖油瓶」。現在，小白領還沒有成家就拖起了油瓶，如果讓他們的父母看到了，心裡別提會有多難受呢。

不過，你真也不要怪他們撒嬌，我的有些朋友受此啟發，也開始設想帶些東西進飯店去了。過去，他們這些所謂美食家進飯店吃飯，自己帶兩三瓶酒，開瓶費再高也嚇不倒他們，因為自帶的酒是通過關係從廠裡買來的，不假，喝了不上頭。更靠譜的是，出門前在口袋裡塞個信封，在飯店裡一坐下來，請服務員用信封裡的雨前或明前泡一壺茶（編注：明前茶為清明節前採收的茶葉，乃茶中極品，價格高昂。雨前茶為清明節後，穀雨之前採收者，不及前者，但仍屬上品。），就用不著喝飯店提供的比草藥梗子還老的經年陳茶了。個別的美食家也會撒嬌，比如帶瓶醋去吃大閘蟹，因為這醋是從鎮江某上市企業裡買來的。甚至吃西餐，居然也會帶瓶橄欖油甚至義大利紅酒醋。但這些舉動主要是體現一種品味或者格調，與健康無關。現在地溝油來了，叫你防不勝防。所以保命第一，然後是美味，這一條原則請諸位美食家切記。

以後我們進飯店聚餐，應該帶的東西還要包括：在超市裡採購的品牌豬肉（以避免注水肉或無證屠宰的豬肉）、由太太清洗數遍並浸泡一小時以上的綠葉蔬菜（以避免超標的農藥）、品牌醬油（以避免頭髮做的醬油）……還有洗淨並消毒的餐巾（以避免未經消毒或用黑心棉加工的餐巾）……我這一路寫來都覺得煩了，還不如自己買好食物和調味品，到飯店裡拖一個廚師來家裡燒算了。

當麵條燙了頭髮

一種食物被標準化的一串資料規範之後，成了流水線上源源不斷吐出來的產品，它的末路也許就來臨了。

中國人過生日，總離不開一碗麵，俗稱長壽麵，希望壽星的壽命跟麵條一樣綿長，哪怕是扯不斷、理還亂。石庫門裡的平民生活還講究往鄰居家裡送，張家阿姨、李家好婆則會故作驚喜，然後說上幾句客套話，一碗麵就這樣將左鄰右舍捆綁在一起了。但是中國的麵歷史再悠久，總逃不脫現煮現吃的宿命，山西的刀削麵還特別講究現場作飛刀秀，到了日本人手裡，就一不小心成了速食麵。平常的形態是乾的，吃時用開水一泡，筷子挑起來往嘴裡送吧，解饑又解饞。

發明速食麵的日本人，其實是中國人，出生在臺灣，原名吳百富，二十三歲時到日本大阪討生活，二戰後舉家遷到日本，取了個「中外合資」的姓名：安藤百富。據說，安藤發明速食麵是因為企業破產，只得重起爐灶。他從妻子製作日本傳統菜餚天婦羅中得到靈感，發明了「瞬間油熱乾燥法」，先將麵條炸熟脫水，便於保存運輸，吃前用開水一炮，使水分迅速滲入麵條中，以恢復它的彈性。一九五八年，安藤的第一包「雞肉拉麵」上市，一下子風靡市場，對高速發展的日本經濟來說，這種一泡即食的麵條為夜間加班加點的公司員工帶來了極大方便。

速食麵正式進入中國，在我印象中是在上世紀八〇年代初。而且一旦登陸後馬上就本土化了，中國生產，中國口味，中國名稱——速食麵在上海「買汏燒」的嘴裡被簡稱為「泡麵」。一開始，中國企業生產的速食麵在技術上不過關，大約還考慮到價格因素吧，成品相當簡陋，相當寒酸，比如米店裡出售的速食麵，赤膊包裝，一元一包。一九八七年，我得到單位一個名額到廬山休養，在長江上要漂一天兩夜，船上的飯菜之難吃，我早就領教了，所以帶了些速食麵去應付局面，還吃了別人請我品嘗的品種，總之是大倒胃口。後來有人嘲笑出國考察的官員，總要帶一箱的速食麵充當一日三餐，省下的錢扛幾樣家電回國。現在看來，這些官員還是相當廉潔的。至於運動員出國比賽吃速食麵，就成了為國爭光常開不敗的小花架，直到前不久杜哈亞運會上還是一道亮麗的風景。

我對速食麵一直沒有好感，它是後工業時代的怪胎。我甚至認為，一種食物被標準化的一串資料規範之後，成了流水線上源源不斷吐出來的產品，它的末路也許就來臨了。這種食物是對人類味覺神經的摧殘，是對生活格調的打擊，當然也是對飲食文化的塗鴉。我實在想不通，在盛行茶道花道的日本，居然有速食麵的土壤與氣候。同樣，速食麵進入我們這個飲食大國後，使睡懶覺、搓通宵麻將、上網聊天到天明等城市生活方式有可靠的後勤保障，故而呈現出波瀾壯闊之勢。消費刺激生產，競爭提高品質，本土速食麵的口味馬上得到扭轉，沿著國際化軌道奮勇向前。特別是「康師傅」閃亮登場後，速食麵以麻辣牛肉為先鋒，五香牛肉與香菇雞肉為左右偏將，還有各種口味的雜牌軍聚集成殿軍，將超市貨架擠得滿谷滿坑。據統計，如今世界上每年消費速食麵將近九百億份，其中美國人消耗最多，占第一，中國人居次席。而這麼多的速食麵中，有百分之四十是在中國生產的。

當中國龐大的速食麵消費族群咂著嘴巴進入二〇〇七年後，不幸的消息從日本傳來，「速食麵之父」安藤百富溘然去世，享年九十六歲。據一種頗為可疑的說法是，它的長壽與每天一碗速食麵有關。在這之前科學家一直強調，速食麵是人類的健康殺手。

有一笑話，中國的拉麵對速食麵說：神氣什麼嘛！別看你燙了頭髮，你還得認我這個大哥。這是國民心態的微妙反映。

而我，在飲食上是比較挑剔的人，對速食麵依然沒有好感，但不妨礙我對安藤百富表示敬意，在二〇世紀影響人類生活的發明中，速食麵應該算一個。

給生活多一點滋味

社會在發展，生活品質也在提高，憑票買豆油、麻油論滴灑、大顆青鹽砸碎了再下鍋的時代結束了。

眾口難調。至少在餐桌上，這是一條顛撲不破的真理，而且古今中外都一樣。也因此，西方人圖省事，在餐桌上放了一個調味品架子，有胡椒粉、鹽和橄欖油什麼的，講究一點的地方還專門闢出一張小桌子，上面羅列各種味道的沙司杯和乳酪，要什麼味，悉聽尊便。而中國的餐廳不興這一套，桌子上出現一個調味瓶，對廚師來說就是極大的恥辱。中國的飲食文化與武術一樣，最高境界就是一劍封喉——一盆菜上桌，叫食客挑不出毛病。

但是家常啊，你能一劍封喉？嫌淡嫌鹹是經常的事，內當家不高興也就在此，在廚房裡忙活了大半天，等所有的菜上齊了，沒撈到半句好聽的，還要被先生、兒女抱怨。這怨誰啊？只怪今天的生活品質高了，酸甜鹹辣樣樣嘗遍，雞鴨魚肉塞了一嘴，味蕾已經麻木，再能幹的巧媳婦也沒轍了。

在計劃經濟時代，小老百姓家庭廚房裡的調味品也就這幾樣：半瓶油、一瓶醬油、半缸鹽、一砣糖、比頭皮屑多不了多少的一點味精。想當初，食油每人每月半斤，一張指甲般大小的票證，四兩連著一兩，這一兩的計畫可以買麻油。麻油論兩買，用的時候用一根筷子插進瓶口沾沾，然後在湯裡面洗洗，美麗的油花就此泛起，多珍貴啊！我家還算考究的，醬油買兩種：紅醬油和白醬油。後者其實是配製醬油，正式名稱叫淡甲。偶爾的，也會買點豆瓣醬或甜麵醬。有一年，上海食鹽短缺，醬油店裡只能出售從青海運來救急的大青鹽，此鹽顆粒大，大的賽過蠶豆，小的也不輸黃豆，而且色澤黃裡泛青，但鍋裡的豆芽菜快黃了，也只能買來擱啊。

嘴巴淡出鳥來的時候，母親也會做幾缸醬。做醬應該在大熱天，程序也比較有趣：先把麵粉和成餅，煮熟後一塊塊攤晾在竹匾上，待曬了幾個太陽後再放進一個大砂鍋裡用被子捂著，過幾天揭開一看，我的汗毛都倒豎起來：白花花的毛有兩寸來長。問母親：這都發黴了，還能吃嗎？母親故作神秘地說：毛越長，味道就越鮮。然後這些長了毛的麵餅，分幾個缽頭裝起，上面蓋一塊紗布，放在屋頂上曝曬。有時候，母親還會揭開紗布讓麵餅們透透氣。這時我可倒楣了，被指派在熱不可當的陽臺上值更，提防野貓騷擾。但貓沒來，金龜子倒來了。稍不留神，嘿，那小傢伙就像轟炸機似的俯衝下來，嗡的一下栽進醬缸裡，撲棱著翅膀，再也飛不出來了。後來看柏楊寫的文章，他把中國人的生存環境比作醬缸，真是一個妙喻。當時金龜子真多，以致後來吃醬時，還有蒸熟的金龜子被筷子挑出來。前不久看到一篇回憶文章說毛澤東早年曾在造坊裡看到人家釀造醬油，看到醬油缸裡浮起點點黴花，甚至有死老鼠，從此不吃醬油。我不是偉人，所以有金龜子的麵醬照樣吃得香。我也為此問過曾為毛澤東燒過菜的廚師，證實此傳說不虛，目前飯店裡的毛家紅燒肉頗受大眾歡迎，但倘若是醬油燒的，必假無疑，毛家紅燒肉應該是用豆豉或焦糖燒的。

母親做的麵醬真是又香又鮮，蒸一碗可吃好幾天，有時醬裡擱幾塊豬肉，特別是肥瘦兼修的五花肉，那可就過節了。

改革開放後，老百姓生活顯著改善的標誌之一就是廚房裡的瓶瓶罐罐多了。我們家最初出現液體味精是在七〇年代末，叫我大大地興奮了一回。等到用冰糖燒甲魚，已是大大地奢侈了。在票證取消後，本地調味品企業還沒醒過來，境外調味品已大舉進入，開路先鋒大概要數李錦記吧，什麼柱侯醬、海鮮醬、排骨醬、叉燒醬、沙茶醬等等，我腦子一熱買了七八瓶，照著瓶上的說明如法炮製幾回，對味蕾造成了極大的刺激。經過甄別，沙茶醬和叉燒醬被長期保留了下來。

接下來進入我家廚房的是蠔油。得說明一下的是，過去買牛肉不易，非得是回族可憑票買一點，非回族如我者，欲知牛肉的滋味，只得到小攤上買一碗咖哩牛肉湯解饞。牛肉大量上市後，吃蠔油牛肉就易如反掌了，所以進超市就可以將蠔油——而且我認准的是三井牌蠔油，從貨架上取下扔進籃裡。

再接下來，沙律醬（編注：即沙拉醬。）出現了，這對一般家庭而言，無異於一場飲食革命，不善執爨的主婦，從此做沙律就進入了後工業時代，主料配料備齊了，開一罐沙律醬，大力攪拌，馬到成功，味道不比西餐廳裡差。現在，沙律醬家族非常興旺，連我這個對飲食之道頗有興趣的人也目不暇接。有一次參加政協年底大視察，我在某超市看到貨架上有新上市的義大利沙律醬，它不比一般較粘稠的醬，而是液體的，拌生菜用。但我問了營業員，她卻不知道怎麼使用。看來，洋調味品進口後，銷售人員要加強培訓。

再有一次，某報記者自以為是地批評一家飯店不衛生：菜裡面出現了樹葉。其實這不是被西北風刮得滿地走的樹葉，而是提味用的月桂葉。記者也跟不上飲食時尚的趟啦。

改革開放三十年來，上海的餐飲市場年年有小高潮，最有影響的大概要數火鍋的出現，從此上海人不怕辣了。與此同時，在超市裡，辣醬成為一個最為生猛的集團軍，微辣、重辣、香辣、麻辣、酸辣、油辣……據說「老乾媽」已經成了全國人民餐桌上的大眾情人啦。上海人接納了麻婆豆腐，專燒麻婆豆腐的調料也馬上應市。剁椒魚頭流行不久，超市裡就有剁椒魚頭的辣椒醬賣。至於火鍋調料，早就論包賣了，價錢還挺便宜。最近兩年則是香辣蟹、十三香小龍蝦和瀨尿蝦走紅，原料其實很次，全仰仗重量級調味品將舌頭騙得捲起來。前不久，美國的辣椒仔醬也大張旗鼓地進入超市，據說孩子非常喜歡。孩子總是跟在肯德基和麥當勞的廣告後面大把花錢。

這幾年我經常到外地採訪，忙裡偷閒買回了不少獨樹一幟的調味品，比如新疆的孜然粉，烤羊肉串時灑一點可以增香。威海的鹹蝦醬，蘸饅頭吃、與雞蛋一起炒都非常好吃。雲南的香茅草，煮湯時加一點，有點泰國冬陰功（編注：即泰式酸辣海鮮湯。英文發音Tom Yam，港澳地區稱之為冬陰功。）的意思。福州的紅糟粉，燒紅燒肉可以別開生面。安徽的茶油，煮菜時有一股特殊的香氣。四川的豆瓣就不用說了，每回去必買，而且指定要郫縣的，雖然上海也有，總覺得從本地買來味道更地道。

如今，我家裡的廚房裡有如下調味品：醬油分老抽、生抽、豆豉醬油（蒸魚專用）、蝦子醬油、美極鮮味汁等。食油有花生油、橄欖油和葵花籽油，還有傳統的麻油。味精淘汰了，改用雞精，但據說現在的雞精裡連雞毛也沒有一根，接下來只得考慮用鴿精了。鹽是經典調味品，地位不可動搖，但都加碘了。其他調味品還有各類醬料，我自己也數不清，每次陪太太逛超市，她最怕我在調味品櫃檯前轉悠，凡是沒見到的調味品，我都要買來一嘗。有時因為味道不怎樣，開瓶後就打入冷宮。有一回我買過一瓶黃豆醬，用它做「米索西羅」（醬湯），其味可與「味千拉麵」一拼，不知為什麼現在銷聲匿跡了。

進口的調味品我也買了不少，虹橋的友誼商城和上海廣場地下室都有專賣店。它們大多為複合型，細細品嘗也說不出它們的成分，但就是好吃，開胃。還有印度的油咖哩、日本的綠芥末、新加坡的肉骨湯料、義大利的紅酒醋、紐西蘭的奶油、法國藍紋乳酪及加拿大的蕃茄醬等都殺入我家廚房，使青菜豆腐的生活突然有了異國情調。我做的義大利麵，比季諾的還好吃；肉骨茶比新加坡還新加坡。前不久還在超市裡看到小包裝的羅勒和迷迭香，馬上抓住不放。燒黑椒牛仔骨時，用指甲挑一點迷迭香在鍋裡，風味果然不同凡響。我當時的感覺就像一個魔術師嘛。

此外，各種蘸料也隆重登場，有趣的是週末改善伙食，家裡只有三個人，菜也不多，每人面前卻隆重地放一小碟自己喜歡的蘸料，各蘸各的，從此眾口不再難調。

八

明天我們怎麼吃

在後工業時代，當我們走進由電腦控
制的餐廳，
點一桌流水線上生產出來的食物，交
談著網路上獲得的資訊，
這樣的生活可能就在一覺醒來之後出
現。那麼，
我們還有必要給喜歡指手畫腳的文化
人留一個餐位嗎？

中國人，可以不吃野味嗎

今天，人類社會進入資訊時代，它的一個重要標誌就是人們對動物的態度已經從強權支配轉化為幫助、關懷，與動物友好相處，將地球上所有的動物視作人類的朋友，這種人道主義精神泛及動物的做法，已經得到世界上眾多國家的認同。

記得相去不遠的二〇〇四年底，非典疑似病人再度顯現，作為SARS冠狀病毒的主要載體，果子狸再一次遭到滿門抄斬的噩運。儘管有些媒體對果子狸替罪羊的角色表示了足夠的同情，並以此質問人們加禍於這種靈貓科動物的卑劣，但更多人在反思中國人飲食的悠久傳統和不良習慣。

一部人類文明史，其實就是一部人類飲食史，這個觀點在中國反映得更為充分。

遠古時期，人是靠獵取野生動物為食的，當時吃的都是野味。同時，人類也是野生動物的「野味」。在人類發展歷程中，假定有三百萬年的時間，那麼可以肯定的是其中二九九萬年，人類都是在捕食野味，動植物家養馴化的時間最多只有一萬年。從歷史來看，人類從來沒有停止過利用野生資源。

讓我們簡單地回顧一下吧。在無炊具烹與石烹時期（西元前三百萬年至西元前五十七萬年左右），當時中國人（其實是直立人到早期智人）與世界上所有的人類一樣，都以野味為主要食物來源。當然，人類也是動物的「野生動物」。在此漫長的階段，中國人的野味有：鳥、劍齒虎、披毛犀、洞熊、野馬、野驢、原始牛、鹿及小型齧齒類動物等。

在石烹時期（西元前五十七萬年至西元前四萬年左右），此時的中國人（晚期智人到新人）已經能人工取火，熟食開始出現。此時進食的野味有：虎、大象、洞熊、狐狸、牛、羊、兔、鹿、魚及貝殼類。

到了陶烹時期（西元前四萬年至西元前六千年左右），在這一階段的早期，中國人進入新石器時期，考古發現，我們的祖先已經馴化了豬、狗、牛、羊、馬、雞等。但此時還有豐富的野味進入中國人的食單，它們包括：紅面猴、獐、虎、貉、水獺、靈貓、花面狸、豪豬、鷓鴣、鶴、野鴨、雁、鴉、揚子鱷、烏龜、中華鱉、無齒蚌等。這一階段的晚期，中國人已經擺脫了蒙昧，進入奴隸社會，出現了中國第一個王朝——夏朝。陶器作為炊具，開始普遍使用。這些陶器，在不少博物館裡可以看到，它們是中國飲食文化的實證之一。

銅烹時期（夏、商、周、戰國時代），此時中國人的炊具已經相當完備了，出現了青銅、陶質炊具和玉、漆、象牙等餐具，醬、醢、飴、蜂蜜、梅子醬、酒、動物脂肪油及多種辛香料開始大量使用，並形成了炙、燔、炮、烹、煎、滷、烙、炸、燉等烹飪方法。據《周禮．天官》記載，此時中國人的有野味有「六畜」、「六獸」和「六禽」，它們是麋、鹿、熊、野豬、兔、豺、雁、鶉、雉、鳩、鴿、天鵝、龜等。可以發現，此時中國人刀俎上的野味相當高級了。

鐵烹時期（西元前二二一年至明清）與中國整個封建史重合，此時中國人的飲食文化已經非常發達，食譜豐富，除了大量穀物和植物外，禽畜也大量使用。張騫通西域後，對外交流加速，食物來源進一步擴大。但野味還是中國人的喜愛，比如麋、獐、熊、豹、狼、蛇、鶉、鳧、雁等，大象、駱駝、犀牛等大型動物也時常獵殺。直至明清兩代，民間還在食用小型野味，而宮廷從來就沒停止過享用大型野味，尤其是有清一代，遊牧民族出身的滿族官員對野味情有獨鍾。獵殺野獸並以原始的方法炙烤、食用，是男子漢成熟或勇武精神的標誌與象徵。明清的「水陸八珍」中就有鹿筋、蛤士蟆、熊掌、鹿尾、象鼻（一說犴鼻）、駝峰、豹胎、獅乳、獮猴頭等。在上中下八珍中，也包括猩唇、駝峰、猴頭、熊掌、鳧脯、鹿筋、黃唇膠、豹胎以及今天的「大明星」果子狸。在今天被好事之徒翻出來的滿漢全席菜單裡，也有熊掌、猩唇、鹿尾、鹿蹄、野雞、鶴等野味的影子躲躲閃閃。

從理論上說，我們中國人在成功地馴化了一部分動物作為蛋白質和脂肪的主要來源後，似乎沒有必要再大規模地獵殺野生動物了。然而事實卻不是這樣，在發達的中國飲食譜系中，對野味的烹飪和食用，占了相當重要的位置。特別是在一些重要場合，比如宮廷舉辦的節慶活動中，野味甚至成了一種皇家規格及恩寵臣子的特別關切。官宦人家也是如此排場，讀過《紅樓夢》的人一定會對小說中描寫的一邊吃野味一邊吟詩作畫的場景有深刻的印象。這裡當然不是指責曹雪芹不夠環保，有悖於動物保護主義的主張，但從中可以發現，直到清末，這還是一種存在於貴族群體的頗為雅致的飲食時尚。

今天，人類社會進入資訊時代，它的一個重要標誌就是人們對動物的態度已經從強權支配轉化為幫助、關懷，與動物友好相處，將地球上所有的動物視作人類的朋友，這種人道主義精神泛及動物的做法，已經得到世界上眾多國家的認同。從對動物的保護工作中，人類自身的精神也得到了淨化，境界得到提升。

而恰恰在這樣的大背景下，中國人還在以飲食為下游方向大量養殖野生動物，並在它們適宜食用的階段送往飯店酒樓，供食客大快朵頤。正由於野生動物養殖已經形成很大一塊產業，致使國家林業局在二〇〇三年非典風波過後，再次明令規定果子狸是可以養和吃的。同時明確的還有貉、銀狐、北極狐、水貂、野豬、梅花鹿等五十三種野生動物。

據廣東廚師說，果子狸的肉確實鮮美無比，它還可以煲成湯，據說有滋補作用。而且在消費群體中，不乏炫耀性消費和獵奇性消費。還有一些人則執著地以為野生動物是「大補之物」，吃野味對身體有大益。

據《中國經濟報告》透露，二〇〇六年春節期間，某民間組織曾發起一項調查，瞭解北京、南京、雲南等地餐館的食物組成，結果令人震驚：在接受調查的四一四家餐館中，有百分之九十二的餐館經營一種以上的一類野生動物製成的菜餚。在八〇九張餐桌上，至少消費一種野生動物的餐桌占了百分之七十一點一。

這項調查中涉及的野生動物，我估計還是常見品種。比如魚翅，隨著中國經濟的高速發展，有錢人越來越闊綽，在這一群體經常性鋪張宴請的餐桌上，它越來越稀鬆平常，成為一種「請客到位」的標誌。這種鯊魚鰭中的細絲狀軟骨，因為稀有而身價百倍，其實魚翅是一種膠原蛋白，不完全蛋白，而且本身也無鮮味，得靠鮑魚、火腿、老母雞等增味。據營養學家洪昭光先生所說，魚翅的蛋白結構跟豬肉皮差不多，從營養學的觀點看，吃魚翅還不如吃肉皮。這道理我也相信，可是你能讓老闆用肉皮請客嗎？

廣東人是最熱愛野味的群體，在常食的野味中，除了果子狸，還有夜遊（灰鷺）、貓頭鷹、蛇、穿山甲、野豬、麂子、田鼠、巨蜥、禾花雀、鱷魚、梅花鹿、巴西龜等。據說果子狸味道特別鮮美，但因脂肪層較厚，一般是紅燒的。廣東名菜中的「龍虎鬥」，用蛇、貓和雞共煮一鍋，這個貓並不是傳說中的果子狸，但貓一定要用老貓，「老貓小狗」是一種被抹上獨門秘技色彩的經驗。

廣幫飯店進入上海是比較早的，就在二十年前，杏花樓還以名菜「龍虎鬥」招徠食客。廣幫飯店的美食不僅滿足了上海的廣東籍人士那種難以消磨的「蓴鱸之思」，還對上海的土著產生了引導作用。就以十年前的美食潮流為例吧，爭食大王蛇就成了上海灘一大奇觀。而這個風尚，就是從廣東卷來的。

上海人愛吃的野味中還有「燻拉絲」。這是用癩蛤蟆（蟾蜍）加多種香料紅燒後略經燻乾的小食，在上海郊區的街頭小店大量出售，有時也會偷偷滲透到市中心的菜場邊緣，老百姓邊啃邊看電視，感覺無比幸福。其實他們也知道，長相醜陋的蟾蜍，是農田裡的捕蟲高手，捕食蟾蜍不利於農作物生長和環保。上海人還吃中華鱘，在靠近杭州灣的地方，有些海鮮酒家就悄悄養著，有專程而來的熟客點菜，廚師就燒一條上桌。如果你與老闆不熟，那麼吃到的可能就是與中華鱘貌合神離的施氏鱘或俄羅斯鱘。中華鱘是野味，屬於國家一級保護動物，將中華鱘列入菜單，膽子也太大了。

中國人對野味的癡迷或者是習慣性迷信，還表現在海外華人的行為方式上。有一次我與唐振常先生在東方電視臺做一檔飲食文化的訪談節目，他老人家舉了一個例子：一華人在澳大利亞開飯店，某天清晨，飯店被當地民眾團團包圍，還有舉牌子，喊口號的，原來他們在飯店的泔腳桶裡發現了一具可疑的動物骸骨，拿到有關部門鑒定，居然是無尾熊的頭骨。無尾熊是澳大利亞特有的野生動物，也是這個國家的象徵之一，這種整天懶洋洋的動物非常討人喜歡，而且沒有任何抵抗人類侵犯的能力，現在居然有人吃它。最後警方趕來，將華人老闆帶走，據說後來判得很重。這件事使華人在澳大利亞的形象大大受損。

中國營養學會常務理事、廣東省營養學會理事長、中山醫科大學教授蘇宜香曾說過：「人類進食的目的包括營養、享受和健康，從這一點出發，食物的安全是首先要考慮的因素。」她認為，出於獵奇和其他因素吃野味，所冒的風險將是人自身的健康。

的確，人類的文明包括飲食文明，而狩獵野生動物則是人們在原始社會中一種無奈的選擇，因此崇尚野味並不利於文明進步。從飲食文明來說，人類不應當倒退到狩獵野生動物的時代。

從健康角度考慮，我們還必須正視兩點：

其一，在過去純自然的環境中，這些野生動物一般不會感染上病毒，人工養殖後，就可能會受到環境或飼料等各方面的污染，再傳給人類，形成病毒傳播鏈。比如田鼠，它吃的是穀物，但田間除蟲用了農藥後，它就很少了。有些不法老闆就用家鼠代替，而家鼠身上往往寄生許多細菌病毒，形成危險的病原體。而且，近年來布放毒餌成了偷獵者的主要手段，毒餌多為國家禁用的含磷劇毒農藥製成，偷獵者將被毒殺的野生動物賣給餐館，人們在毫不知情的情況下盲目食用這些美味後可能有性命之虞。

其二，據瞭解，在眾多野味中，蛇被人吃得最多。其實蛇的患病率很高，諸如癌症、肝炎等，有的蛇皮肉之間寄生蟲成團，而且不易蒸熟煮爛，食後很容易寄生在人體內，導致奇疾怪病。靈長類動物、兔形目動物、有蹄類動物、鳥類等多種野生動物與人的共患性疾病有一百多種，如炭疽、疱疹B病毒、狂犬病、結核、鼠疫、甲肝等。現在飯店經營的野生動物大都沒有經過衛生檢驗檢疫就端上餐桌，食客們在大飽口福時，很可能被感染上類似疾病。以診治疑難雜症著稱的裘沛然教授對我說，如今疑難雜症有增多的現象，除了環境污染，就是食物源的問題。

所以，為了人類自身的健康，我們也應該自覺禁止食用野生動物。

再從環保角度出發，我們更應該反思一下中國飲食文化史。我認為吃野味是中國飲食文化的消極部分，琳琅滿目的野味菜譜不值得自豪，它其實是中國人的恥辱。

二〇〇六年八月二日，姚明在美國野生救援協會組織的「護鯊行動從我做起」的活動上發表宣言：「今後，我本人在任何時間、任何情況下都拒絕食用魚翅。為了我們的未來，請和我一起來保護瀕臨滅絕的野生動物。時代在發展，面對『金錢動力』

和『口腹之慾』，我們應該反省。」

到美國打球的姚明，似乎有了一種國際眼光和思維，他的宣言應該成為中國人共同的宣言。我們應該有這樣的理解：在科技昌明的現代社會，人的飲食狀態基本上表明了他的文明程度，特別是對野生動物的態度，更可看出他對文明涵義的理解。正如聖雄甘地所說：如何對待動物，能夠反映一個民族的道德水準。

山德士上校穿唐裝

中國的速食企業，在這二三十年裡崛起的數量也不算少，但為什麼沒有做大做強呢？在標準化方面好像也沒有像老美那麼認真，那麼強調，那麼嚴格執行，在品牌建設方面的用心用力也似乎不夠。這些，大概都是值得深思的吧。

我相信山德士上校沒有到過中國，也壓根兒沒吃過中國餐。他艱難創業那會兒，他所在的城市可能還沒有唐人街的影兒。否則，肯德基的菜譜中也許有虎皮鳳爪和艇仔粥（編注：廣州的著名小吃，相傳正宗的艇仔粥應該是在漂浮於河上的艇仔上製作的，甚至必須在艇仔裡面吃。艇仔粥因此得名。）。

話說一九八九年年底，肯德基在北京前門搶佔制高點後不久，立馬南下殺向上海，在最具殖民地風情的外灘，也是最具殖民地風情的東風飯店（前海員俱樂部，再前英商上海總會）安下了在中國的第一個灶頭。開張後不久，我們全家三口換了體面的服裝，去領略老美的風味。首先是排隊付錢，挑選合乎自己口味、更合乎自己錢袋子的套餐，然後在人家大吃大喝的座位前等著——至今思之猶感臉紅，那垂涎三尺外加虎視眈眈的樣子實在是侵犯了人家的隱私。等我們吃到炸雞翅和炸薯條，還有並不鬆軟的圓麵包，已經是四十五分鐘以後的事了。一算帳，所費不亞於在一家中檔飯店吃一頓正餐，占我當時月收入的三分之一。但是，從窗口望出去，是外灘，是黃浦江上空盤旋的海鷗，是緩緩移動的船桅，是行人張望的眼神。光憑這一點，在出門剔牙縫的時候，應該鑾知足了。

在我領教了肯德基後的二十年裡，這家代表國際資本的美國速食公司在中國大舉攻城掠地，不僅在上海遍佈大街小巷，而且在邊遠的小城也可看到山德士上校穿白西服、繫黑領結、無比慈祥的臉。據説，北京前門那家肯德基曾創下肯德基在全球最高的門市營業記錄，而若以每平方公尺營業面積算，上海人民公園門店則當仁不讓地執了牛耳。有一年兒童節，店方向小朋友示愛：吃雞奉送文具盒。結果小朋友表現出無比的熱情，店方不得不請來三個員警維持秩序，否則玻璃窗肯定要被擠碎。至於豫園商場內的那家，因為與周邊環境不協調曾受到媒體的指責。後來伴隨著這樣那樣的指責的總是肯德基瘋狂擴張的腳步。但讓肯德基在中國第一次感到棘手則是一隻小小的病毒——高致病性禽流感。

在談禽色變的日子裡，肯德基推出了一款炸魚排夾麵包，原料是中國人已經熟悉的銀鱈魚，而它那形影不離的老冤家麥當勞，則不慌不忙接過招，推出炸牛排。從顧客反應看，大家還是對炸雞腿藕斷絲連。其實，肯德基的本土化戰略並不從一塊魚排開始，早在三年前吧，我就注意到他們推出了一款榨菜肉絲湯。當這碗頗具家常風味的湯在電視廣告上出現時，我就意識到肯德基的灶頭發生了變化，從來不做湯而以可口可樂潤喉的老美，認同中國人的飲食習慣了。於是我讓記者去採訪上海的肯德基公司，果然不出我的所料，他們的本土化戰略建立在多元化的市場消費上。隨後，他們推出了和風刀豆、嫩春雙筍、海鮮蔥花湯、芙蓉菜蔬湯等，據說還有廣東人愛吃的皮蛋瘦肉粥。最近又推出了樟茶烤翅、京雞肉捲、嫩春雙筍沙拉、蕃茄蛋湯、川香辣子雞、枸杞南瓜粥等，對了，還有短短胖胖賽過跟武大郎似的油條。味道如何我不知道，因為自從有專家說肯德基是垃圾食品，又看到可憐的萊溫斯基胖到慘不忍睹的程度後，我已經不敢再光顧這家店了。

但是，我還是為肯德基的本土化戰略叫好。為什麼？因為就在肯德基在上海登陸的同時，上海有家中式速食店——榮華雞也橫空出世，以紅燒雞腿加鹹菜毛豆與他們血拼，結果交手不到三五年，奔北而去，撒下亂哄哄一地雞毛。我在想，為什麼中國正宗的紅燒雞腿加鹹菜毛豆子不能讓顧客吃了還想吃，而美國人做的中國家常得不能再家常的榨菜肉絲湯和皮蛋瘦肉粥居然能讓人吃了還想吃呢？是他們的廚師手段特別高明嗎？再高明也不如中國飲食學校畢業並在國際奧林匹克烹飪大賽中摘金奪銀的那班廚師吧。那麼往深裡想，是不是洋速食以殖民文化強勢話語，征服了中國的年輕食客呢？也就是「月亮也是外國圓」的烹飪版呢？我不敢妄下結論，就留著讓上知天文下知地理的專家們寫文章拿稿費吧。以我有限的美食經驗，我認為一家以美式速食行世的公司，敢於推出他們並不擅長的中式速食，而且據說市場反應不壞，只能說明中國人的飲食水準已經墮落到如此不堪的地步了。

文章到此該劃上句號了吧，且慢，真是樹欲靜而風不止啊，前不久，百勝餐飲集團旗下的首家中式速食「東方既白」（編注：成立於二〇〇四年五月，專賣套餐、麵條、包子、點心，小吃，冰點等中式餐點，其名來自於蘇軾的《赤壁賦》：「客喜而笑，洗盞更酌，餚核既盡，杯盤狼藉。相與枕藉乎舟中，不知東方之既白。」）在完成了近一年的試驗之後，在徐家匯美羅城亮相。據報載，這是百勝集團繼肯德基、必勝客歡樂餐廳、必勝客宅急送、塔可鐘墨西哥風情餐廳之後，在中國推出的第五大餐飲品牌。

明擺著老外要跟中國人的小吃店搶大餅油條、蓋澆飯之類的生意了。

據說，在近一年的試驗過程中，東方既白聽取了大量消費者的要求和回饋，在品種種類、口味、製作方法、廚房和餐廳設計、服務方式等方面作了廣泛的研究和改善。這當然是外國企業登陸中國的慣用手法，不算稀奇。但讓我吃驚的是，他們在研發上確實花了很大的心血。比如產品設計上，包羅了中國人愛吃的米飯、麵、包子、豆漿等，連我曾寫文章呼籲重出江湖的酸梅湯，他們都搶在中國企業之前推出來了。我讀到這則消息時，總覺得他們是在偷我的主意，其實我真擔心有人說我是當了一回漢奸呢。

為了探明情況，我懷著複雜的心情去吃了一回。餐廳的裝飾風格現代、活潑、輕鬆。店堂乾淨清潔，跟肯德基一模一樣。服務標準也是比照肯德基，員工活潑親切，至少在表面上做到了。主食類有秘製糖醋小排飯、原汁鮮茄牛肉麵、椰香咖哩牛肉飯等。菜點有東坡肉、魚香肉絲等。看來他們就是要做大路貨。麵點類的有原汁鮮茄牛肉麵、岩燒海苔飯團等。小吃類的有一品芝麻球、香酥翅霸和天椒辣子雞等。飲品類的品種就更多了，有玉米牛奶刨冰、冰洛神花茶等。店堂裡人氣比較旺，一對一吃得正歡的大多是小白領和學生。我點的是一份套餐，標準化的味道，說不上誘人，屬於拷貝不走樣路子，一個外行若想挑出它的毛病，也不是一件容易事。我只能這麼說了。

毫無疑問，這是百勝集團本土化戰略的進一步實施，不知道下一步他們還會亮出哪一招。中國的速食企業，在這二三十年裡崛起的數量也不算少，但為什麼沒有做大做強呢？在標準化方面好像也沒有像老美那麼認真，那麼強調，那麼嚴格執行，在品牌建設方面的用心用力也似乎不夠。這些，大概都是值得深思的吧。

你要放屁不放屁

但現在科學發達了，人要管住牛的肛門。可憐的牛，供人喝奶吃肉，連牛鞭也不放過，牛角做成梳子，人卻不許它放屁。

在很長一個時段，牛肉是上海市民可望不可即的美食，因為計劃經濟緣故，僅有的幾塊牛肉在菜場裡顯擺著，那是專門照顧回族兄弟的。漢族人要吃牛肉，唯一的路徑就是到點心店裡買一碗咖哩牛肉湯。也因此，改革開放後，上海人對冠生園食品廠出品的五香牛肉乾表現出極大的興趣，過春節時是當作重磅炸彈來轟炸客人舌尖的。

現在，牛肉不稀奇了，在超市裡甚至可以買到整條的牛尾。牛排館在上海全市星羅棋佈，比較靠譜的法式、德式、西班牙式都不缺，臺灣人在上海開的牛排館甚至推出一種全熟的牛排，省得服務員湊上來問：先生，牛排要幾分熟？客人報以一臉茫然。

日本料理中的牛肉最講究，比如神戶牛肉，據說首先要求牛的出身系「名門望族」，血統中一滴雜血也不能混入；其次，入選的牛必須是處女牛，否則吃起來會有輕微的乳臭；此外，還要經過脂肪混雜率、顏色、細膩度等項目的評定，達到四五級以上的才有資格稱為「神戶牛肉」。再據說，出產神戶牛肉的日本但馬地區，溪水中富含礦物質，是不折不扣的礦泉水。山上的牧草中還夾雜著藥草。還有一種傳說更神，說是養牛戶還讓牛喝啤酒、享受按摩，以加強牛的血液循環，使皮下脂肪減少到最低程度，而肉質異常鮮美。這樣的牛肉空運到上海來，每客賣你一千元，有錢人是認帳的。

不過最近聯合國糧農組織的官員很嚴肅地指出，一頭牛每年要排出九千克可形成煙霧的污染物，其污染程度甚至超過一輛小型汽車。

科學家們的研究表明，牛是反芻動物，它在消化過程中所產生的廢氣，主要是甲烷，通過打嗝、放屁的方式排放到空氣中，對環境造成了巨大的污染。天真而認真的科學家們還做了一道數學題：全球十億五千萬頭牛排放的廢氣，占全球二氧化碳總排放量的百分之十八，甚至超過了汽車、飛機等人類其他交通工具排放的二氧化碳總量。

針對牛放屁對環境的污染，西方國家已開始採取限制牛放屁的措施。比如英國科學家已為牛設計出環保餐單，以減少牛群打嗝放屁時排放的甲烷含量；美國政府也將制定法規，要求養牛業者引進新技術保證牛打嗝和放屁不污染環境。

放屁是動物的一種本能，人也不能例外。小時候誰都愛吃山芋和炒黃豆，這些東西可能更容易生成甲烷之類的氣體。小學生坐在課堂裡認真聽老師講雷鋒的故事，突然有人「噗」的一聲，惡臭彌漫，轟堂大笑，秩序大壞，對此老師也是沒辦法。老師可以管住同學講廢話做小動作，卻管不住放屁。

但現在科學發達了，人要管住牛的肛門。可憐的牛，供人喝奶吃肉，連牛鞭也不放過，牛角做成梳子，人卻不許它放屁，設法通過飼料來控制它的胃袋。那麼我在想，牛是吃草的，一旦在胃中生成惡氣而一直憋著，對牛肉的組織纖維和風味會有何種不良影響呢？這個問題科學家大約還來不及考慮吧。餐飲業的從業人員倒是未雨綢繆，一個西餐館老闆開始設計新菜譜了，牛肉不再按產地、烹飪方法劃分，而是按放屁與否來劃分。不久的將來，當你走進西餐館，服務生就會彬彬有禮地問：先生，你要放屁還是不放屁的牛排？

生意忙的時候他或許會簡化成這樣一句話：先生，你要放屁不放屁？

人造美食

人造美食在小青年中頗有人緣，因為他們早就將電腦遊戲所營造的虛擬世界當作自己的前塵故鄉或精神流放地，能量塊現在居然能親口一嘗，何樂不為？

我並不反對假菜真做，比如假燕菜、賽螃蟹，以及用魔芋做的酸辣鮑魚等，甚至點心中的杏仁豆腐——其實不是豆腐。去廟裡吃素齋時，吃到用葷菜命名的素食，不管是香菇做的梁溪脆鱔還是冬瓜燴成的東坡肉，都能報以一笑然後大快朵頤。但我一直不能接受流水線上出品的定型食品。

早些年，熟食店裡有紅腸供應，一根根掛在櫥窗上方，是紅紅亮亮的廣告，價格倒比糖醋小排、醬汁肉便宜。一吃，味道雖然不惡，但裡面的內容總讓人猜不透。後來我有一親戚到食品廠工作，他像發現了新大陸一樣告訴我，紅腸裡面原來摻了大量黃豆粉，如果純用豬肉做，不虧死啦！紅腸的優劣，主要就看摻黃豆粉的比例。現在有一種燻紅腸上市，切出截面後能讓人看得出裡面的肉粒。碰得巧，會有一種壽山凍石的效果出來，整體上以一種紅粉佳人的意象逗引人們食慾，但我還是不碰。八〇年代，飯店裡一度出現了據說來自日本的人造蟹柳，一般長短，白白的，染了一層紅色的「皮」，做冷盤嘗的是一時之新。一吃，多少有點蟹肉的意思，還模擬動物肌肉的纖維，可以絲絲縷縷地撕來吃。在大閘蟹行情連年看漲的形勢下，予人些許安慰。

相比之下，方腿（編注：冷凍火腿。）算是比較誠實的，純腿肉，在攪拌機裡享受著按摩，肉質就變得鬆軟起來。當然製作過程中也要適當注水，然後在模子裡壓實，方頭方腦的樣子，切片切絲均易如反掌。但我仍然對它敬而遠之，這一伸手五個指頭一般齊的大家族，身上老有股鐵銹味。

依我看來，中國的飲食之所以誘人，很大程度上在於自始至終有一種懸念逗引著食客，廚師再牛，都繞不過手工操作的規範程序。而手藝精神和手工痕跡，都是體現烹飪技藝的美學內涵，也是天下名廚華山論劍的本錢。我之所以認同假菜真做，也因為它採用天然的真材實料，一出場就坦白模擬另一種美食的良好動機，態度不謂不虔誠。

然而工業化的洪流不可阻擋，食品廠裡流水線夜以繼日，超市冷凍櫃裡品種的升級換代速度不亞於大賣場裡的手機，魚排、肉餅、貢丸、蝦條排著整齊的方隊向我們豪邁走來，緊隨其後的是剛研發出來的、口味更加刺激、複合思路更具工業化特徵的人造美食。名稱也體現了IT時代的風格，比如「炭燒鮮貝串」、「碰碰一級棒」等，它們以一種混成編隊的理念將葷素通吃，形狀又酷似科幻電影中機器人維持生命的能量塊，齊刷刷殺向市民的廚房和餐桌。據說這種人造美食在小青年中頗有人緣，因為他們早就將電腦遊戲所營造的虛擬世界當作自己的前塵故鄉或精神流放地，能量塊現在居然能親口一嘗，何樂不為？現在我還聽說人造魚翅、人造鮑魚和人造蟹粉也在最近閃亮登場了，外觀逼真，價格適中，加之超穩定味感非常可靠，煮婦們撕了塑膠袋住鍋裡一扔，儼然成了「出得廳堂、下得廚房」的新女性。

味蕾退化、品味低下還不至於亡國，但另一個新問題不容忽視。牙醫警告：現在的孩子牙口都不行，使勁一咬東西就出血。門牙也長得犬牙交錯，吵著插隊。臉龐左右不均，嚴重影響容貌。更大的隱患在後頭呢，因為咀嚼功能退化，咬肌欠發達，頜部肌肉供血不足，還影響到大腦發育。都說孩子不能輸在起跑線上，長期吃那種沒骨沒渣的人造美食，多半沒戲。

現在城市養狗成風，寵物商店有一種人造肉骨頭賣，專給狗寶寶長牙齒時啃的。怪了，人造丸子滿街扔，咋就沒有人造骨頭讓孩子啃啃？悄悄告訴你吧，這是個商機，瞅準了下手，利潤翻番是小意思。

與往事乾杯

生活優裕的上海人是喜歡懷舊的，而且並不是從今天才開始，只是以前那種意識遭到強力壓迫罷了。現在氣溫適宜，租界的蝨子自然就跳起華爾滋來。以老傢俱、老器物、老照片為載體散發的懷舊情緒，就在餐飲場所彌漫開來。

在擅長懷舊的上海人眼裡，老傢俱是一堂美麗的佈景，沒有老傢俱，就算不上骨灰級的懷舊客。根據這個思路，滬上不少酒家就在環境佈置上，竭力營造一種老上海三〇年代的情調，帶一點頹廢，帶一點憂傷，居然很受青年人認同。客人進門後，劈面看到大堂裡供著幾具老傢俱，或中式，或西式，不能不發出輕輕的驚歎。如果一時沒有餐位——這種情況現在很平常了，那就先在這裡坐一會吧。服務小姐送上一杯茶，你們就定定心心翻翻時尚雜誌，發發短信（編注：手機簡訊。），打打遊戲，由美孚煤油燈（編注：美孚燈，煤油燈的舊稱。上世紀二十年代初，美國美孚石油公司最早進入中國上流社會的工藝裝飾燈具，其燈具產品就叫美孚燈。美孚燈不僅用來照明，許多還用作室內裝飾與家具上的點綴。無論尋常百姓家還是深閨豪宅，都有它的身影。）改裝的電燈映照著美眉的臉，紅唇青目，氣息似乎也匀了不少。

在餐廳或包房裡，有些酒家也會擱上GE電風扇、手搖唱機、美孚煤油燈以及從農村搜羅來的箱櫃、提桶、食籃等祖母級的舊器物。觥籌交錯間，開人頭馬的聲音就顯得理直氣壯了。

上海攝影家爾冬強開在紹興路上的漢源書店，除了散發著油墨味的圖書，給人以溫馨感覺的就有老傢俱，比如那排水曲柳書架，像個白鬚垂胸的哲學家，不動聲色地注視著店裡的每個人。還有那張淺褐色的彎腳圓桌，在咖啡杯和雪茄的點綴下，執拗地把人們的思緒拉回到八十年前。書架上還平擱著不少舊皮箱，灰塵悄沒聲息地覆蓋在皸裂的皮面。

他自己玩了不過癮，還動員吳梅森：你為什麼不買幾隻皮箱放在櫃子上？那個時候，吳梅森正在茂名路上開了一家飯店兼酒吧，經過精心設計，喝酒閒聊的環境被覆製成一個法租界的宵夜處。林林總總的燭臺也有相當的年份，銅的、鐵的、大理石的，各自擺著譜。西式的餐桌和椅子，也同樣沒有一件是重複的，有的還保留著外國傢俱廠的銅牌。在角落裡，還靠牆站著舊縫紉機、舊衣帽架、舊梳粧檯，在燭光的烘托下湧出微黃的暖意。吳梅森接受了爾冬強的建議，於是舊皮箱在酒吧裡成了類似小說場景的道具，風雨飄零的傷情偶遇開始在藍調音樂中演繹。

吳梅森還淘來一架舊壁爐佈置起二樓的場景，它的主人是某市政工程動遷房裡的一個老漢，老人不願離開生於斯長於斯的老房子，當著動遷組工作人員的面用小刀在壁爐上刻下「終生在此」四個字。後來，在這架壁爐前，從湘西走出來的老畫家黃永玉畫了不少瓷盤。本地一些藝術家也喜歡在此聚會，喝咖啡，抽煙，談論前衛藝術及粉紅色的軼聞。

再後來，吳梅森扔下飯店，到泰康路參與創意產業園區的規劃，對老傢俱的那份癡情在這裡延伸。陳逸飛工作室裡的老傢俱刻意營造起三〇年代的典雅與精緻，光是壁爐前的鑄鐵架就讓人大驚失色，沙發中央的茶几乾脆就用一口舊板箱擔當，結痂的漆皮猶如老人的手背。它的近鄰是爾冬強的藝術工作室，稍經整理的舊廠房保留了民族工業初創時的模樣，而老傢俱則小心翼翼地守著一份永難兌現的合同。在吳梅森打造的藝術家活動室裡，從蘇州淘來的舊地板鋪成三〇年代的殷實，從舊窗櫺湧進的日光柔和如夢，四根木扶梯立柱做成了大菜台的腳。還有一張曲尺形的酒吧台縮在一隅，吳梅森撫摸著它的桌面深情地說：這些都是「老皮殼」啊，每一條劃痕都隱藏著一段故事。（編注：上海泰康路是打浦橋地區的一條老街，街道兩旁是有上百年歷史、中西合璧的石庫門建築，雖顯破敗，但別具老上海風情。十多年前這裡還是個馬路集市，後來逐漸開發為藝術園區，聚集了來自世界各國的藝術家。泰康路二一〇弄被名為「田子坊」，內有多家藝品店、畫廊、藝術工作坊等。吳梅森是總策劃，畫家陳逸飛、攝影師爾冬強為田子坊中較出名者。）

再比如鮮牆房，這是一家經營上海傳統菜的酒家，最先在思南路開出一家，店堂的裝潢也是以老傢俱為主基調，包房內老傢俱構成一幅富足的農家景致，大堂裡散放著不知從哪裡搜羅來的木桶和缸壇，堆滿了大蒜、洋蔥、玉米、辣椒等農作物，餐廳的牆是也掛滿了舊物器。據説這家酒家的老闆是搞服裝出身的，怪不得會出此怪招。

後來鮮牆房又在別處開了幾家分店，虹橋路上的那家最為顯赫，不僅拆落地複製了一幢體量相當大的洋房，還從山西運來大量老傢俱，在三個樓面的店堂裡營造起一座派頭不亞於喬家大院的山西民居。從賬台、藥櫃、香案、馬車、大門、廊柱到八仙桌、茶几、椅子及櫃子，清一色的老陳醋味道。有客人推門進來，眼見身穿灰布長衫的帳房先生鞠躬致禮，真要懷疑自己一不小心誤闖鏢局或票號。

還有乾門音樂餐廳。這原本是一個類似三層閣的建築空間，過去一般是作為倉庫堆放雜物的，現在經過精心改造，闢作一個非常時尚的消閒去處──「乾門」，這是一個既體現深厚的東方文化，同時又與西方現代科技完美結合的餐飲場所。傳統的一面，當然表現在來自山西的老傢俱和幾十扇從老宅裡拆下來的大門。甚至連一座青石材質的牌坊也搬到這裡，加上徽派磚雕，以及門楣上磚雕的「聖旨」兩字，構成了一個非常有氣派的景觀。現代性則表現為它的玻璃牆面、鋼結構框架以及音響系統與魔幻般的燈光佈置。入夜時分，走進「乾門」的客人，可以找一個黑漆描金羅漢床半坐半躺，也可以挑一個由山西排椅組成的小包廂相聚，要上幾杯紅酒，有一搭沒一搭地閒聊到深夜。

如果獨自一個在此借酒澆愁，不妨聽聽這裡的民樂演奏。柔美的絲竹在電子合成器的說明下，產生了相當奇妙的電聲效果，時尚與古典就在每一個音符中融於一體。置身於這樣一個古典與時尚天衣無縫相吻的環境中，能直感地感受到東方與西方的文化交流，古老與現代的時光交融。

後來鮮牆房的老闆又在永福路二〇〇號，原英國領事館官邸舊址開了一家飯店，一片紅牆，下半截貼著幾米長的銅質扶牆欄杆，被無數隻手撫摸過，因而包漿很亮。就外觀而言，這也許是當時留下的惟一舊物了。

走進它的內部，首先就會被一條通道所吸引，不在它彎曲得有些懸念，也不在它的幽深，就在它靠牆一邊，垂直長滿了綠葉植物，間夾著或紫或黃或銀的帷幕，如飛瀑一樣瀉下。鮮苔斑斑的牆根頭，是一砣砣圓形的石柱礎，周身刻了淺淺的花紋，上面坐著一盞蠟燭燈。暮色蒼茫，天色是湛藍的，猶如罩了一塊巨大的綢子在天上，這些燈就如精靈一般跳起舞來，向來賓們致敬。

這是一個很大的花園，估計有五六畝地的樣子，花園的中心有兩株廣玉蘭，它們毫不掩飾以老賣老的勁頭，將龐大的樹冠罩住大半個園子。其中一株，四周做了一圈木質的扶欄，可以當凳子坐，在它的一邊，立著十幾個鑄鐵的燈架，墨黑的鑄鐵表皮，被呼呼燃燒的蠟燭映照著，同時也照亮了你我的臉，恍惚間就有了誤入仙境的感覺。另一株下面則是一張銅桿床，西洋風格的，有普魯士藍的布幔頂帳。走近看它，能辨認出洛可哥風格的裝飾細部。

後來我聽說這張床是主人花了一萬多元搜羅來的，這還是幾年前的價錢。就這麼放在園子裡日曬雨淋，夠奢侈也夠瘋狂的創意。如果有人不怕蚊子咬，可以一頭鑽進床裡，兩兩相對，盤腿而坐，喝葡萄酒。

老樹霸道了，園子裡的雪松和紅楓及其他小字輩的樹只得擠在一邊，很委屈的樣子，但不妨礙它們依然綠得樸實奔放。

園子裡還有一景不容忽視，那就是開鑿出來的一個長方形水池。池中臥著一隻巨大的石龜，龜背是淺淺的一盆植物，池中有漂亮的錦鯉魚湧過來湧過去，將水面弄出許多聲響。燈光亮了，水池顯出水晶宮般的剔透，精心設計的人工瀑布嘩嘩地傾瀉，也使水池充滿了活氣。

園子的南牆，是一排新擴建的建築。如果從右邊看起，是一間酒吧，但門楣上的一塊匾額卻明白無誤地寫著「密訓堂」三字。抬頭乍看時不免驚心，似乎是林教頭誤闖了白虎堂，但侍立門口的小姐卻一臉殷勤，令人稍稍有所釋懷。原來這匾是從別處移來的，是清代大戶人家的遺物。

酒吧裡還有一塊匾，上書「菜香書屋」四字。菜香二字，是否特指廚房？我考證下來，恐怕有深意焉。古人云：「讀經如稻粱，讀史如餚饌，諸子百家，味如醯醢。」這三種味道，也被後人用作書屋，比如魯迅小時候讀書的三味書屋。那麼，從這個意思散發開來，菜香二字，也是形容讀書時的感覺吧，以我私見，應該是讀通俗一路的禁書，比如《金瓶梅》。

酒吧我也算泡過好幾回了，但偏偏這個酒家讓我流連忘返，為的就是滿屋子的在燈光下絮絮細語的老傢俱。窗格子是雕花的，有些還來自上海石庫門，故而鑲了彩色玻璃，很有點租界裡的味道。而座椅則是西式的扶手椅，法國路易十六風格的遺韻很足。還有硬邊軟墊沙發，包布是品紅色的，突出了都市的現代氣息，色彩感極強。牆紙看上去是老舊的，似乎是從潮濕的老房子裡整張扒下來的，其實是新的，刻意做舊，追懷上世紀二〇年代的氣氛。

還有一扇扇雕花木門，繪了彩，填了漆，估計是從山西大戶人家來的。現在就放在六藝堂的另一側，是雪茄吧外牆的一部分。而內側牆面上，居然是英國維多利亞時代風格的牆紙，金地，繪了忍冬草，浮華，奢侈，帶一點點衰敗和腐朽。那這個雪茄吧的吧台和傢俱呢，更加的奢華，有中式的官帽椅、羅漢床，也有英國古典主義風格的扶手椅。還有一張雕花架子床，供客人躲進裡面呑雲吐霧，找一回活神仙的感覺。我還看到在壁爐架上極隨意地擱著一塊黃地黑字的搪瓷香煙看板，湊近一看，是末代皇帝溥儀的頭像。香煙呢，也因此叫做皇帝牌。想來這種香煙的出品，是清帝遜位不久，中國人骨子裡還想著皇帝呢，或者說，拿已經被轟下臺的皇帝做香煙廣告在當時也不犯法吧。

在新樂路、襄陽路拐角處，上海唯一一座東正教堂矗立在這裡。外牆白得刺眼，彩繪玻璃在燈光的映襯下無比華美，而被建築托起的一大四小藍色「洋蔥」形圓頂，總是讓人感到新奇。就在它對面的另一個路口，有一幢花園洋房，被一堵圍牆攔起，以一種內斂的風格，遮罩了許多人的窺探。現在好了，黑色鑄鐵大門徐徐打開了，路人可以看到花園裡的景致，這就是首席公館酒店。它的海外知名度，甚至超過國內。

有人也許會說：這裡，不就是交運局的機關大樓嗎？

是的，這座建築始建於一九三二年初，由法國著名設計師拉法爾設計。它左右對稱，構圖規整，屬於古典主義風格。

造好後沒過幾年，產權轉移給三鑫公司。三鑫公司是海上聞人黃金榮、杜月笙、張嘯林及金廷蓀等人合股成立的一家貿易公司。照老一輩人回憶，三鑫公司是一家規模頗大的、帶有壟斷性質的煙土行，經營項目包括煙土、軍火和工業原料。

建國後，這幢洋房迎來了新主人——華東交通部。一九五八年，成為上海市交通運輸局辦公樓。交運局改制後搬出去辦公，房子一直空置。

三年前，外資全資的華典精品酒店投資國際有限公司租下它，並投鉅資將它改建成精品酒店，取名為首席公館酒店。

整幢建築共有五層，建築面積約三千五百平方公尺。首席公館擁有的客房並不多，只有三十二間，但每間客房的設施絕對一流，客房面積從六十多平方公尺至一一○多平方公尺不等。每晚三八○元至八八○元，但我得提醒一聲，這是美元的標準。

在這裡，無論客房和客廳、臥室還是酒店的宴會廳甚至樓梯過道，都可以看到大量歷史照片。黃金榮、杜月笙等海上聞人的照片無所不在，到了與客人形影相隨的地步；還有大量老上海風情圖片，比如街景、世相、器物和老百姓的生活方式，當然還有與杜月笙發生過聯繫的名流，比如梅蘭芳。我對梅蘭芳的身世與行狀是比較熟悉的了，但這裡的一些照片倒沒有看到過，比如他與黃金榮的合影。今天梅蘭芳是文化界的一面旗幟，今人為尊者諱，有些事情不提也罷，但歷史終究是一個客觀存在。

在酒店的大堂，柚木架大理石檯面的壁爐內有微微的火光閃爍，咖啡桌上擺著一九一○年出品的手搖留聲機，銀器櫃裡陳列著上世紀三○年代的各類財務票據、銀行票據、股票、地契，還有美女香煙廣告、老式照相機、電影放映機甚至瓦斯熱水爐……如果你站在衛生間小便池前，也會看到一張民國三十二年的警務局招待券，鑲在鏡框裡貼在牆上。這些老舊的器物從城市的角落裡被尋找出來，覆蓋了厚厚一層歷史塵埃，由酒店的裝潢策劃者刻意經營，努力追尋那個時代奢華與曖昧氛圍。

大堂正中央有一具柚木雕花銀器櫃，櫃內擺了一些三鑫公司的舊檔案、民國政府的舊紙幣、一柄式樣相當古典的手槍，還有一柄相當精緻的銀質嵌象牙大煙槍，這是對三鑫公司性質的巧妙暗示。櫃頂還豎擱著一張杜家祠堂落成時社會名流的合影。如果對歷史有興趣的人，可以從酒家大堂裡的這張照片裡找到不少風雲一時的人物。

進入這裡，絕對聽不到主客勸酒的喧嘩與旁若無人的高談闊論。當然也有聲音若有若無地流瀉，那是《玫瑰玫瑰我愛你》、《蘇州河畔》、《夜來香》等經典老歌。

汾陽路上有一幢橢圓形的白色建築，原先是白崇禧的公館，八〇年代白先勇來上海時曾經探訪過給他留下童年印象的住宅，留下長長的感歎。這幢豪宅建於一九一九年，是法籍冒險家司比爾門的私家花園，整個建築與環境佈置都具有文藝復興時期的風格。司比爾門原先只是一個窮光蛋，後來靠在中國首開有獎儲蓄發了大財，建了這座洋房，在這裡過著紙醉金迷的生活，據說他曾包下一個歌女，光是皮鞋就堆了兩間房子。一九四一年日本軍隊進入租界後，司比爾門被趕出家門，大漢奸梁鴻志鳩占鵲巢。梁鴻志是清末巨儒梁章鉅的孫子，從小誦讀經書，擅長詩文，對收藏也頗有興趣，北洋政府時期他曾任國府秘書長，利用北京故都的特殊條件，收藏了許多古玩字畫。在進入這處花園別墅後，他得意忘形，夜間常舉辦豪宴，招引各路「精英」，特別是日本人來喝酒遊玩，酒酣之時也亮出三十三封宋人信劄炫耀（編注：梁鴻志以詩文稱雄文壇，還收藏了三十三封包含蘇東坡、辛棄疾等在內的宋人書信，故名其書齋為「三十三宋齋」。）。抗戰勝利後，梁鴻志成了階下囚，他曾想以這批宋代信劄從戴笠手中換回自己的性命，但不久戴笠因飛機失事死了，他也落得個人財兩空。而司比爾門的這座洋房就成了國民黨白崇禧將軍的府邸。

二〇〇六年夏天，我陪白先勇及其他友人來到這裡吃午餐，看得出，雖然不是第一次故地重遊，他心情還是激動的。沒進門，先領著大家來到白公館前的草坪上。「這裡的樹已經這麼高大了！」他說。

從今天的遺存看，這幢建築保留得相當完好，大門依然是老樣子，愛奧尼克式雙柱依然忠實地環繞整幢建築，堡壘式的門房前，一條寬敞的柏油路通向樹林深處，粗壯的香樟樹和拔地而起的龍柏令人心曠神怡，樹林中還有一方水池，不過正在整修。白先勇撫著鐵欄杆說：「想當初，一到秋天就落葉滿地，景色非常動人。」

白公館正門前是一個寬大的水磨石樓梯，直上二樓，非常氣派。大家都在樓梯前的石雕柱頭前與白先勇合影留念。不過白先生對用大塊玻璃包圍陽臺以爭取更多利用面積的做法不以為然，認為這樣就破壞了整個建築的風格。

登上白公館二樓，在半圓形陽臺上白先勇憑窗俯瞰，東側是半圓形耳房，全是用法國玻璃鑲成的，宛如一個巨大的玻璃花瓶，樓內的大客廳、小客廳，無不充滿了異國情調，廳內的愛奧尼克式方柱也保護得相當完好，而且在整個上海是很少見的。最有特色的應該是室內直上三樓的樓梯，它是旋轉而上的，從上往下看，它的欄杆構成了一個高音符號。據說陳逸飛裝修新居時就從這裡駁了樣。

八年前，臺灣南僑集團上海寶萊納餐飲有限公司接手這幢房子，花一年時間整修成今天的模樣。整修後的這幢洋房，以餐廳的格局佈置，按照當時的分佈安排了多個包房，每一間都有自己的視野，中國明清風格的古典傢俱也在這裡作為一種符號點綴出懷舊情調。

再說一件事吧，告別二〇〇七年的時候，滬上書法篆刻家陸康在虹中路上的一八七七會所舉辦作品展示會，這個會所是黔香閣的李老闆玩出來的。他從浙江東陽等地買來明清建築，拆散了運到上海，再重新拼裝起來，建成這秘密性很強的會所。同時他還從別的地方買來許多石雕，比如石獅子、石房屋構建、石拴馬樁等點綴在四周。有了錢，玩什麼都像一回事了。不過我也聽有人說，李老闆的石頭有不少是假的。他請博物館的專家看過，專家說：你想聽真話還是假話？李老闆表示願意聽真話。專家說，那麼我告訴你，這些東西不真。但李老闆心態蠻好，管他什麼真假，我愛玩就玩。當年張恨水（編注：張恨水，原名心遠，著名章回小說家，也是鴛鴦蝴蝶派代表作家。恨水是筆名，取南唐李煜詞「自是人生長恨水長東」之意。）收藏古董，也有人說他玩的是假貨，但張恨水不管，繼續玩下去，心裡樂滋滋的。

不過再怎麼說，這房屋中的梁啊柱啊牛腿雀替（編注：在古建築中，牛腿和雀替是相似的構件但又不完全相同。雀替是指位於柱與橫樑之間的撐木，它既可以起到傳承力的作用，又可以起到裝飾的作用。牛腿也叫「馬腿」，也是指從柱中伸出的一段短木，一般只有裝飾作用。但在有些地方和有些資料中，牛腿和雀替兩者是混稱的。牛腿和雀替都是古建築中雕畫裝飾的重點。）可是真傢伙，從大老遠地運來，再一件件地玩拼圖遊戲。加上舊上海的一些元素，比如鑄鐵爐、老電話機、老照片等，做成了一個雪茄吧。開張以來，舉辦過不少活動。成功人士濟濟一堂，不管拿雪茄的手勢有點笨拙，但自我感覺相當良好。

在懷舊的氣氛中告別即將過去的一年，感覺中有一絲絲幸福的憂傷。還有，寶萊納、邁瑪瑞、大公館、夜上海、老洋房、俏江南……懷舊金曲一直迴響在食客的思緒中，每天每天。

生活優裕的上海人是喜歡懷舊的，而且並不是從今天才開始，只是以前那種意識遭到強力壓迫罷了。現在氣溫適宜，租界的蝨子自然就跳起華爾滋來。以老傢俱、老器物、老照片為載體散發的懷舊情緒，就在餐飲場所彌漫開來。

但是，上海故事的敍事者過於迷戀那個年代，所謂重續，很大程度上是對記憶的修正與萃取。那份繁華與喧囂，與今天的浮躁心態和追名逐利相對應，情懷若有寄託，也成了發酵過度的酒，有點酸口。

大長今給我們的啟示

為什麼作為烹飪大國的中國，在影視作品中反而看不到真實的、動人的、可親的烹飪故事？為什麼不能以烹飪故事串起一組可親可愛的人物形象？

韓劇《大長今》在中國大陸熱播，很大程度上得益於導演對韓國文化中餐飲之道的優雅闡述。令中國廚師和觀眾不服氣的是，中國飲食文化遠較他們博大精深，甚至可以說麻婆豆腐的發明者麻婆，都可做他們的師傅。為什麼在中國的影視作品中，有關餐飲的場景難以激起認同感，或者必須以搞笑的形式來搏取廉價的喝彩？

今天的中國人對韓國料理的瞭解，最早也不過始於二十年前。那時候如有機會到大連、威海、秦皇島旅遊，就會發現景點周圍有一些門臉極小的韓國料理店星羅棋佈，以冷麵和泡菜這種簡餐供遊客匆匆療饑。店主也不是正宗韓國人，而是當地的朝鮮族居民。品嘗後的印象也是一筆烟染的淡墨，寓清淡之中的一抹微辣，有點草草了事的意思。至於正式以料理的形式隆重登場，就上海餐飲市場而言，則始於虹橋開發區的建設。隨著外資公司入駐，很快，這一帶出現了堪與日本料理店比美的韓國燒烤店。牛肉與泡菜是兩大陣營，辣與酸是兩大味道。若是有火鍋，則逼近豪華。但不變的是，於簡單中透出一種古典風味的雅致，少油與清淡，構成鮮明的標誌性特點。這種理念想來早已滲透到每個廚師和手勢之中。

據說韓國人好吃狗肉火鍋，但在今天韓國料理遍及我中華大地時，這只授人以柄的火鍋並不多見。韓國飲食的主要特點是：高蛋白、多蔬菜、喜清淡、忌油膩，味覺以涼、辣為主。韓國人自古以來把米飯當作主食，這一點與南美差不多。菜餚以燉煮和燒烤為主，基本上不做炒菜，這一點與中國大相徑庭。韓國人喜歡吃麵條這已經是常識了，但不是武漢的熱乾麵，也不是山西的刀削麵，更不是上海的陽春麵，而是不見油星的冷水麵，或者將煮後的麵條放在凍過的豆漿裡。此外，他們的菜譜裡還包括牛肉、雞肉和狗肉。韓國人不太喜歡吃饅頭、羊肉和鴨肉。只是如今，我發現在集中西區的韓國料理有不少已經本土化了。

現在，滾滾韓流中，《大長今》來了，以宮闈演義的故事框架，順便推介那個被提到國粹高度的韓國料理。長今的烹飪理念其實並不神秘，所謂用心去尋找每一種原料，用心去烹飪每一道菜，細心觀察烹飪過程中火與水的變化等，早已為中國廚師了然於心，溶解在操作規範中，更無法與中國典籍中的理論闡述相提並論，但通過一個美麗善良的女廚師之口說出來，就有了一種柔美的說服力。更而況她是歷經了種種陰謀與挫折，歷經了哀傷的變故，更容易令觀眾掬一把同情淚，靜心靜氣地當作一種深沉的教誨來聆聽。

立竿見影的是，隨著《大長今》劇情的推進，全國各大城市包括上海的韓國料理生意持續紅火，僅重慶一地的韓國料理店，其營業額就上躥了百分之三十。有的飯店乾脆以「大長今」為店招。這是導演始料不及的，卻也是他值得竊喜的額外收入。

是的，中國也有以烹飪傳奇為賣點的影視作品，但靜下來想想，記得住的卻並不多。《老店》算是出挑的，其中葛優飾演的那個慣吃白食的京城大爺關於烤鴨的闡述，算是比較正宗也比較通俗的烹飪學ABC，但我沒聽說這部電影由此引發一股烤鴨消費熱的消息。在中國吃烤鴨已經不算重大節慶活動了，老外來北京正兒八經地吃一頓，也無須電影來快速培訓。而且這部電影的立腳點還是放在一家家族企業的興衰史，折射出舊中國民族資產階級的創業艱難，由此引導出宏大敘事應有的鮮亮主題。至於不同階層之間的感情戲，則是外插花，並不令人意外。《飲食男女》是我認為相當不錯的一部電影，但導演的重點還是放在三對青年人感情生活上。郎雄主演的父親是一位手段高明的廚師，有傳奇性。但導演為他在這方面提供的表現機會倒不多，印象深的是他為女兒探親而烹製的一桌菜，從逮雞到殺魚，節奏流暢，極富鏡頭感，用足了電影語言。但有悖常理的是，這麼滿滿一桌菜，不像是給人吃的，倒像是祭祖的。《喜宴》也有色彩繽紛的飲食場景，但重點還是在人物的性格發展。其他影視作品，我一說出來大家就會哄堂大笑了，比如《滿漢全席》、《金玉滿堂》、《食神》，以小熱昏（編注：江浙一代，在街頭表演的說唱藝術。）之流的演員擔綱大廚，欲以搞笑取悅觀眾，其實是把觀眾當作弱智群體。比如將一條黃瓜拋至半空然後以武打方式眼花繚亂地切成細絲的圖像謊言，非但不能弘揚中華文化，也騙不了老外，反而將中國的烹飪術等同於老江湖賣狗皮膏藥。

為什麼作為烹飪大國的中國，在影視作品中反而看不到真實的、動人的、可親的烹飪故事？為什麼不能以烹飪故事串起一組可親可愛的人物形象？我想原因有兩個。一是中國的影視導演普遍存在一種「烹飪沙文主義」情結，他們認為中國在烹飪這一行當上是穩坐頭把交椅的，只有法國人才能跟咱中國人切磋一下技藝，那麼逮著機會拍一部有烹飪故事的影視作品，本人自然就成了中國飲食文化的代言人了，拍成的作品，一定要表現出最最頂級的烹飪水準。但他們又不具備這方面的知識，生活積累也沒有，在片場一般都是吃盒飯的，談生意也是一味地灌酒。先天不足，偏偏又不肯花點時間，放下架子到飯店請教廚師。於是就關公大戰秦瓊，各種不合情理的情節與動作出籠了。尤其是對觀眾撓癢癢的那些東西，糅進了武打片子的動作套路，取其驚險，取其荒誕，取其出其不意，企圖達到一鳴驚人的效果。誰知人民群眾的眼睛是雪亮的，這套把戲騙不了中國觀眾，結果只能引起哄堂大笑。還有一些導演稍許清醒點，認真點，一心想把中國烹飪最最神奇的一面展現給觀眾，於是會出現美人背上斬肉絲、一塊豆腐切成上萬根細絲、拉麵拉出幾公里長度、油炸魚在上桌後嘴巴還在翕動等鏡頭。生動是生動了，神奇是神奇了，技巧也炫足了，但與群眾的日常生活還是有距離。

其二，中國導演在展現烹飪技藝上，往往著眼於宮廷生活場景。當然，《大長今》展現的也是宮廷生活，但他們的宮廷生活並沒有過分渲染神秘性和崇高感，那種秩序感和儀式感，都與平民生活有很大的相似性。觀眾看了，有很大的認同感。那麼，這個規定情節中的烹飪技藝，就是平民化的了。而中國的影視作品不一樣，對帝王生活津津樂道，使著勁與老百姓拉開距離。比如《滿漢全席》，著力展現選料上的珍稀，烹飪上的繁複，儀式上的威嚴，享用者的尊貴，使本來就不討人喜歡的滿漢全席更加令人生厭了。

中國烹飪有兩大源流，一是來自於宮廷王府，一是來自於村野民間，從歷史的脈絡來梳理，會發現民間菜有著不可抑止的生命力，宮廷菜多從民間菜中汲取養分。而且翻翻清宮的皇家菜譜，就可以知道皇帝，包括慈禧太后，雖然一桌午餐金盞銀碟，珍饈羅列，其實並不鮮美，還因為大小太監從禦膳房傳至養心殿，剛出鍋的熱炒早就黃花菜涼了。這樣的飲食生活怎麼令人嚮往？

而《大長今》的可親可愛，就是因為長今從民間菜的烹飪中得到訓練和啟發，然後用來烹飪宮廷菜，從這故事中肯定了一種文化的強大生命力，原來在於民間的道理。通俗易懂，老百姓看得明白，也願意接受。然後，宮廷飲食生活的儀式性、精緻化，也得到了觀眾的認可和仿效，可以融於日常生活，那麼文化產品的教育作用也體現出來了。

由此看來，《大長今》引發餐飲消費熱潮，歸根到底是因為它的平民性。

最後我還要檢討中國的烹飪，幾乎各幫派廚師都過於炫技，有的是為了在評比活動上摘金奪銀，可以評高級職稱，有的是為了維持幫派的龍頭老大地位，代表國家亮相，弄得一般群眾暈頭轉向，根本學不來。現在電視中常有烹飪節目，比較可親的是劉儀偉前幾年的「天天飲食」，就因為他不會燒菜，說話結結巴巴，比較虛心，老頭老太都愛看。香港的方太（編注：任利莎，人稱方太，原名「任履中」，「利莎」是在香港唸書時改的名字。香港電視烹飪節目主持人。），主持烹飪節目幾十年，收視率一直很高，也因為她可親可愛，跟菜場裡「煮婦」們聊家常一個語調。在外國人主持的烹飪節目中，也是走平民化路線，做菜過程中還有偷吃的鏡頭，非常生活化，就跟在自家廚房裡操作一樣。美女主持還會說：「這道菜應該多放點橄欖油的，但我偏偏放花椒油，口感也不錯嘛。」於是觀眾都受了啟發，原來烹飪並無定律啊。而在有些烹飪節目中，主持人一旦自作聰明，收視率立馬下來。

再有，過去文化部門的領導對這類生活節目有偏見，重視不夠。有一年上海推出一檔競賽性質的烹飪節目，首播嘉賓中有我，還有游本昌。後來這檔節目收視率直線上升，但有位領導卻橫插一杠：吃吃喝喝，檔子不高。於是，新生節目就被扔到垃圾時間，最後乾脆斃了。現在看看《大長今》吧，吃吃喝喝，人家吃出了文化，吃出了GDP，你眼紅嗎？

如果伯納德在中國

伯納德·盧瓦索倒在血泊之中，美食家們扼腕嘆惜，美食之都巴黎的夜色為之黯然。法國的廚師們說：一本雜誌謀殺了一個偉大的廚師。

伯納德·盧瓦索（Bernard Loiseau），一個在歐洲素享盛名的廚師。與大多數法國男人一樣，他也是個禿頂，性格幽默樂觀，體形稍稍發福——這也是一般廚師的特徵。伯納德執爨數十年，首創了「精髓烹調」理論，經他巧手烹製的美食，讓老饕們懂得了什麼是法國美食的真諦，同時也提升了法國飲食文化的層次。他當了多年夥頭軍後，做大了，在巴黎開了一家餐廳，平時，來自世界各地的觀光客和美食家慕名而至，以一享他的美味為莫大幸事，連精通烹飪之道的法國前總統密特朗也曾是他的常客。一九九八年，伯納德·盧瓦索集團的股票在法國創業板上市，他就成了世界上第一個發行股票的廚師。

伯納德的成功固然憑藉著他的天賦、敏銳的味覺和勤奮，還離不開赫赫有名的《米其林指南》。

對，就是那家生產橡膠輪胎的公司，一百年前就推出這樣一本旅遊指南，後來發展成為法國和全世界的「美食聖經」。說起來真讓我們這班搞媒體的人汗顏，《米其林指南》派出檢查員到法國各地餐廳暗訪，然後評出餐廳的好壞，加一顆星或減一顆星，一點也不講情面。指南的權威性一經確立，沒有哪家餐廳的老闆在它的「排行榜」前不嚇得簌簌發抖。據說，指南錄裡每年收入的餐廳有上萬家，能評上三顆星的不足百分之五。一九九一年，伯納德的「黃金海岸」餐廳被榮譽地授予第三顆星，第二天顧客就猛增了百分之六十五。

即使以《米其林指南》為尺規，那麼法國飲食界的評判體系也建立了一百年，我們可以想見，如果不受商業利益左右，沒有企業家聯誼會或顧問團這樣的影子內閣垂簾聽政，加之猶如偵探一樣的檢查員微服暗訪——可不是吃白食的，指南的評價應該是公正客觀的，是不怕上法庭的，這種評判體系對於推動一個國家的飲食業是大有裨益的。

但是，誰也不能保證明星永遠在巴黎的夜空閃耀。前幾年，一本新銳的美食指南雜誌《Gault Millau》（編注：一份與米其林指南齊名的餐飲評鑑，在一九六五年由兩位法國人Henri

Gault與Christian Millau創辦。），將伯納德的餐廳從歷年的十九分（最高為二十分，但至今還沒哪家餐廳有這個殊榮）降到十七分，雜誌的權威評論員還連篇累牘地發表了三篇語調頗為刻薄的文章，給了伯納德沉重的精神打擊。禍不單行的是，一貫對他評介不低的《米其林指南》也放出風來，有意摘下他一顆星。那天傍晚，伯納德在家喝了一杯咖啡，從牆上摘下心愛的獵槍，像平時端詳一條鮮魚那樣看了半天，再從上到下揩拭了一遍，最後對準自己嘴巴——一張嘗遍了人間至味的嘴巴，然後……像海明威那樣。

伯納德倒在血泊之中，美食家們扼腕嘆惜，美食之都巴黎的夜色為之黯然。法國的廚師們說：一本雜誌謀殺了一個偉大的廚師。

如果《Gault Millau》雜誌的評價不帶任何偏見，沒有絲毫利益驅使，我認為他們是無罪的，我們不能因此而懷疑法國烹飪界評判體系的公正性和可操作性。

當然，我寫下這篇短文的用意是，一方面惺惺相惜——我是一個對飲食文化向來有研究興趣的人；另一方面，是在跟一個飯店老闆談及此事之後，他的反應讓我感到伯納德真是白死了——至少在中國，很少會有業界人士同情他。

我們不難設想，如果此事發生在中國，伯納德一定不會死。他可以在文章發表前跟那個混小子「講斤頭」，大概花千把元就可以封住那張臭嘴。如果不成，則跟雜誌社的老總打聲招呼——彼此都是老朋友了，把稿子撤下來。再不成，你想降分嗎？那伯納德可以通路子，走上層路線，將「關於對伯納德餐廳降分的報告」壓下來，領導不批，你就只能乾著急。然後，有關方面還可以將某次高規格的大型宴請安排在伯納德的餐廳，由於事關重大，記者們都會來搶新聞，安排手下的人給每個記者一人一個不薄的紅包。第二天，各大報紙的消息稿上一定會出現這次重要宴請的餐廳名字。這就等於給伯納德平反了。

這不是我的想像，事實上，如今的小報小刊上，整版整版的美食文章，無論包裝得多麼花俏，多麼時尚，配了大幅照片，還有美眉們又貪吃又怕發胖的樣子，從描寫到觀點大半可疑，說穿了，就是飯店給錢，小記者寫稿，胡亂吹一通，這也算飲食文化！更可惡的是，報紙的公信度受到了嚴重削蝕。

有一回，我同事根據某報指點，慕名來到某餐廳，點明要報上隆重推出的那道菜，服務生一邊寫菜單，一邊嘿嘿一笑，我同事立馬有一腳踩在狗屎上的感覺。果然，那道叫做「滿江紅」的菜五味雜陳，吃進嘴裡不知是魚是肉。據說，有份報紙只要「提」到哪家餐廳，這家餐廳第二天的食客定如過江之鯽。某飯店老闆有句名言：每個人上當一次，我數錢都來不及了。

我把這種人叫做「菜托」。

伯納德真不幸，他應該在中國發展，創業板之類尚且不論，死是一定不會死的。不過話又說回來，伯納德在中國混，還能算伯納德嗎？

留一隻座位給文化人

飲食文化是一種處於亞文化層面的現象，它以物產為基礎，以通商為條件，欲提升它的文化層次，必定要有文化人的直接參與和引導。

改革開放以來，上海餐飲業的雄起，賽過牛市裡的績優股，一把拉起，不再回頭。夜夜珍饌羅列、瓊漿飛濺，人人酒酣耳熱、東倒西歪的豪飲華筵造就了多少好吃分子？同時，圍繞美食大做文章的電視專欄節目、報刊專欄文章層出不窮，幾乎每張都市類報紙都闢出一個美食專版，圖文並茂，指點迷津，令人食指大動。國人剛在這廂擺起擂臺，老外也在那廂湊趣。所謂美食家出鏡率頗高，論嘴皮子是一代勝過一代，年齡也一代比一代小，走秀的味道勝過清燉雞湯。應該說，媒體的這些努力都沒有白花，餐飲市場的繁榮得記上他們一功。但話要回過來說，這些沒吃過多少鹽的年輕記者真的知味嗎？說實話，我是懷疑的，因為他們鎖定的報導對象，往往都是廣告客戶。在客戶需求決定一切的市場經濟遊戲規則下，公正客觀的報導往往是緣木求魚。

那麼，在生活記者的努力下，中國人對美食的品鑒水準是否能有所提高？對飲食文化有研究興趣的文化人認為，上海人吃的機會增加了，飲食這一塊的消費也年年在加碼，但味蕾呢，在刺激性滋味的狂轟濫炸下快速退化，大多數人已經分不清品味的高下。歸根結蒂，他們斬釘截鐵地認定：是文化人不再參與菜譜的制定了。

想當年，揚州菜為什麼好吃？因為有清一代，天下鹽商雲集於此，鹽商暴富了，就想在吃上面變著法兒扔錢。但是暴發戶大多是苦孩子出身，吃糠咽菜長大，山珍海味沒怎麼碰過啊，靠他們吃出高水準那是做夢。直至請來了文化人，由他們一吃，才吃出名堂來。比如那個隨園老人袁枚，不就吃出一本《隨園食單》嗎？不僅為中國散文創作提供了一種新文本，更為中國飲食文化留下了一份珍貴的檔案。再說本幫菜和膳幫菜，開始只是販夫走卒們吃的，濃油赤醬，得讓他們補身子長力氣啊。後來四馬路一帶的報館記者、編輯、出版家們也來吃了，並提了種種合理化建議，把本幫菜和膳幫菜的檔子提高了，所以今天老正興、老飯店裡的油爆蝦、蝦子大烏參、草頭圈子、蟹粉魚翅之類才這麼好吃。

如今，不少民營飯店頻頻出招，跑馬圈地，叱吒風雲，不少國企老飯店還像老貴族一樣端著架子守身如玉，比如揚州飯店、杏花樓、新雅粵菜館、潔而精川菜館等，如果廚師心情好的話，看家菜燒出來還能保留一點老味道，薪盡火傳，多少令人欣慰。一些大賓館的餐廳，也有坐正幫派的，兢兢業業，出菜仔細，不讓社會飯店專美於前，比如錦江飯店的烤鴨就不比燕雲樓的差，靜安賓館的水晶蝦仁比新雅的還滑爽呢。但事實不容樂觀，國企飯店已經沒有實力與民營企業平分秋色了。幾年前，黃浦區有關方面將大三元和美味齋的牌譽拍賣，結果狼狽流標，就說明老字號的含金量如今大大減少了。我曾經作過調查，發現上海居然有三十幾家老字號飯店處於休克狀態，要麼調整為其他業態，要麼拆了網點空留招牌，說白了就是壽終正寢。飯店沒了，廚師老了，不少招牌菜也跟著消失了。

上海酒肆林立，飯店如雲，為什麼食客爭相品嘗特色菜、老吃客追隨名廚到處走的盛況不再？深層次的原因是文化人的缺席。飲食文化是一種處於亞文化層面的現象，它以物產為基礎，以通商為條件，欲提升它的文化層次，必定要有文化人的直接參與和引導。文化人之於美食，心態與一般人有所不同，這個相異性，就在於精神上的探尋。品嘗一道菜，就想探究它的別樣滋味，同好聚飲，也常能留下一段佳話，無形中增加了菜餚的文化含量。東坡肉、左公雞、大千魚、石家鮰肺湯、潘先生魚（編注：清末潘祖蔭獨創的羊魚合烹料理。）不就是這樣傳遍天下的嗎？梁實秋在北平的時候，吃遍古城大街小巷，到臺灣寓居幾十年，家鄉的菜根香逗引起老先生無數次精神反芻，一本《雅舍談吃》令人讀來神馳千里、齒頰生津。寫出《知堂談吃》的周作人，也是對家鄉食味耿耿於懷的，一塊豆腐經他寫來，竟然有了滿目蒼涼的意韻。蘇州的周瘦鵑，除了弄花蒔草，還有一個愛好就是上館子，一桌子文化人於觥籌交錯之間，彼此增益友誼，還培養了日後寫出《美食家》的陸文夫的情趣。上海的秦瘦鷗、周劭、唐振常也好吃，會吃，留下不少談吃的美文，並給上不起館子的文化人一次次畫餅，也算聊勝於無吧。唐魯孫，珍妃的侄孫，從小見過大世面，吃遍山珍海味，到臺灣後，許多菜的原料沒了，境遇不能與往日同語，於是靠畫餅充饑的方法將記得的名饌和品嘗心得一一記下，為子孫後代留下了《中國吃》、《大雜燴》、《天下味》等十多本有關中華美食的散文集。如果哪位廚師有心的話，大可以從中挖掘整理出數十道菜來，生意保證紅火。特別是這些書中有掌故、有食經、有見識，堪為精緻生活的絕妙教材，高陽說他「以燕京種種切切為主的這套文集，與震鈞的《天咫偶聞》先後媲美，真可謂由來有自」。還有一位，哈，王世襄，最近讀了他兒子的一本書《吃主兒》，才知道這位爺原來也是執爨高手，要不是玩古典傢俱、蟲具、葫蘆、鴿哨，寫《錦灰堆》消耗了他太多的時間，說不定也會弄出幾本色香味俱全的美食文化煌煌巨作來。

昔時京劇腕角袁世海每次來上海跑碼頭，再忙也要到燕雲樓嘬一頓。這位京派美食家進得店堂，如一口鐘地穩穩坐下，先點一個菜：糟溜魚片。正宗京幫菜中的糟溜魚片一定是用黃魚做的，而不是現今大多數酒家那樣用青魚或鱸魚李代桃僵。菜上來後，他拿起湯勺舀一點湯汁咂咂，味道對頭，再點別的菜，冷盤熱炒銀絲捲，外加一瓶四兩裝的二鍋頭。要是味道欠佳，桌子一推，拂袖而去。

這樣的客人進得店裡，對經營者不啻是福音。這一手，暴富的款爺就不行，這跟「貴族不是一兩年培養出來的」一個理。

所以我說，餐飲市場要真正繁榮，得為文化人留個座兒。

遠足飲食 Supper 13　**上海人吃相**

作　　者　沈嘉祿
主　　編　郭昕詠
行銷主任　叢榮成
企劃編輯　蔡旻峻
封面設計　黃子欽

社　　長　郭重興
發行人兼出版總監　曾大福
執 行 長　呂學正
出 版 者　遠足文化事業股份有限公司
地　　址　二三一台北縣新店市民權路一〇八之三號六樓
電　　話　（〇二）二二一八一四一七
傳　　真　（〇二）二二一八一一四二
E-mail　service@sinobooks.com.tw
郵撥帳號　一九五〇四四六五
客服專線　〇八〇〇二二一〇二九
部 落 格　http://777walkers.blogspot.com/
網　　址　http://www.sinobooks.com.tw
法律顧問　華洋國際專利商標事務所　蘇文生律師
印　　製　成陽印刷股份有限公司　**電　話**　（〇二）二二六五一四九一

初版一刷　中華民國一〇一年四月
定　　價　三六〇元
Printed in Taiwan

國家圖書館出版品預行編目(CIP)資料
上海人吃相 / 沈嘉祿作 -- 初版 – 新北市：遠足文化, 民101.04--（遠足飲食Supper；13）
ISBN 978-986-5967-02-4

1.飲食風俗 2.文化 3.上海市

538.782　　　　101004037